［続］少子化論

出生率回復と〈自由な社会〉

松田 茂樹

学文社

まえがき

少子化は、一九九〇年代はじめにわが国において社会的な危機として認識された。それから現在まで、少子化対策としてさまざまな取り組みが実施されてきた。低下していた出生率は、二〇〇〇年代半ばを底に一時期回復したが、残念なことに、ここにきて再び下がってしまった。これまでの少子化対策によって、結婚・出生・子育てをしやすくなった人たちは少なくはないはずである。それなのに、肝心の出生率は本格的に回復していない。

出生率が低迷し続けるうちに、日本人は少子化という状態によくはない意味で慣れてしまってきてはいないだろうか。低出生率であっても、経済活動は活発で、社会保障の仕組みもまだ揺らいでいない。だが、少子化およびそれがもたらす人口減少に、永遠に耐えられる社会は存在しない。低出生率は、タイムラグをおいて、社会・経済に甚大な負の影響をもたらす。発展するテクノロジーをもってしても、その負の影響を止めることはできない。低出生率が社会にもたらす諸々の問題を解決するには、出生率を回復させるしかないのである。では、どうしたらよいだろうか。

国民が少子化の危機に気づき、政府や自治体等による有効な少子化対策が拡充されるためにも、研究者によってわが国の少子化の現状と背景要因が的確に分析されることが必要である。本書のタイトルにある「少子化論」とは、以前に筆者がつくった言葉だ。それは、この問題に取り組む研究者等によってつくられた、少子化の現状や要因に対する理論のまとまりを指す。少子化論には、国が実施する少子化対策をガイドする役割が期待される。世論形成にも影響を与えうる。いま、残念なことに、出生率は回復していないが、それは少子化論の側にも問題があったためだろう。この研究に携わる筆者自身の理論・分析の力不足もあった。本書は、わが国の少子化の特徴と背景要因を全面的に分析し直して、これから何が必要なのかを提示するものである。

本書において論じる筆者の少子化論には、次の三点の特徴がある。それらは、既存研究と大きく、ときに決定的に、異なるものである。

第一に、わが国の少子化の全体像を分析して、その背景要因を俯瞰的に論じる。近年少子化をテーマにした書籍は数多く出版されてきたが、残念なことに、それらには少子化の背景要因の一部を分析したことをもって、少子化対策はこうあるべしと論じるものが少なくない。具体的内容は本文にゆずるが、少子化の背景要因を論じるときに陥りやすい誤りは、それを部分的な問題に求めることである。あるシングルイシューさえ解決すれば、国全体の出生率が大きく回復するかのように誤解されることもある。実は、その影響も受けて、過去の少子化対策は一部の層を重点的に支援する仕組みになっていたところがある。本書は、それらと一線を画している。各章では、わが国の少子化は多くの人が思うよりも複雑に絡むさまざまな背景要因によって生じていることを、客観的証拠をあげて論じる。

第二に、少子化の背景要因を総合的に分析した結果をふまえて、具体的な政策提言を行う。本書は、今後の少子化対策に求められる九つの基本的な考え方、一つの大きなコンセプト、三〇以上の具体的な施策を提案する。
第三に、結婚・出生についての〈個人の選択の自由〉と人口面での〈社会の存続〉が対立することの問題に対して正面から向き合い、その解決策を論じる。実は、出生率がなかなか回復しない理由には、結婚・出生の社会的な阻害要因があるだけでなく、主体的に結婚・出生していない人たちの存在もある。この社会では、個人が結婚・出生するかしないかを選択する自由を持てるようになった。だが、その自由になった社会の結果、社会は人口再生産をできず、消滅に向かっているのではないかという皮肉――。

従来の少子化研究は、この点も分析した上で、出生率回復のための方向性を論じることをしてこなかった。個人が結婚・出生しない選択をする自由を論じる既存研究は、数多くある。だが、既存研究は、そうした個人の主体的な選択によって人口面でこの社会が存続しえなくなることに対する解決策を提示していない。深刻な人口減少は、個人に対して主体的に結婚・出生しない選択を容易にしている社会の制度的基盤を毀損させていく。それでも、この深刻な少子化時代に、この社会は、個人が主体的に結婚・出生をしない生き方を尊重しつづけられるのだろうか。少子化研究および少子化対策は、いまこの問いに真正面から向き合うときである。

本書は、少子化を論じる本の中で、最も総合的な分析を行い、それをふまえてこれからの少子化対策のあり方および個々具体的な政策提言をするものである。具体的に論じる内容は、未婚化、夫婦の出生、少子化の国際比較など多岐にわたる。各章は、一般の読者も、少子化の現状を理解できる内容にしている。また、最新の知見をふまえて、多角的な視点から日本の少子化の全体像を明らかにしている。

研究者、大学院生、大学生、公的団体等で少子化対策に携わる方々、そして少子化問題に関心をもつ一般読者の方々など幅広い方が、本書を読んで、わが国の少子化の問題と解決策の方向性を理解していただけることを祈念している。

二〇二〇年一二月一日

著者

目次

序章　少子化の状況と少子化対策の必要性

1. 少子化の進行

少子化とは、合計特殊出生率[1]（以下「出生率」）が人口置換水準[2]――現在の日本の値は二・〇七――を長期間下回り、低迷する状態である[3]。その重要なポイントは、出生率が人口置換水準を下回り低迷していること、かつ長期間であることの二点である。

少子化の定義を念頭において、わが国の出生率と出生数の動向をみよう（図序−1）。戦後、一九四七～四九年に第一次ベビーブームが起こった。この間、出生数は毎年二七〇万人前後、出生率は四を超えた――すなわち、当時の女性は一生の間に平均四人以上の子どもをもうけていた。このときに生まれた人たちは、団塊の世代と呼ばれる。戦時中の出生数は少なかったので、この三年間に生まれた世代は前後の世代よりも人口が突出して多い。団塊の世代が生まれた翌年から一九五〇年代半ばに出生率は二台前半に、出生数は一七〇万人前後に減少した。この間に出生率はかなり低下しているが、この変化は、先の定義に照らして、少子化ではない。

一九五〇年代半ばから七〇年代半ばは、出生率がおおむね人口置換水準で推移していた。当時ほとんどの人は結婚をして、子ども二人程度もうけた。「近代家族」――夫と妻の性別役割分業、子どもは平均して二人、核家族であることなどを特徴とする――と呼ばれる家族がわが国にもっとも広まった時代だった。[4] その後、出生率は二・〇前後であったものの人数が多い団塊の世代が出産期を迎えたことで、出生数は一九七〇年代半ばにかなり多くなっている。一九七一〜七四年に生まれたのが、団塊ジュニアである。

一九六〇年代に、前後の年よりも出生率が大幅に低い年がある。それが、一九六六年のひのえうま(丙午)である。ひのえうまは、干支の一つであり、六〇年に一回おとずれる。この年に生まれた女性は気性が激しいなどという迷信があった。このときは、東海道新幹線が開通し、東京オリンピックを終えた頃だ。現代人からみれば、当時迷信が人々の出生行動を大きく左右する力を持っていたことは驚きだろう。ひのえうまの年の出生率は一・五八であり、人口置換水準を大きく下回っているが、これは少子化ではない。なぜなら、低出生率が「長期間」続いていないからである。ちなみに、この年の出生率の水準が、その後日本の少子化対策に大きく影響することになる。

出生率は一九七〇年代半ばに二・〇を割り、それ以降下がりつづけた。わが国が少子化を問題と認識したのは、一九八九年の出生率が一・五七になり、それまで最も低かったひのえうまの年をはじめて下回った「一・五七ショック」である。その後、少子化対策が開始されたが、出生率は二〇〇〇年代半ばまでおおむね一貫して低下し続けた。七〇年代以降続く出生率の低下が、前述の定義に合致する少子

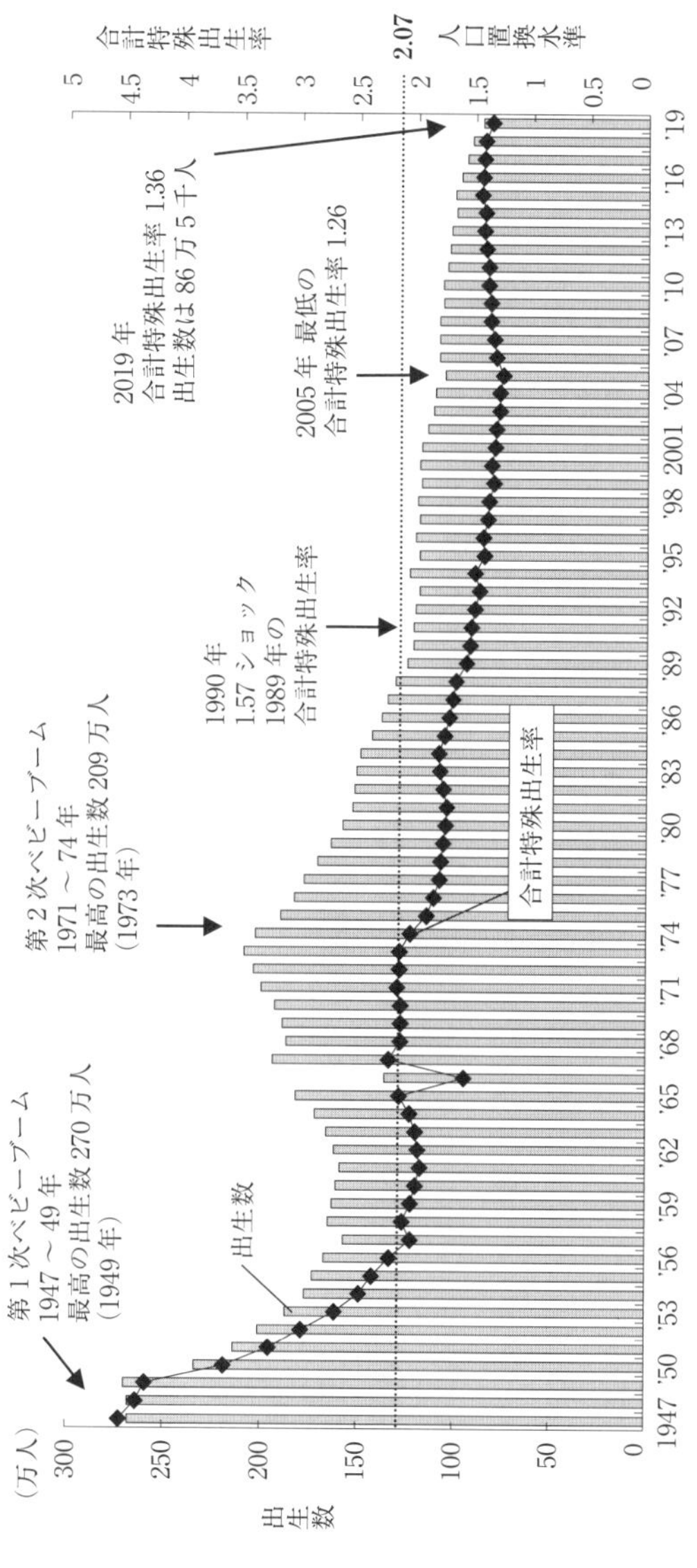

図序-1　わが国の出生数と合計特殊出生率の推移

資料：「令和元年人口動態統計」から作成。

化である。この間、出生数も大幅に減少した。

出生率は二〇〇五年を底に、やや回復したものの、近年は再び減少してきた。二〇一九年の値は一・三六である。出生数は八六・五万人まで減少した。近年、出産期にあたる女性人口が大幅に減少してきたことも、出生数を大幅に減少させた。

現在の出生率は人口置換水準のおよそ七割弱の水準である。これが続く場合、おおむね二〇年後に出産期にあたる女性人口が現在の七割弱まで減少することになる。

出生率が約二・一未満の状態は「少子化(below-replacement fertility)」、約一・五未満は「低出生力(very low fertility)」、約一・三未満は「極低出生力(lowest-low fertility)」と分類される。[5] 日本の出生率は、九〇年代はじめに少子化であったが、二〇〇五年に極低出生力にまで低下した。その後、幾分持ち直して、二〇一九年現在は低出生力である。

2. 出生率、未婚化、夫婦の子ども数

2-1. 未婚化の進行

出生率の値は、有配偶率(有配偶女性人口を女性人口で割った値)と有配偶出生率(出生数を有配偶女性人口で割った値)によって決まる。[6] この関係を用いて、これまでの出生率の低下が、有配偶率の低

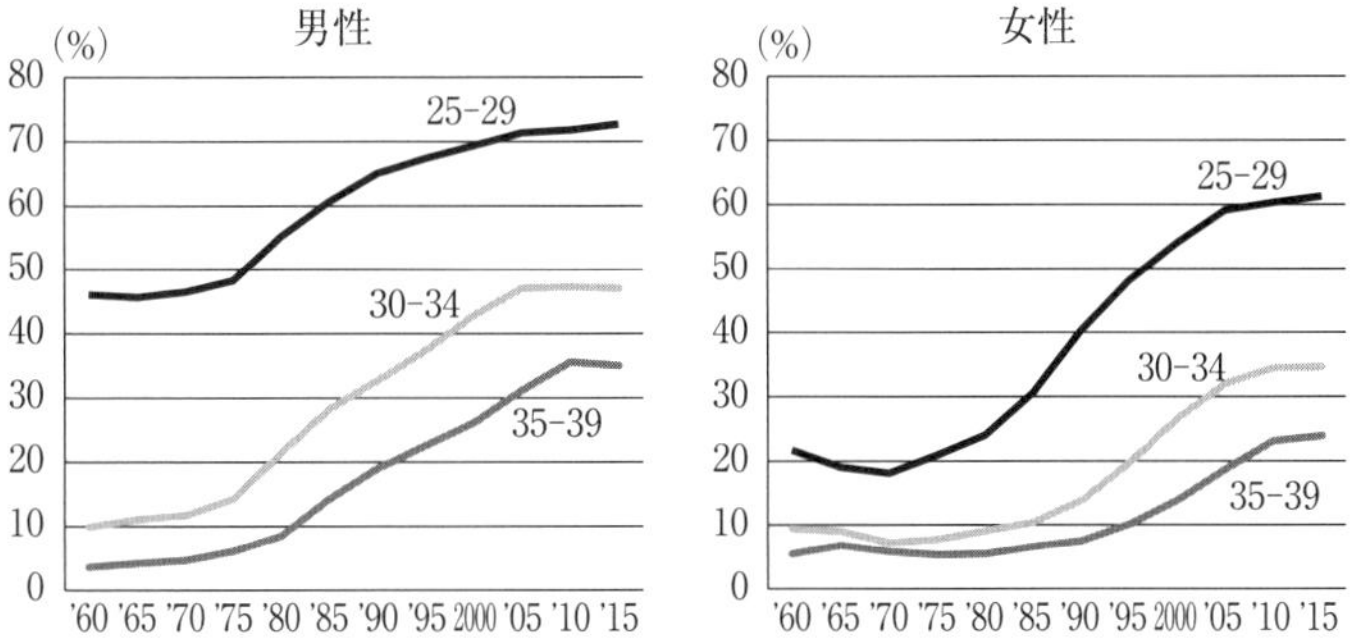

図序-2　未婚率の推移

資料：「国勢調査」各年。

下（逆にいえば、未婚率の上昇）によってもたらされたものか、有配偶出生率の低下（言い換えれば、夫婦の子ども数が少なくなったこと）によってもたらされたものかを要因分解できる。戦後約十年間の出生率の低下は、夫婦が避妊や中絶によって出生数を制限したことによる有配偶出生率の低下によってもたらされた。それと対照的に、七〇年代半ばから続く少子化は、主に有配偶率の低下、つまり未婚化によってもたらされている[7]。

　未婚率は、急速に上昇してきた（図序-2）。一九七〇年時点では、ほとんどの男女が三〇歳後半までに結婚をしていた。未婚率は、男性は七〇年代から、女性は八〇年代から大幅に上昇した。ちなみに、平均初婚年齢は、男性が一九七五年の二六・四歳から二〇一九年の三一・二歳へ、女性は同二四・七歳から二九・六歳へ上昇した[8]。未婚率は男性の方が女性よりも高いが、それは結婚するときの夫と妻の年齢差があり、男性は離婚後に初婚の妻と再婚するケースが少なからずあるからである。

未婚化がすすむと出生率が低下する理由を説明しよう。まず、未婚化には、非婚化（生涯結婚しない人が増えること）と晩婚化（人々の結婚するタイミングが遅くなること）の両方が含まれる。非婚化をみる指標に、五〇歳時点での未婚率（生涯未婚率）がある。それは、一九七〇年時点で男性一・七%、女性三・三%であった――当時は女性の方が高かった。その率は徐々に上昇して、二〇一五年時点で男性が二三・四%、女性が一四・一%である（内閣府 二〇二〇a）。わが国は婚外子が少ないので、これらの人の多くは子どもをもうける可能性は低い。また、晩婚化がすすむと、子どもをもうけることが先送りされていくために、出生数が減る。さらに、女性は、二〇代半ばを過ぎると自然妊娠をする確率が低下していく[9]。男性も、加齢とともに子どもをつくる力は低下していく。このために、晩婚化は出生率を下げる。この問題に関して、人工授精の発達により、高齢になっても子どもをもうけることが可能であると思う人もいるだろう。確かに医学の発達にはめざましいものがある。だが、現代の不妊治療法では、男女とも子どもをもうけることの年齢の壁を取り払うことはできない。

2-2. 夫婦の子ども数の減少

近年、未婚化に加えて、夫婦がもうける平均子ども数も少なくなっている[10]。夫婦の完結出生児数（結婚持続期間一五～一九年を経過した初婚同士の夫婦の子ども数）は、七〇年代から二〇〇〇年代半ばまで二・二人前後で安定していた。その数は、二〇一〇年に二人を割り、二〇一五年には一・九四人になった。

これをみると、夫婦の平均子ども数はそれほど減っていないようにみえるかもしれない。ここで注意すべきことは、完結出生児数は調査時点よりも一五～一九年前に結婚した夫婦の子ども数を観察しているということである。夫婦の子ども数の最新動向を知るには、結婚持続期間がより短い夫婦のこともみる必要がある。結婚持続期間五～一〇年の夫婦の子ども数は、一九八七年に一・九七人であったが、二〇一五年には一・五九人に減っている。この傾向をみると、今後完結出生児数がさらに減少していく可能性がある。

以上のうち、押さえておくべきことは次の二つである。まず、わが国の少子化は未婚化によって引き起こされている部分が大きい。出生率を回復させるためには、未婚化を引き起こしている理由を解明して、若い世代が安心して結婚をすることができるようにしていく必要がある。また、近年夫婦の平均子ども数が減少しつつある。この理由も明らかにして、夫婦が安心して子どもをもうけることができるようにしていく必要がある。

3. 少子化が社会にもたらす負の影響

3-1. 社会保障

少子化は、子ども、若者、現役世代の数を順に減らしていく。やがて、総人口を減少させる。わが国は長くつづいた少子化によって、既に総人口が毎年大幅に減少していく段階に入っている。総人口は、二〇〇八年の一億二、八〇八万人をピークに減少しつつあり、人口の毎年の減少数は拡大しつつあり、二〇二〇年のそれは前年よりもマイナス四三万人であった。

少子化は、わが国の社会保障制度、経済活動、政治、社会関係資本に負の影響をもたらす。

第一は、社会保障制度（年金・医療・介護）への影響である。わが国の年金、健康保険、介護保険のいずれも、高齢者が使う費用をそのときの現役世代が保険料や税金で負担している。高齢者人口の現役世代人口に対する比率は、一九五〇年に一対一二・一であったが、二〇一五年には一対二・三となり、二〇六五年には一対一・三になる（内閣府 二〇二〇b）。現役世代が負担できる税や社会保険料には限度がある。この人口比では、社会保障制度の持続は困難になっていく。

3-2. 経済と国力

第二は、経済活動への負の影響である。

日本は長らく続いた少子化によって労働力人口は減少していき、それは経済活動にマイナスになる。就業者数は二〇一七年の六、五三〇万人から、ゼロ成長・若者・女性・高齢者の労働参加が現状というシナリオでは、二〇四〇年に五、二四五万人に減少する（労働政策研究・研修機構 二〇一九b）。

近年政府は労働力不足を補うために、女性、高齢者、外国人の労働力を増やす政策を実施してきた。女性活躍推進等の取り組みにより、女性の労働力率は上昇した。企業による高齢者の活用はすすみ、いまや工事現場、スーパーでも元気に働く高齢者の姿を普通にみるようになった。新型コロナウイルスの感染拡大前をみると、在留外国人数は二〇一九年末の二九三万人と一〇年前よりも約八〇万人増えて、過去最高になった。政府は在留資格を緩和し、就学してアルバイトをしたり、技能実習をする外国人も増えている。

だが、これらの方法にも限界がある。まず、女性の労働参加についていえば、実は日本の労働力率は、女性の社会進出がすすんでいるアメリカと同等になっているため、量的に引き上げる余地が大きくはない。また、外国人労働力を増やし続けることには、社会として慎重にならざるをえない面もある。なぜなら、それは短期には労働力確保の点ではメリットがあっても、長期には国の社会統合を揺らがせるリスクも有しかねないからである。例えば、西欧諸国では、労働力確保のために外国人労働力を増やした結果、西洋が本来もっていた自由や平等といった価値観・アイデンティティー・文化の方が消滅しつつあるという本末転倒な事態が生じているという（Murray 2017）。こうした中で強く期待できる労働力は、高齢者である。いまの高齢者は元気で、長い経験で獲得した知識と技術を持っている。少子高齢化がすすむわが国にとって、これから増えていく数少ない資源である。

ここまで労働力人口のことを述べてきたが、少子化は、消費活動が活発な現役世代の人口も減少させるために、国内消費を低迷させる。人間の消費活動は、年齢があがるほど旺盛になり、中年期である四〇代後半で――生活費、住居費、教育費などの支出が多くなるために――ピークになる。高齢者になると消費支出は少なくなる（Dent 1993, 2009）。かつてわが国では、数の多い団塊世代が就職、住宅取得などをしたタイミングで、消費が大幅に拡大して好景気になった。団塊世代が中年期を過ぎて、高齢者の人口が多くなったことで、消費は低迷したとされる（藻谷 二〇一〇）。以上のように、労働力と国内消費者の数が減っていくことは、わが国の経済活動を停滞させかねない。

消費者数の減少に対しても、政府と企業は対応をおこなっている。例えば、観光を振興して訪日外国人旅行客を大幅に増やしてきており、二〇一九年の訪日外国人数は三千万人を超え、その旅行消費額は約四・八兆円[11]にのぼった。このほかにも、日本企業は海外に市場を求めて、積極的に展開をしてきた。最近は、従来国内でのみ競争をしてきた飲食業が、新たな市場を求めて海外展開することも普通になってきている。街で一番見かける某カレー専門店や牛丼のお店も、海外で人気である。

だが、少子化と人口減少によって、ＧＤＰ（国内総生産）の半分以上を占める個人消費が減っていくことを、インバウンドと海外展開で補うことは容易ではない。新型コロナウイルスが世界中に感染拡大したときに、インバウンドは急激に落ち込んだことも記憶に新しい。

世界史を人口の観点からみると、各国の人口規模と人口増加率がその国の経済力や軍事力を規定しており、その結果として世界の覇権の歴史はつくられてきたという（Morland 2019）。少子化が続けば、日本の国力は大きく低下してしまう。

3-3. 政治と社会関係資本

第三は、政治への影響である。少子化がすすめば人口に占める若者の割合は減り、高齢者の割合は増える。若者の投票率は高齢者のそれよりも低い。政治家は若者よりも高齢者に手厚い政策を訴え、行うようになり、政府支出は年金・医療・介護といった高齢者がより求めるものにシフトしていく（大竹二〇一一）。このような政治を、シルバー民主主義という。現在でも、わが国の支出は年金・医療・介護が手厚いのに対して、子育てや教育への支出は少ない。全ての社会保障給付費に占める高齢者関係給付費の割合は約七割にのぼる（内閣府二〇二〇b）。既にシルバー民主主義の影響が、政策に大きな影響を与えているのである。少子化が続けば、次世代を担う若い世代の声は、ますます政治にとどかなくなっていくことが懸念される。

第四は、地域社会への影響である。人と人とのつながり（＝社会的ネットワーク）およびそこから生み出される他者に対する信頼、規範、互酬性などのことを「社会関係資本（ソーシャル・キャピタル）」という（Putnam 2001）。そのつながりが豊富な社会は、地域の人々の間での助け合いがなされる。少子化が続けば、若者や現役世代も減るために、その分地域を支える社会関係資本が少なくなる。地方ではその深刻な影響があらわれているが、都市では、幸いなことに、社会関係資本はまだあまり減っていないように思われる。その理由は、増加したシニア世代が、地域の強力な担い手になっているからである。ただし、少子・高齢化によって総人口に占める後期高齢者の割合が高まれば、都市においてもシニア世代が地域の担い手となることが難しくなっていくだろう。

以上の他にも、少子化は社会のさまざまな分野に負の影響をもたらす。河合（二〇一七）は、少子化による人口減少がこれから日本社会にさまざまな問題を引き起こしていく、「未来の年表」をつくっている。例えば、二〇三〇年には「百貨店も銀行も老人ホームも地方から消える」、二〇三三年には「全国の住宅の三戸に一戸が空き家になる」という。わが国が何もしなければ、未来の年表のうち、ほとんどのことはほぼ確実に起こりそうである。少子化は、社会の存続の危機をもたらす。

現在わが国はそれら負の影響を緩和するために、前述したさまざまな対応を行っている。[12] だが、それらの対処によって今後も続く少子化の負の影響を無力化することはできない。少子化の負の影響を根本的に解決できる方法は、時間がかかっても出生率（数）を回復させるしかないのである。

4. 出生率を回復させるための少子化対策に求められる視点

4-1. 出生率回復の方向性は？

少子化対策とは、出生率の回復をめざす政策である。だが、これまでの行われてきた政策は、少子化対策としての効果をあげたのだろうか。詳細は後の章にゆずるが、長らく保育と両立支援を両輪とした対策を実施してきたことにより、少子化対策の開始前と比較して、保育の状況は大幅に改善された。子育てをする女性にとっての就業環境も、満点とは思われないであろうが、確実に改善されてきた。

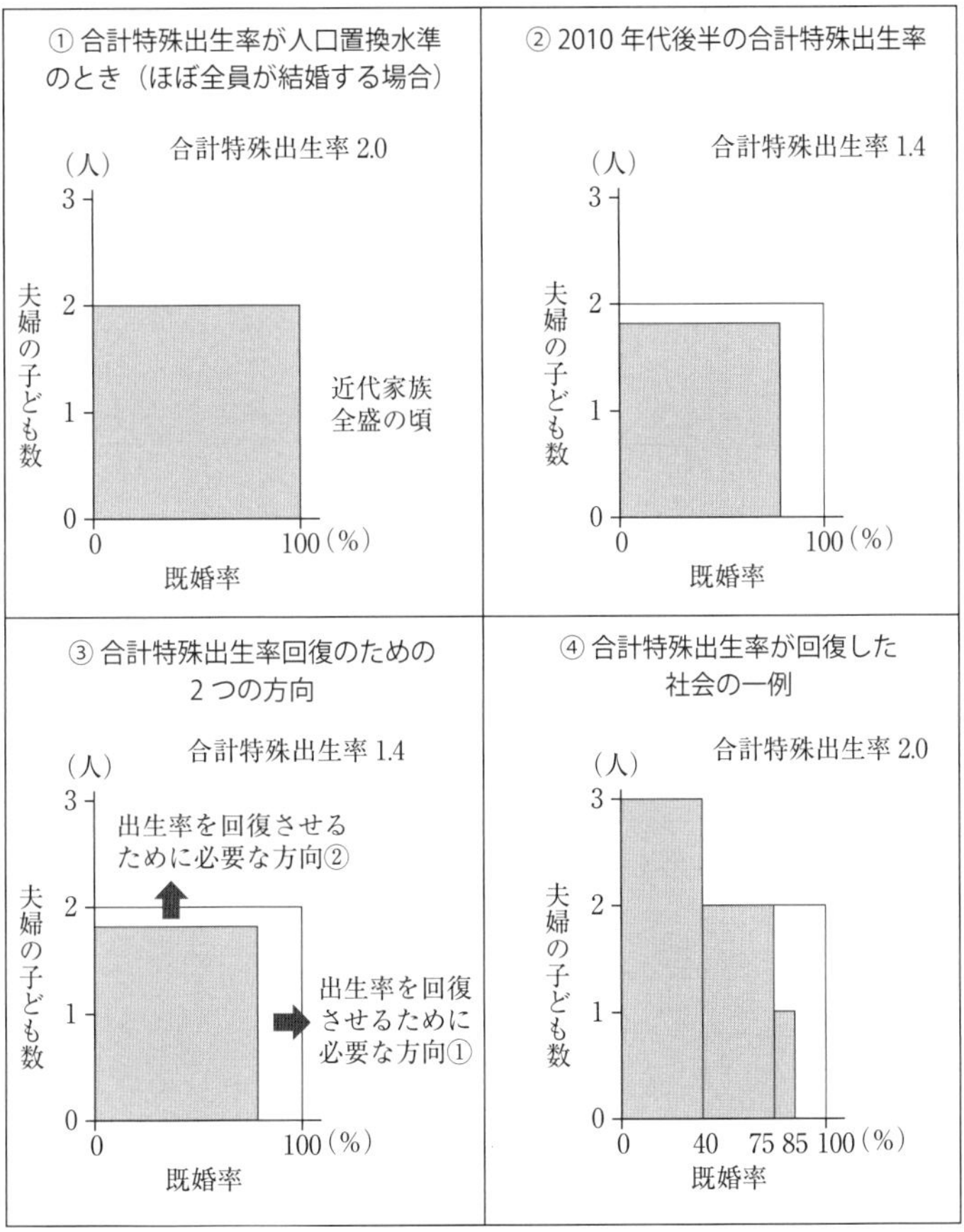

図序-3　既婚率，夫婦の子ども数，合計特殊出生率の関係のパターン

これらは、これまでの政府、自治体、そしてさまざまな関係者による努力の成果である。だが、出生率は、この間に最低水準からある程度の回復をしたものの、少子化対策を開始する前の水準にすら戻っていない。

現状の出生率のままでは、社会・経済、もちろん個々人のいまの生活水準は持続しない。わが国は、社会・経済を安定的に持続させるために、一にも二にも出生率を、もちろん長期的には出生数も、回復させることが求められている。

ここで出生率の現状とそれを回復させるための方向性をわかりやすく示そう。図序-3をみてほしい。ここには、既婚率、夫婦の子ども数、出生率（合計特殊出生率）の関係の四つのパターンを記している。各々の図の横軸は既婚率、縦軸は夫婦の子ども数である（ここでは説明をシンプルにするために、男女の数は同じ、一夫一婦制、夫婦は結婚後に子どもをもうけて、離婚はないものと仮定する）。この図の①は、既婚率が一〇〇％＝みなが結婚をして、夫婦は二人の子どもをもうけている場合である。この図の網がけをした部分の「面積」が出生率である。①においてその面積は二・〇、つまりおおよそ人口置換水準である――出生率を人口置換水準まで回復させるには、これだけの面積が必要になる。かつて、既婚率と夫婦の子ども数がこの図①に近似した時期がある。それは皆婚社会といわれるほど大半の人が結婚をして、出生率は二・〇程度であった一九七〇年代前半がそうであった。

図の②は、出生率が一・四＝二〇一〇年代後半の水準である。この面積は、細い線で囲んだ部分の面積の七割に相当する。この出生率の水準では、わが国の社会・経済が持続しない。

図の③は、②に出生率回復のための＝網がけ部分の面積を拡張するための二つの方向を書き足したものである。一つは、既婚率を上昇させることである。二つめは、夫婦がもうける子ども数を増やすことである。既存の少子化対策もそれぞれの方向に対応した対策を行ってきている。既婚率が一〇〇％になり、夫婦が二人の子どもをもうけると、出生率は二・〇を回復する。そのイメージは、前述した一九七〇年代前半の社会である。当時も子ども数が一人の人や三人の人もいたが、子どもは二人という社会規範により多くの夫婦は二人の子どもをもうけていた。

面積を二・〇にするには、違う形でもよい。図の①～③は、結婚したすべての夫婦が二人の子どもをもうけなければ、出生率が人口置換水準まで回復しないかのような錯覚を抱かせる。実際には、たとえ少子化対策が拡充されて個人の結婚・出生（これは男女両方を指している。以下同）の希望がすべてかなったとしても、主体的に結婚をしない人や結婚をしても子どもをもうけない夫婦もいることだろう。それらの人がいることを前提にして作成したものが、図の④である。結婚しない人（子どもをもうけないものとする）または結婚するが子どもをもうけない人（一五％）、結婚して子どもを一人の人（一〇％）、結婚して子どもを二人の人（三五％）、結婚して子どもを三人の人（四〇％）がいるものとする。この網がけ部分の面積が、ちょうど二・〇である。④は、主体的な選択として結婚せず子どもをもうけない人がいるが、子どもを多くもうける人がいることによって、出生率が人口置換水準まで回復した場合の社会である。主体的選択として結婚せず子どもをもうけない人が一五％と想定しているところに、驚く人は少ないかもしれない。だが、そうした選択をする人がいる場合に出生率を二・〇に回復させるには、結婚して子どもを三人もつ人（夫婦）が四〇％必要であるところについては、多くの人が驚くのではないだろうか。もちろん、面積を二・〇にしながらも、既婚率や子ども数の分布を④とは別のかたちにすることも可能である。ここでのポイントは、結婚せず子どもをもうけない人・夫婦がいる場合、それを相殺するだけ子どもを三人（以上）もつ人がいなければ、出生率が二・〇に達することはないということである。

さて、わが国が出生率回復を目指す方向は、この図の①と④のどちらだろうか。これに答える前に、「社会の存続」と「個人の自由」の問題について考えよう。

4-2. 社会の存続 vs 個人の自由

政策によって出生率回復を目指す場合、出生率回復・人口の持続という社会的要請（以下「社会の存続」）と個人の結婚・出生行動の自由（以下「個人の自由」）のどちらを優先すべきかという問題につきあたる。

社会の存続を優先すべきという考え方は、次のものである。[13] 低出生率が続けば、わが国の経済、社会保障等の制度、文化はおろか、この社会そのものを存続させることができない。少子化対策の究極の目的は、人口面における社会の存続である。なぜなら、社会が存続してこそ、個人は自由や福祉を享受することができるからだ。つまり、社会の人口面での「生存目的」が優先され、人々のよりよき生存を求める「福祉目的」がそれを超えることはない。現在の少子化をみれば、それは個々人の結婚・出生行動が社会全体の出生率を低迷させているので、少子化対策によって一定の限度内で個人の人口行動への介入は許される。

というものの、国が人々に無理に結婚、無理に出生をさせることは適当であろうか。実際に、それをできるのだろうか。

これに対して、個人の自由を優先すべきという考え方は、この分野の数多くの研究が前提にしてきたものである。結婚や出生の自由は、近代社会になって個人が獲得した権利である。例えば、政治哲学の分野から人口政策を考察すると、「自由主義社会の原則は、理由なき個人の自由制限を認めないことにあり、それを制限しようとする側には特別な挙証責任が生じる。」（松元 二〇一九：九六）とされる。[14] 別の論者は、「公権力が、個々の生殖活動への直接的な介入によって子どもをもつ義務を、個人ないしカップルに対して課すことは、少子化による社会の継続的存立への懸念に答える方策であるとしても、容易に許容することはできない。」（野崎 二〇一九：一二四）という。

しかし、この考え方は、社会が存続しないようなレベルの選択の自由を認めて良いのかという批判に答えられていない。社会の存続という言葉を、次の世代の存続という言葉に変えてみよう。いまの若い世代が結婚しない・出生しない自由を行使することが、次の世代が生まれ育つ社会・経済環境を前述したように悪化させてしまうことになる。そのような行動はいまの個人のエゴということはないだろうか。

4–3. 出生率を回復させるには

少子化対策を行う際、社会の存続と個人の自由のいずれを優先すべきかという問題は、本来避けて通れないものだが、わが国および既存研究はこの問題に真正面から向き合い、少子化対策の方向性を論じることを避けてきたように思われる。いや、避けてきたという言葉は正確ではない。なぜなら、社会の存続と個人の自由の両者は、同じ方向を向いていると捉えられてきたからである。これまで、少子化対策は、ほとんどの若者は結婚をしたいと考えており、生涯に子どもを二人程度欲していると考えて、そうした個人の結婚・出生の阻害要因を取り除くことで出生率を回復させようとするアプローチをとってきた。多くの研究者も、この立場で分析をして、政策提言をしてきた。個人の結婚・出生の希望がかなったときの出生率（希望出生率）は一・八になる。[15] つまり、従来のアプローチは、少子化対策として社会の存続のために必要とされてきたことがらと個人にとっての結婚・出生の自由が〈同じ方向〉を向いてきたのである。

ところが、本書で論じるように、このアプローチは一定の効果をあげたものの、その限界と問題点があらわれてきたのが過去約三〇年間であった。その問題点の一つは、主体的に結婚をしない、子どもをもたないという個人が増えた場合、たとえ個人の結婚・出生の希望がすべてかなったとしても、出生率は人口置換水準を回復しないことにある。例えば、仮に三分の一の若い男女が結婚・出生を希望しない場合、残り三分の二の人が子どもを二人もうけたとしても、出生率は現在よりもさらに低下する。これは非現実的な仮定とはいえない。近年、結婚意欲、出生意欲がそれほど強くはない若者も増えてきている。結婚や子育てよりも、自分の仕事や趣味を優先したいという若い男女は存在する。

また、これは子どもを育てる多くの人が一度は感じたことかもしれないが、いまの世の中には、家計を節約しても多くの子どもを育てている夫婦は大勢いる。一方、経済的にゆとりがあっても、自ら望んで結婚しない男女や子どもをもうけないかもうけても子ども一人という夫婦もいる（なお、ここには、不妊のために子どもをほしくてもできなかった夫婦等は含めない。あくまでも、自ら希望している個人や夫婦である）。前者の夫婦は子育てに相当な時間とお金を使っており、彼らが育てた子どもたちは日本を支える労働力となり、自分自身の親以外の社会保障（年金・介護等）を支える側になる。結婚せず子どもをもたない個人や夫婦は、それをすることがない。本人たちが高齢になり年金や介護保険を受給するようになったとき、その費用を支払っているのは前者の夫婦が育てた子どもたちになる。つまり、社会の存続という観点からみると、後者の個人・夫婦は前者の夫婦に頼っていることになる。この現状をみて、後者の男女が主体的に結婚・出生しないことの自由を謳歌する状況を、手放しで喜べる人ばかりではないのではなかろうか。両者とも喜べる社会にすることは、できないだろうか。

さらに、何よりも、わが国は従来のアプローチで四半世紀あまり少子化対策を行ってきているが、出生率は回復していない。

それでは、出生率回復のために、わが国の少子化対策にはどのような方向性が必要だろうか。そのときに、「社会の存続」と「個人の自由」の問題をどう仲裁すべきだろうか。出生率を回復させるために必要な具体的な少子化対策は何だろうか。本書は、以下の章で行う多面的な分析をふまえて、これらの問いへの答えを出したい。

〈注〉

（1）合計特殊出生率とは、ある年の一五～四九歳の女性の年齢別出生率（何人の女性から、何人の子どもが産まれたかという割合）を足し合わせたものである。この値は、ある女性がその年の出産パターンで仮に子どもを産んだとしたら、生涯に何人出産するかということをあらわす。

（2）人口置換水準とは、出産する親世代とその子世代の人口が同じ数になるように、ちょうど人口の置換えがなされる出生率の水準のことである。

（3）ここでは、佐藤（二〇〇八）をふまえて、人口置換水準と少子化について説明をしている。

（4）この定義は落合（一九九四）から。なお、核家族であることは日本の近代家族の特徴には必ずしも該当しないといわれる。

（5）Caldwell and Schindlmayr（2003）, Kohler et al.（2002）を参照。

（6）婚外子の割合も出生率に影響するが、わが国では婚外子の割合は非常に少ないので、それが出生率へ与える影響はほとんどない。

（7）現在の少子化への未婚化の寄与率は、実に九〇％とされる（岩澤 二〇一五）

（8）「令和元年人口動態統計」から。

（9）Konishi et al.（2018）。ほかに、一般社団法人日本生殖医療学会の web サイト（http://www.jsrm.or.jp/ 2020.10.06 アクセス）の説明を参照。

(10) ここに引用した数値は、国立社会保障・人口問題研究所（二〇一七）から。
(11) 観光庁「訪日外国人消費動向調査二〇一九年年間値（速報）」より。
(12) ここにあげた社会保障制度、労働力不足、政治、社会関係資本等に与える負の影響に対処するために、有識者からさまざまなアイデアが提案されているが、いずれも根本的な解決策になりそうにはない。詳しくは、松田（二〇一三）参照。
(13) 社会の存続についての記述は、大淵（二〇〇五）を参考にしている。大淵は社会の存続のことを「生存目的」という表現を用いているが、本書ではわかりやすく「社会の存続」という表現を用いている。また、大淵は「人口政策」（ここには出生促進策と出生抑制策の両方が含まれる）について記述しているが、本書は「少子化対策」という用語を用いる。
(14) 松元（二〇一九）は、少子化対策ではなく、人口抑制策について論じている。また、この文章は、個人の自由を何よりも優先させるべきという主張ではないと見受けられる。
(15) 前提条件を若干変更すれば、このアプローチで出生率は人口置換水準以上になる。計算上、このアプローチで少子化を脱することができる。

第1章　未婚化はなぜすすむのか
――雇用、出会い、価値観

1．未婚化が出生率を下げる

1-1．未婚率が出生率を大きく左右する

晩婚化を止めるための架空の政策とそれに翻弄される若者を描いた『結婚相手は抽選で』（垣谷二〇一〇）という小説がある。小説の中で、政府は出生率を回復させるために「抽選見合い結婚法」を国会に提出する。その法律は、二五～三四歳までの未婚者に三回の抽選見合いの機会を与えるものである。見合いをする人は、相手が気に入らなければ二人までは断ることができるが、三人目を断るとテロ対策活動後方支援隊に二年間従事しなければならない。抽選見合いをすることになった男女の様子がコメディタッチで展開される。

さて、現実の日本社会の話をしよう。二〇一五年の未婚率は、二五～二九歳の男性が七三％、女性が六一％、三〇～三四歳の男性が四七％、女性が三五％に達する。五〇歳時点での未婚率は、二〇一五

年に男性二三%、女性一四%であり、このままいくと、二〇三〇年には男性二八%、女性一九%に上昇すると予測されている（内閣府 二〇二〇a）。出生率にとっての影響を無視できない割合の男女が、非婚になっていく。

わが国では、婚外子が少ないため、「結婚をしないという選択」≒「結婚せずに子どもをもたないという選択」になる。このため、未婚化の進行は、出生率の低下に直結する。

序章の図序-3を振り返ると、仮に結婚をする人が七〇%で、結婚した全ての夫婦が二人（現在、夫婦がもうける子ども数の平均値に近い値）の子どもをもうけた場合、出生率は一・四にしかならない。つまり、夫婦が平均二人の子どもをもうけても、結婚する人の割合が低下すれば=未婚率が上昇すれば、出生率は低迷したままとなる。未婚率の動向が、出生率回復の成否を大きく左右する。

1-2. 個人の選択の自由とそれを支えている世代間の助け合い

結婚するか否かは、個人の自由な選択である。だが、未婚率がここまで上昇し、それが深刻な少子化と人口減少を生じさせている。少子化はこの社会および国民生活の持続を非常に危うくしているが、それでも個人が結婚をしない選択をわが国社会は尊重し続けられるのだろうか。

結婚しないことは個人の選択の自由だが、その自由な選択が可能になるには、実は社会の人口がおおむね安定的に推移し続ける（または人口が増加し続ける）ことが必要になる。なぜなら、この社会は世代間の支え合いによって成り立っており、結婚をしない人が安心して暮らせる生き方もその世代間の支え合いに依存しているからだ。例えば、結婚せず子どもをもたない個人は、自分の子どもに老後の経済的支援や介護を頼ることができない。彼らが安心して老後生活を送るには、公的な年金や充実した介護サービスが不可欠である。高齢になった彼らの年金や介護サービスのために保険料を支払ってくれるのは誰だろうか――それは現在結婚した人たちの子どもである。この制度を維持するには、子ども数、つまり次世代にある程度の人口が必要になる。現在結婚していない・子どもを持っていない人たちも社会保険料を支払っているが、制度上、彼らが現在支払っている社会保険料は現在の高齢者の年金等のためであり、本人が老後になったときのためのものではない（この制度は賦課方式とよばれる）。無論、少子化が短期間で済めば、社会保障の制度が揺らぐことはない。だが、長期間続く少子化によって、この社会保障制度を維持することは徐々に難しくなっている。これは何も社会保障に限った話ではない。経済的な豊かさ、自分が住んでいる地域社会の維持等も、次世代の人口が続いていかなければ、維持することはできない。

個人が結婚をしない選択を、わが国社会は尊重し続けられるのだろうか――。この問いに答えるには、まずは当の若い世代は結婚をしたくなくなってきているのか否かということをみておく必要がある。個人が実際に結婚するか否かを決める大きな要因は、本人の結婚意欲である（小林 二〇〇六）。これをふまえると、未婚者には、大きく分けて、

①結婚意欲がありながらも結婚できていない若者
②結婚意欲がないために結婚をしない若者

の両方がいることが想定される。

このうち、①の結婚意欲をもちながら結婚に至らないのは、何らかの阻害要因があるからだ。これに対して社会が行うべきことは、その阻害要因を明らかにして、それを取り除くことで、彼らの結婚の希望をかなえることである。これは、結婚を望む個人の側からも望まれるものだろう。

一方、②については、それが個人の自由の問題であるとして、従来特に対応は考えられてこなかった。だが、若者に占める②の人の割合が高まっていけば、当然出生率は回復しない。②の若者に対しても、出生率回復のために、どのような対応を行うかをそろそろ考えるべきときではないだろうか。先の小説のように、この人たちを結婚させるために抽選で選ばれた結婚相手の候補と見合いをするチャンスを三回与えるというのは、極端な施策だが。

2. 出会い・結婚意欲・配偶者選択

2-1. 夫婦が出会ったきっかけ

未婚化がすすんでいるが、現代の若者の結婚意欲や配偶者との出会いはどのようになっているのだろうか。それらの現状を、出生動向基本調査（国立社会保障・人口問題研究所二〇一七）で確認しよう。

夫婦が出会ったきっかけをみると、一九三〇年代に結婚した夫婦では〈見合い婚〉が約七割を占め、〈恋愛婚〉は約一割だった。その後、見合い婚が減って恋愛婚が増えていき、団塊世代が家族形成をした一九七〇年代に両者の割合は逆転した。以後も恋愛婚は増え続けて、二〇一五年時点には約九割が恋愛婚で、見合い婚は約五％まで減少した。

八〇年代以降の同調査では、恋愛婚の人が出会った具体的なきっかけも知ることができる。八二年時点で最も多かったきっかけは「職場で」（二六％）であり、続いて「友人・兄弟姉妹を通じて」（二二％）であった。その後、「職場で」出会う夫婦は、バブル経済の頃まで増えたが、そこから減少に転じて二〇一五年時点では二八％まで減った。「友人・兄弟姉妹を通じて」は、この間に三一％まで増加して、最も多い出会いのきっかけになった――この結果をみると友人・兄弟姉妹を大切にした方がよさそうである。ちなみに、出会いのきっかけの中には、「街なかや旅先で」という選択肢もあり、その割合は八二年（八％）の方が二〇一五年（六％）よりも僅かに高かった。

こうした出会いのきっかけの変化は、次の二つの理由で、若者にとって結婚相手との出会いのハードルを上げた。第一に、見合い婚が衰退したために、結婚したいと思う若者は、結婚相手を自分から探さないといけなくなった。第二に、近年では職場で出会うこと（職縁結婚）が徐々に減ってきたので、若者は仕事をしていれば配偶者に出会えるわけではなくなってきている。日本の若者たちは、自分の力で能動的に動いて結婚相手を探さないといけなくなってきた。考えてみれば、これは欧米では普通のことだが。

2-2．結婚相手に求める条件

未婚者が結婚相手に求める条件は、二〇一五年時点で次のような特徴がある（同じく、出生動向基本調査から）。相手の「人柄」を考慮・重視する割合（「考慮する」＋「重視する」割合）は、男性が九五％、女性が九八％にのぼる。「家事・育児の能力」と「仕事への理解」の割合も、男女ともに高い。

女性の方が男性よりも考慮・重視する割合が高いものが、相手の「経済力」（女性九三％、男性四二％）、「職業」（同八六％、四七％）、「学歴」（同五五％、三一％）である。逆に、男性の方が考慮・重視する割合が高いものが、「容姿」（同七八％、八四％）である。こうした男女差はなぜ生じるのだろうか。女性の方が強欲だからではない。ここには、社会にある「男は仕事、女は家庭」という性別役割分業が反映している。このため、女性側が結婚相手の経済力等を重視する。結婚によって階層上昇をしたいという気持ちがあることも、女性が結婚相手の経済力等を重視している背景にある。家庭の方はというと、男女とも結婚相手に「家事・育児の能力」を条件としているが。これらの結果のポイントは、若い世代が結婚相手に感じる魅力というものが、社会における男女が置かれている状況にある程度影響を受けて決まっているということである。(1)

さて、社会における性別役割分業が結婚相手に求める条件に影響しているのであれば、女性の就業率上昇によって未婚女性が結婚相手の経済力・職業・学歴を考慮・重視する割合は減少していくはずである、と理論的には想定できる。なぜなら、女性自身の稼ぐ力が高まれば、結婚相手に経済力を求める必要性が下がるはずだからだ。代わりに、未婚女性は自分の仕事への理解や相手の家事能力を重視するようになっていくだろう。そして、未婚男性は結婚相手の経済力を重視するようになっていく。

これを確かめるために、一九九七年と二〇一五年の調査結果を比べよう。未婚男性が考慮・重視する割合は、「経済力」が九七年の三一％から二〇一五年の四二％へ、「職業」は同三六％から四七％へと上昇している。半数近くの未婚男性は、結婚相手の稼ぎに期待している。この部分はおおむね理論どおりの変化である。だが、理論では説明できないことがある。それは、結婚相手の「家事・育児の能力」も、同八七％から九三％へと上昇していることだ。すなわち、未婚男性は、妻に前の世代よりも仕事で稼ぐことを求めているが、家事・育児も高い能力で行うことを求めるように変化している。謎の変化は、「容姿」をあげた割合も同七四％から八四％へと上昇していることである。

未婚女性が考慮・重視する割合は、理論と異なる変化をしている。彼女らが結婚相手の「経済力」をあげる割合は、九七年に九〇％であったものが二〇一五年には九三％になっており、減るのではなく、増えている。「職業」は同七八％が八六％へ、「学歴」は同五〇％から五五％へ上昇した。つまり、未婚女性が男性に学歴・職業・経済力を求める傾向はむしろ高まっている。

こうした結婚相手に求める条件の変化は、次の二点を示唆する。まず、結婚市場において男性側には依然にも増して経済力が求められるようになってきている。未婚女性にも、家事・育児をしっかり行うことは期待されたまま、稼ぐことも求められるようになってきている。

2-3. 結婚意欲

出生動向基本調査は、未婚者に対して生涯の結婚意思も尋ねている。未婚者のうち「いずれ結婚するつもり」と回答した割合をみると、男性は一九八七年に九二%であったものが二〇一五年には八六%へ、女性は同九三%から八九%へ、それぞれ減少している。「一生するつもりはない」と回答した割合は、男性が同五%から一二%へ、女性が同五%から八%へ、それぞれ上昇した。つまり、生涯の結婚意思をもつ人は徐々に減ってきている。

一八〜三四歳の未婚者で「いずれ結婚するつもり」と回答した人の中で、一年以内に結婚する意思がある割合(「一年以内に結婚したい」と「理想的な相手が見つかれば(一年以内に)結婚してもよい」)は、男女とも五割前後である(二〇一五年調査)。いずれ結婚をしたいという未婚者の中にも、たとえ理想的な相手が見つかっても結婚を先送りしたいと考えている人たちはいることがうかがえる。

いずれ結婚するつもりという未婚者全員が、強い結婚意欲をもっているとは限らない。この点を、別の調査で確認しよう。日本家族社会学会が行った「全国家族調査(NFRJ)」[2]は、未婚者に結婚意欲の程度を尋ねている。その二〇〇四年の回答結果は、結婚したい(「絶対にしたい」+「なるべくしたい」)が四四%、どちらともいえないが三六%、結婚したくない(「絶対にしたくない」+「あまりしたくない」）が一二％であった。[3] これが、二〇一九年では、結婚したいが四二％、どちらともいえないが五〇％、結婚したくないが一四％であった。どちらともいえないと回答した人も、積極的に結婚したいと思ってはいないことだろう。この結果からわかるのは、未婚者の結婚意欲は結婚したいかしたくないかという二択ではなく、結婚したいという人でもその意欲が強い人から弱い人までいるということだ。そして、強い結婚意欲をもつ未婚者は減る方向に変化してきた。

以上をふまえると、未婚者の多くが結婚意欲をもっていることから、現在の未婚化の多くは結婚意欲がありながらも結婚できていないことによって生じている可能性が高い。ただし、未婚者の中には生涯結婚する意思のない人もおり、その割合は徐々に増えてきている。いずれ結婚したいという未婚者の中にも、結婚意欲が強い人から弱い人まで存在している。

3. 未婚化の背景要因――検証する仮説

本章は、主に一九九〇年代以降の未婚化の特徴と背景要因を論じる。この間の未婚化をすすめた背景要因Xは何だろうか。

背景要因Xが未婚化をすすめているというためには、それが結婚意欲を下げているか、結婚を減らしている必要がある。このとき、背景要因Xは次の要件を満たす必要もある。まず、個々人をみたときに、その背景要因Xが結婚に影響していることである。[4] 加えて、社会の中でその背景要因Xをもつ人の割合が増加していることである。なぜなら、その割合が増加していなければ、その背景要因Xが未婚率の「上昇」を説明していることにならないからだ。

本章では、具体的な背景要因について、①若年雇用の劣化、②職場における出会い、③仕事や結婚の価値観と性別役割分業意識、④女性の社会進出とそれに伴う仕事と子育ての両立の困難、という四つの仮説を取り上げる。(5) ただし、後述するように、④は前述の要件を満たさないので近年の未婚化の背景要因とはいいにくい。

4. 若年雇用の劣化

4-1. 仮説

はじめに取り上げるものは、「若年雇用の劣化仮説」(松田 二〇一三、Matsuda 2019, 2020a)である。具体的内容は次のとおりだ。

わが国は一九八〇年代に世界経済を牽引するほどの経済力があったが(「Japan as No.1」とも呼ばれた)、バブル経済の崩壊により、九〇年代以降長い不況に陥った。企業は、人件費削減のために、正規雇用者の賃金・賞与を抑制した。また、それまでわが国の企業は、新卒一括採用をした若い社員を、年功序列と終身雇用という仕組みで長く雇用すること、いわゆる〈日本的雇用慣行〉を基本としていた。整理解雇の四要件(6)によって企業は正規雇用者の整理解雇を制限されていたために、日本企業は正規雇用者の解雇よりも新卒採用を抑制することによって人件費を削減した。このため、中高年層における正社員の雇用は比較的維持されたが、新卒採用が絞られたことによって若者が正規雇用につくことが難しくなった（玄田 二〇〇四）。

また、企業の人材活用のあり方も大きく変更された。一九九五年に出された日本経営者団体連盟の「新時代の日本的経営」という提言では、①従来どおりの正規雇用者が該当する「長期蓄積能力活用型グループ」、②長期雇用を前提としないが、手厚い処遇で活用する「高度専門能力活用型グループ」、③非正規雇用者が該当する「雇用柔軟型グループ」の三者を組み合わせて人材活用を行う仕組みが提示された。一九八六年に施行された労働者派遣法では一部の専門業種のみが派遣事業の対象とされていたが、その対象は拡大され、九〇年代末には派遣業種が原則自由化された。これにより、企業は派遣社員を活用しやすくなった。

以上のうち、非正規雇用者の増加は先進国共通の現象である。最近はネット経由で単発の仕事をするギグワーカーとよばれる就労形態も増えつつあるが、彼らの収入も低く、不安定である（例えば、料理の宅配サービスなど）。非正規雇用者が増加した背景には、経済のグローバル化による企業の国際競争激化と、それに対応した企業の人件費削減の動きがある。先進国が正規雇用を増やしやすい工業社会から、ポスト工業社会（雇用の非正規化がすすむサービス業のウエイトが高い社会）に移行しつつあることも、この変化の背景にある。

ＥＵ諸国に比べると、日本の方が正規雇用と非正規雇用の待遇の差は大きい。なぜなら、ＥＵ諸国ではEU指令による同一労働・同一賃金の政策がとられてきたので、総じて日本よりも正規雇用と非正規雇用の賃金格差が少なく、また労働市場が柔軟であるために日本よりも非正規から正規への移行率も高いからである(内閣府二〇一五)。近年日本でも同一労働・同一賃金の政策が開始された。

わが国では、若年雇用が悪くなった一方で、結婚生活や子育てにかかる費用は上昇している(例えば、高学歴化によって、子どもにかかる教育費も高騰した)。消費税や社会保険料が上昇していることも忘れてはいけない[7]。

若者が結婚生活を開始するためには安定した雇用とある程度の収入が必要である。しかしながら、以上にあげた若年雇用の劣化は、若者たちの結婚意欲および結婚できる可能性を引き下げることになっている。

4-2. ロストジェネレーションの結婚難

一九九〇年代以降の若年雇用の状況をみよう。二五~三四歳の非正規雇用者の割合は、九一年に男性二・八%、女性二五・三%だったが、二〇一〇年にはそれぞれ一三・三%、四一・六%に増加した。二〇一八年にはそれぞれ一四・七%、三八・八%である。男性よりも女性の方がこの割合が高いのは、日本女性は結婚・出産後に非正規雇用者として就労する割合が高いことも関係している。また、正規雇用者の収入も低下した。二〇一七年の所得分布を一九九七年と比べると、二〇代で一五〇万円未満の雇用者の割合が増加しており、三〇代で四〇〇万円未満の雇用者の割合が増加している（内閣府 二〇二〇a）。日本の若年雇用の悪化は、失業者の増加よりも、不安定雇用や低所得雇用の増加が特徴である。[8]

バブル経済崩壊後の失われた一〇年（もっと長い気がするが）に社会に出た若者たちは、「ロストジェネレーション」と呼ばれる（朝日新聞「ロストジェネレーション」取材班 二〇〇七）。彼らは一九九三～二〇〇四年に社会に出た世代だ（大卒者であれば一九七〇～一九八一年生まれ）。さまざまな先行研究は、この世代において若年雇用の劣化が若者の結婚を難しくしたことを示す。具体的には、男性では、非正規雇用者は正規雇用者よりも初婚ハザード率（初婚の起こりやすさ）[9]が低い。一方、女性では、総じて非正規雇用者であることと初婚ハザード率の間に明瞭な関係はみられていないものの、一貫して非正規雇用者であれば初婚ハザード率が低くなっていた。[10]

結婚意欲をみると、未婚男性では非正規雇用者や年収が低い人（特に年収三〇〇万円未満）で結婚意欲が低く、無職の男女も結婚意欲が低かった（松田 二〇一三）。不安定雇用と低年収は、若者の結婚意欲を低下させて、初婚ハザード率も下げてもいた。

以上がこれまでに解明されてきたことである。つまり、九〇年代以降の非正規雇用者の増加が、主に男性の初婚を難しくしたことによって、未婚化の進行に影響した。この仮説は、他の主な仮説よりも現実の未婚化の推移と整合的であった。

だが、従来の研究で、まだわかっていなかったこともある。まず、ロストジェネレーション以後の世代でも、そのような関係が続いているだろうか。もし若年雇用の劣化仮説がロストジェネレーションにのみ当てはまるのであるとすれば、現在すすみつつある未婚化の背景を若年雇用の劣化に求めることはできない。

また、非正規雇用者が結婚しにくいことのみに着目しては、若者全体の未婚率が上昇してきた理由を説明できない。なぜなら、二五～三四歳の男性における非正規雇用者は全体の一部であるからだ。非正規雇用者のみが結婚しにくくなってきたのではなく、正規雇用者の中で低年収である人も結婚が難しくなってきている可能性があるだろう。これを傍証するものに、年収三〇〇万円未満の男性はそれ以上の人よりも未婚率が高いという集計結果がある（内閣府二〇一一）[11]。正規雇用者においても年収が低下していることをふまえると、非正規雇用者に加えて、増加している低年収の正規雇用者においても結婚が難しくなり、そのことが若年層全体の未婚化を進行させた可能性がある。

さらに、不安定雇用の若者で未婚率が高いが、それは雇用そのものの理由（すなわち結婚をするための経済力）ではなく、将来の配偶者になりうる人との出会いの問題である可能性もある。

4-3. 非正規雇用と低収入の問題続く

筆者らが行った研究（Matsuda and Sasaki 2020）から、前述の疑問に答えよう。使用したデータは、東京大学社会科学研究所が実施した若年パネル調査（JLPS-Y）のwave1（二〇〇七年）からwave9（二〇一四年）である（以下「東大社研・若年パネル」）[12]。このデータは同一個人を追跡調査しているので、

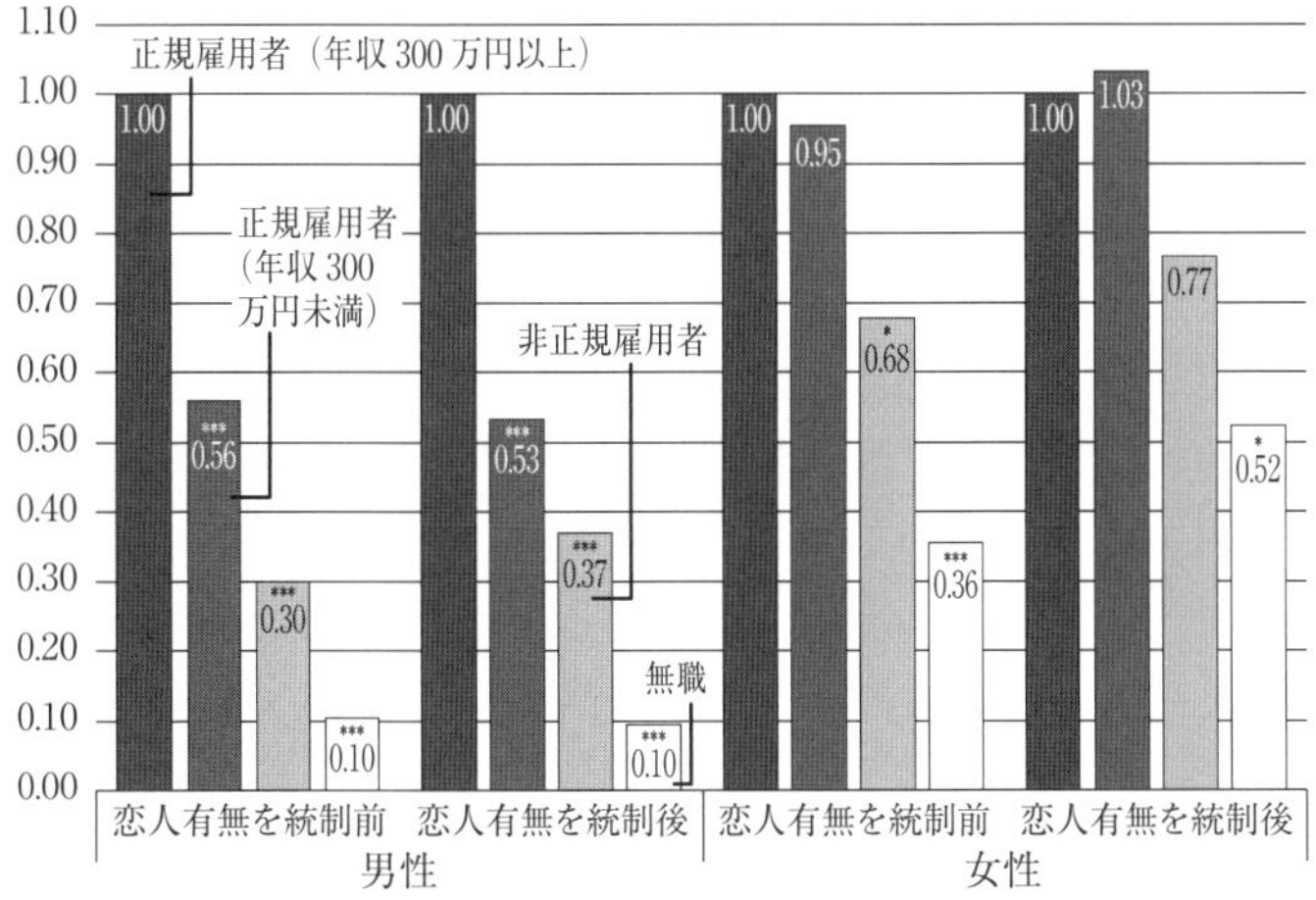

注：東大社研・若年パネルを分析して、離散時間ロジットモデルで推計した結果。
　　年齢、学歴、恋人の有無、リスク期間を統制。
資料：Matsuda and Sasaki (2020) の分析結果から作成。
$^{***}p < 0.001$、$^{*}p < 0.5$

図 1-1　未婚者の職業が 2 年後までの初婚イベントの発生に与える効果（オッズ比）

ある時点における雇用形態がその後の時点の結婚に与えた効果を分析できる。このデータはロストジェネレーションよりも新しい世代を分析できる。二〇〇〇年代半ばから二〇一〇年代半ばの期間、わが国の景気は、好景気、リーマンショックに伴う不景気、再び好景気と変化した。

　未婚者の職業が、その後二年以内の初婚の発生に与えた効果が図1-1である。[13] 職業が初婚に与える影響が、経済力の問題であるのか出会いの問題であるのかを判別するために、恋人がいることの影響を取り除く前（統制前）と取り除いた後（統制後）の二つの結果をのせている。図中の数値は、正規雇用者（年収三〇〇万円以上）を基準（＝一倍）としたときに、正規雇用者（年収三〇〇万円未満）、非正規雇用者、無職者

（学生を含む）の人の初婚ハザード率が何倍になるかをあらわす。

未婚男性の恋人有無の統制前（＝影響を取り除く前）をみると、初婚ハザード率は正規雇用者（年収三〇〇万円未満）が〇・五六倍、非正規雇用者が〇・三倍、無職が〇・一倍といずれもかなり低い。それらの数値は、恋人有無の統制前と後でほぼ同じである。つまり、非正規雇用者や無職の男性の初婚ハザード率は低いが、それだけでなく、正規雇用者で年収が低い男性も（非正規雇用者ほどではないものの）結婚することが難しい。このことは男性に恋人がいたとしても変わらないことから、男性の職業が初婚に与える影響は出会いの問題ではないといえる。

未婚女性の結果は、男性のそれとかなり異なる。ポイントは次の二つである。まず、正規雇用者であれば、年収の高低によって初婚ハザード率が有意に違うことはない。また、非正規雇用者の初婚ハザード率は、恋人有無の統制前には有意に低いが、恋人有無の統制後には有意差がない——すなわち、非正規雇用者の女性の初婚ハザード率が低いことは、経済力ではなく恋人との出会いの機会が少ないことによってもたらされている。無職の女性は、恋人がいたとしても初婚ハザード率は有意に低い。

以上から、若年雇用劣化の影響は男性に強くあらわれているといえる。この背景には、前述したように未婚者が結婚相手に求める条件に男女で差があることも関係している。

女性の非正規雇用者も初婚ハザード率が低いが、それは正規雇用者よりも恋人がいる割合が低いからである。その理由を説明するものが、次に紹介する仮説である。

5. 職場における出会いと結婚

5-1. 職場という結婚市場

前述のとおり、日本の夫婦は職縁結婚が多い。日本の職場は労働時間が長いために未婚の男女が異性と長時間接する場である。そこでは、日々の仕事ぶりから相手の有能さや人間性等の多くのことを知ることができる。職縁結婚の夫婦の割合は、バブル経済崩壊後に減少してきた。それは、企業が女性社員に対して男性社員の結婚相手ではなく労働力であることを期待するようになったことや、若い社員の会社への帰属意識が低くなって社内のクラブやサークル活動等への参加が減少したためといわれる（岩澤・三田 二〇〇五）。

加えて、若年雇用の変化は、職縁結婚の減少に絡んでいたとみられる。職縁結婚は、主に正規雇用者同士で行われてきたものであった。だが、バブル崩壊後、企業は若者の新卒採用を絞り、非正規雇用者の活用を増やした。企業によっては、特に女性のいわゆる一般職は採用が減らされて、その分を派遣社員等の非正規雇用者に置き換える動きもあった。非正規雇用者の男女を積極的に活用する業種や企業もあり、その職場には正規雇用者は少数で非正規雇用者が多数になった。こうした雇用の非正規化が、若者たちの職縁結婚の機会を減らした面がある。

未婚化の背景を説明しうる仮説に、「結婚市場のミスマッチ」（Oppenheimer 1988：山田 一九九四 b; Raymo and Iwasawa 2005）というものがある。この仮説によると、女性の多くは結婚相手に自分よりも高い学歴と経済力を求めようとする。その背景には男性が稼ぐべきという伝統的な性役割観もある。しかしながら、雇用が悪化して一家を支えられる収入をえられる男性の数が減ったことによって結婚にいたる男女が減った、とこの仮説は説明する。

本章のここまでの分析で、女性では、非正規雇用者は恋人がいる割合が少なく、そのことが初婚ハザード率を低くしていることがわかった。そこにこの仮説を適用すると、女性の非正規雇用者は、職場において自分が「結婚したい」と思える経済力がある異性が少ないために、恋人がいる人が少なく、そして結婚にいたることが少なくなっているという関係が想定される。

5-2. 雇用形態と交際相手の関係

筆者が行った研究結果（松田 二〇一五a）から、未婚者の雇用形態別にみた交際状況を紹介しよう。出生動向基本調査（二〇一〇年）を分析した結果、次の二つの知見がえられた。第一に、男女とも正規雇用者よりも非正規雇用者の方が、恋人がいない人の割合が高い。具体的には、未婚者のうち「交際している異性はいない」人は、男性の正規雇用者が五七・八％であるのに対して、非正規雇用者は六八・八％である（女性は、それぞれ四三・八％、五五・六％）。

第二に、交際している異性がいる場合、非正規雇用者は交際相手も非正規雇用者である割合が高い。具体的には、女性の場合、本人が正規雇用者であると交際相手が非正規雇用者である割合は八・二％だ

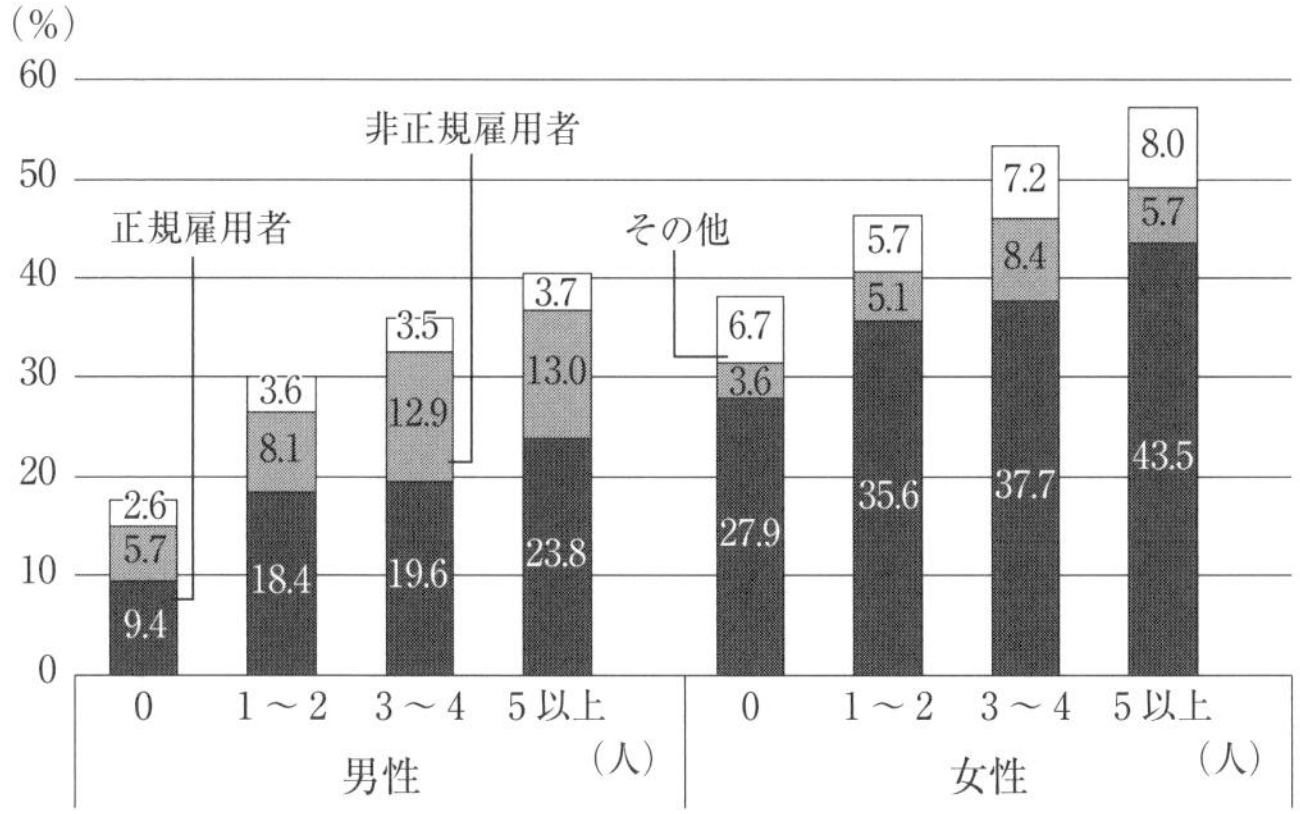

注：図中の数値は、交際相手がついている雇用形態の割合。
資料：松田（2015a）の分析結果から作成。

図1-2　職場独身異性ネットワークの人数別にみた交際相手がいる割合（交際相手の雇用形態）

が、本人が非正規雇用者であると同二三・一％であった。すなわち、女性の非正規雇用者は、恋人がいる割合が低く、交際相手も非正規雇用者である割合が高い。

次に、この研究では、先の分析を補うために、全国の未婚男女約一万名を対象にしたインターネット調査も実施して、回答者が職場で日常的に接する四〇歳ぐらいまでの独身の異性の数等を調べている。この調査では、それを「職場独身異性ネットワーク」（筆者のネーミングセンスがない）と呼んでいる。調査の結果、同じ職場にいる職場独身異性ネットワークの数は平均三・二人であった。全体の三八％は、そうした異性が「いない」と回答していた――つまり、依然として職縁結婚は結婚相手と出会う主なきっかけでありながら、四割弱の職場にはその候補者がいないことになる。そして、回答者が正規雇用者よりも非正規雇用者の方が、職場にいる独身異性の数は少なかった。

未婚者は、職場にいる独身異性の数が多いほど、交際相手、特に正規雇用者である交際相手がいる割合が高い（図1-2）。この調査ではその交際相手が同じ職場の人であるか否かは問うていないが、この結果をみると、職縁で交際している人がかなりの割合を占めることがうかがえる。

以上から、結婚市場のミスマッチ仮説を職場に適用することによって、女性の正規雇用者よりも非正規雇用者の方が初婚ハザード率の低い理由を説明できる。すなわち、女性の非正規雇用者は、同じ職場に独身異性の数が少ないために、交際相手を見つけづらい。これが、女性の非正規雇用者の初婚ハザード率を低くしている。

以上から、不安定雇用の若者で未婚率が高いことは、結婚生活を開始するための経済的基盤が弱いという〈経済力〉の問題によってもたらされているだけでなく、結婚相手との〈出会い〉が少ないという問題によってももたらされているといえる。しかも、職縁結婚の減少の少なくても一部は、若年雇用の劣化によって引き起こされている。

6. 仕事や結婚の価値観と性別役割分業意識

6-1. 価値観がライフコースを左右する

現代社会では個人の価値観は、その人の就業、結婚、出生等のライフコースに影響を与える重要な要因である（Lesthaeghe 2002）。Barber et al.（2002）は、次の二つの仮説を提示している。第一に、個人のもつ結婚や出生にポジティブ（前向き）な意識は、その人が結婚・出生するタイミングを早める。第二に、個人のもつ教育達成やキャリア志向にポジティブな意識は、その人が結婚・出生するタイミングを遅らせる。その理由は、教育・仕事上の達成と家族形成を両立することは容易でないので、両者を追求することは個人に役割葛藤を生じさせるからである。その葛藤を解消するために、教育・仕事上の達成に価値を置く個人は、もう一方の役割（＝結婚や出生）の達成を遅らせる。アメリカにおける分析の結果、この二つの仮説は支持されている。(14)

ここでは、結婚生活を重視する価値観と自分のキャリア上の成功を重視する価値観の二つがポイントである。日本でも、他の条件が同じであれば、結婚生活を重視する価値観が強い人は結婚しやすく、自分のキャリア生活を重視する人は結婚しにくいと想定される。専門家以外の人から、「調べるまでもなく、それは当たり前のことだ」と言われるかもしれないが。

結婚生活を重視する価値観については、それと別の指摘もある。結婚生活には、費用がかかり、夫・妻・親としての責任も発生する。現代の若者は結婚・出産することよりも自分自身の消費生活に価値をおき、結婚・出産を先送りして、個人的な消費生活を楽しもうとするようになっているという。これは、日本のみならず、欧米でもみられる現象とされる（阿藤 二〇一一）。

このほかに、結婚生活とキャリア生活を対比させる考え方は、性別役割分業意識とも関連している。他の条件が同じであれば、女性では、性別役割分業意識が保守的な人（＝「男性は仕事、女性は家庭」

という考えに賛成の人）は、自分の仕事よりも結婚生活を重視するとみられる。そうした女性は、結婚するハザード率が高くなりそうだ。逆に、性別役割分業意識がリベラルな女性（＝「男性は仕事、女性は家庭」という考えに反対の人）は、結婚生活よりも自分の仕事を重視するため、結婚するハザード率が低いとみられる。男性については、性別役割分業意識と結婚の関連を想定しにくい。なぜなら、性別役割分業意識が保守的な男性は自分の仕事を重視しそうだが、もし自分たち夫婦が性別役割分業であればその男性は結婚生活を送ることも同じく重視する可能性があるからだ。一方、性別役割分業意識がリベラルな男性は、配偶者の仕事を応援しそうであるが、その考え方は彼が結婚するハザード率を高めるのか、それとも低めるのかを想定しづらい。

6-2. 価値観・性別役割分業意識の結婚への影響

前述した個人の価値観が、初婚ハザード率に与える影響を分析した結果を述べよう。使用したデータは図1-1と同じである。ここで新たに使用した変数は次の三つである。

①仕事生活重視度：自分にとって「仕事で成功すること」の重要度を尋ねた質問[15]。
②結婚生活重要度：自分にとって「結婚して幸せな家庭生活を送ること」の重要度を尋ねた質問[16]。
③性別役割分業意識：「男性の仕事は収入を得ること、女性の仕事や家庭と家族の面倒をみること

だ」という考え方を尋ねた質問[17]。

分析結果は図1-3である（分析方法は注を参照されたい）[18]。図中の数値は、それぞれの変数が最小値である人と最大値である人の間の初婚ハザード率の差である。[19] つまり、この数値は、仕事生活重視度が「重要ではない」人に比べて「とても重要」な人の初婚ハザード率が何倍になるかをあらわす。この結果から、仕事生活重視度と結婚生活重視度は、未婚男女の結婚に強い影響を与えていることがわかる。仕事生活重視度が高い人の初婚ハザード率は、低い人に比べて、男性で〇・五倍、女性で〇・五八倍になる――つまり、男女とも仕事生活重視度が高い人は初婚ハザード率がおよそ半減する。結婚生活重視度が高い人の初婚ハザード率は、低い人に比べて、男性で三・七三倍、女性で四・五倍になる。

性別役割分業意識が保守的である女性の初婚ハザード率は、リベラルな女性の一・五七倍である。つまり、性別役割分業意識が保守的である女性の方が結婚しやすく、その意識がリベラルである女性の方が結婚しない。この意識の影響は男性では有意でないが、それは前述したことに合致している。

これらの結果と前述の若年雇用の分析結果を比べると、女性では、三つの価値観が初婚ハザード率に与える影響の方が雇用のそれよりも大きい。なぜなら、恋人の有無を統制すると、無職者を除き、女性では年収や雇用形態による初婚ハザード率に有意な差はなかったからである。男性では、仕事生活重視度と結婚生活重視度は、若年雇用の劣化と同程度の影響を結婚に与えている。

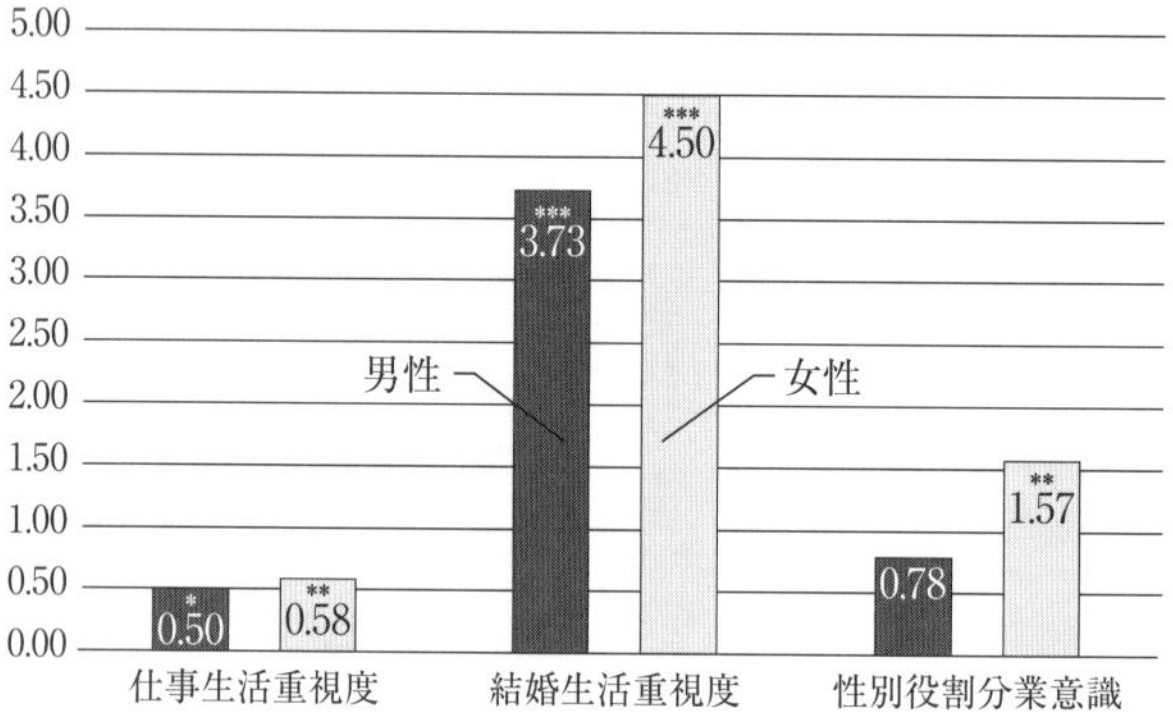

注：東大社研・若年パネルを分析して、離散時間ロジットモデルで推計した結果。年齢、学歴、恋人の有無、リスク期間を統制。仕事生活重視度・結婚生活重視度と性別役割分業意識は別々に投入している。図中の数値は、それぞれの変数が最小値である人と最大値である人の間の初婚ハザード率の差をあらわす。

資料：仕事生活重視度と結婚生活重視度の結果は、Matsuda and Sasaki (2020) から作成。

$^{***}p < 0.001$、$^{**}p < 0.01$、$^{*}p < 0.5$

図 1-3　未婚者の価値観が 2 年後までの初婚イベントの発生に与える効果（オッズ比）

　話が変わるが、ここまでに分析した価値観以外に、〈子どもを欲しいという気持ち〉も若者の初婚に影響を与えている可能性がある。日本人の典型的なライフコースは、未婚→結婚する→子どもをもうける、である。従来出生率低下のほとんどは未婚率の上昇によってもたらされてきたので、若者が結婚をしたくてもできないようになったのではないかという問いが立てられて、その研究がなされてきた。だが、そうしたオーソドックスな想定と異なり、子どもを欲しいという人が減っていることが、若者たちの結婚を減らしている背景にあるかもしれない[20]。考えてみれば、いまの時代、子どもをもうけないのであれば結婚する必要性は低い、と考える若者はいることだろう。結婚しなくても恋人がいれば、男女が楽しい時間や充実した性生活を送ることはできるからだ。

この点について全国家族調査（二〇一九年）を集計すると、未婚者の子どもを欲しいと思う気持ちと結婚意欲の間には強い相関がある（r=0.75）。子どもを「絶対ほしい」人の八八％は結婚を「絶対したい」と答えている。逆に、子どもを「絶対ほしくない」人の四三％は結婚を「絶対したくない」。この結果から、子どもを欲しいという気持ちは結婚したいという気持ちに、少なくても一部は、影響を与えている可能性があるとみておいた方がよいだろう。ただし、この集計のみでは両者の因果を判別できないので、今後両者の関係を分析できるデータによってこの関係が裏づけられることが必要である。

7. 仕事と子育ての両立の影響は？

本章で検討する最後の仮説は、「女性の社会進出と仕事と子育ての両立の困難」（以下「両立困難仮説」と呼ぶ）である。この仮説の概要は次のとおりだ。男女雇用機会均等法の施行等によって一九八〇年代半ば以降に女性の就業率は上昇して、女性の結婚や出産・育児の機会費用は増大した。[21] 一方、育児休業や保育など仕事をしながら出産・子育てをすることを容易にする制度が整っていないために、働く女性は結婚・出産を先延ばしするか避けてきた。女性側が望む結婚生活は、「男性は仕事、女性は家庭」という性別役割分業とは異なったものになったが、男性側は依然として家族を養う役割は夫であると考えており、家事の分担意識も低い。こうした男女間の意識差によって、女性が結婚を回避するようになったともいわれた（八代 一九九三、津谷 二〇〇五、山口 二〇〇九）。

この両立困難仮説は、さまざまな仮説の中で最も影響力をもってきた。しかしながら、この仮説は九〇年代以降未婚率が上昇してきた理由をうまく説明できていない。なぜなら、この仮説は、両立が困難であることによって被る経済的なダメージが大きいとみられる高学歴者や職業的地位の高い女性において未婚化がすすんできた理由を説明しうるが、そうでない女性たちにおいても未婚化がすすんできた理由を説明できないからだ。例えば、前述した女性の非正規雇用者の初婚ハザード率が低いことも説明できない。また、わが国は九〇年代以降保育サービスの拡充や育児休業の整備等の両立支援を充実させてきたが、未婚化は大幅に進行した。そうした実態とこの仮説は矛盾する。さらに、この仮説は、男性の未婚率の上昇や結婚意欲の低下を説明できない。

以上をふまえると、この仮説は、個人が結婚するか否かよりも、結婚後に子どもをもうけるタイミングや子ども数（子どもをもたないことを含む）の方に関係するものではないだろうか。その点は、次章で扱う。

8. 未婚化にどう対応するか

8-1. 未婚化の要因

本章の分析結果のポイントを整理しよう。現在も未婚者の多くは、いずれは結婚したいと思っている。だが、そのように答える未婚者の中には、結婚意欲が強い人から弱い人まで存在している。未婚者の中には生涯結婚する意思のない人はおり、その割合は徐々に増えてきている。少なく見積もれば未婚者の一割、多く見積もれば二割は、結婚したいと思っていないあるいは思っていたとしてもそれはとても弱い気持ちであるとみた方がよいだろう。

九〇年代以降、未婚化をすすめてきた背景要因を分析した結果、次の知見がえられた。まず、若年雇用の劣化仮説は、ロストジェネレーションだけでなく、それに続く世代においても、明瞭に支持される。生活にかかる費用は上昇していく中で、若い男性たちの収入が低迷し、雇用が不安定になったことが、未婚率を上昇させている。女性においても、非正規雇用者が増加したことは、結婚相手との出会いを難しくさせて、未婚率を上昇させた。

また、職縁結婚は、現在も夫婦が出会ったきっかけの三割近くを占めており、重要な出会いの場である。この職縁結婚が、バブル経済崩壊後、徐々に減少してきたことも、若者たちの出会いを難しくしてしまった。分析の結果、若年雇用の劣化が、以前の職場には多くいた若い正規雇用者の数を減らしたことが、職縁結婚を衰退させることにつながったといえる。

さらに、実は若者たち一人ひとりの仕事や結婚生活に対する価値観や性別役割分業意識というものが、その人が結婚をするか否かおよび結婚するタイミングに強い影響を与えている。これは、従来の研究ではほとんど解明されてこなかったことだが。その影響の大きさは、男性においては雇用の劣化と同等以上、女性においては雇用劣化の影響以上である。具体的には、自分にとって「仕事で成功すること」が重要であると考えている若者は初婚ハザード率が低く、「結婚して幸せな家庭生活を送ること」が重要であると考える若者は初婚ハザード率が高い。性別役割分業意識が保守的な女性は初婚ハザード率が高く、リベラルな女性はそれが低い。

最後に、さらなる裏づけが必要であるものの、子どもを欲しいという気持ちは結婚したいという気持ちに、少なくても一部は、影響を与えている可能性がある。

以上をまとめると、まず、未婚者の中には、①結婚意欲がありながらも結婚できていない若者、がいる。この若者たちにおいて未婚化が生じている理由は、劣化した若年雇用、および若年雇用の劣化も影響した職縁結婚の減少と職縁に代わる出会いの機会が少ないことである。それとは別に、②結婚意欲がないまたは低いので結婚をしないか先延ばしする若者、が一定層存在する。自分の仕事生活をとても重視する若者、結婚生活を重視しない若者、性別役割分業意識がリベラルな女性は、結婚するハザード率が非常に低い。彼らの行動は主体的といえる。

8-2. 少子化対策に対するインプリケーション

以上の結果は、わが国の少子化対策に対して次にあげる示唆を与える。

まず、結婚したいと思う若者たちの阻害要因を取り除くことは大切である。そのために、若者たちが、希望すれば正規雇用の職につくことができるようにすることだ。ただし、雇用の非正規化を経済のグローバル化や産業構造の変化がすすめていることを念頭におけば、悲しいことに、すべての若者が正規雇用の職につくことは難しそうである。そうなると、非正規雇用者を含む若者が、その雇用形態にかかわらず、業績と経験をつむことで収入が増加していくようにしていくことも求められる。

具体的には、企業は若い社員を積極的・継続的に採用して、若い社員を中心とした賃金上昇につとめることが期待される。政府は、そうした企業の取り組みを後押しする政策を行うことだ。近年政府が実施した同一労働・同一賃金の政策や若年の非正規雇用者に対して正規雇用者になる機会を提供する政策は、今後もしっかりと行われることが求められる。中小企業や福祉分野など正規雇用者が不足しているところに、若者が就業することを応援することも大切だ。本書執筆時、わが国の景気は、新型コロナウイルスの感染拡大によって低迷している。政府には、若年雇用対策を充実させて、この不況が若年世代の雇用に与える影響を緩和することが求められている。

若年雇用対策をしても、若者みなの所得が安心して結婚生活を開始できるような水準に達するには時間がかかるかもしれない。そこで別の対策として、低所得の若者が結婚生活を開始することを資金的に応援する政策があってもよいだろう。

若年雇用への対策は減少してきた職縁結婚も幾分かは増やすことにつながり、それは結婚する若者を増加させるとみられる。ただし、職縁結婚だけに頼っていては、若者たちの結婚が劇的に増えるようには思えない。職場以外で若者が異性と交流・交際する機会を増やしていくことが、いまの社会で求められている。

以上とは別に、本章で行った仕事生活と結婚生活に関する価値観の分析結果は、わが国の少子化対策のあり方に新たな問題を提起する。これまで若者、特に若い女性たちは仕事と子育ての両立が難しいために結婚を先延ばしするか諦めるので未婚率が上昇してきたといわれてきた。だが、自分自身の仕事生活を重視して、結婚をしようとはしない若者たちや結婚生活を重視しないために結婚をしない若者たちは、一定層いる。これは、若者たちが自らの希望にそったライフコースをある程度選択することができていることでもある。仕事生活を重視する人と結婚生活を重視しない人が結婚をしないことは、個人の自由である。

婚外子が少ないわが国では、主体的に結婚をしない若者は、ほぼ子どもをもたないことになる。序章で述べたように、主体的に結婚しない人が存在するとき、その人たちの分の子ども数を誰かが多く生み育てなければ、社会全体の出生率は回復しない。結婚して子どもをもうける若者たちは、自分自身では気づいていないかもしれないが、自身の相当なお金と時間と労力を費やして日本社会の持続のために貢献している。そうした人たちに、希望して結婚せず子どもをもうけることがない若者たちは、人口再生産の面（社会保障の維持、経済の維持も）において頼っている状態になってしまっている。

それでは、解決策として、主体的に結婚をしない若者たちも結婚をさせるようにすべきだろうか。例えば、冒頭の小説のように。原則すべての若者が結婚するというのは、戦後から一九七〇年代前半までのような皆婚社会に戻すということにもなる。だが、そのようにすると、今度は、若者たちが生きにくい社会でなくなってしまうことが懸念される。

最後に、わが国は男女共同参画の推進のために「男は仕事、女は家庭」という固定的な性別役割分業意識を解消するように社会的な啓発や学校教育等を行ってきた。それは、今日までの女性の社会進出に寄与した。しかしながら、分析の結果、現在、性別役割分業意識が保守的な女性の方が結婚をしており、それがリベラルな女性ほど結婚をしていないという現実もある。わが国政府は国民の固定的な性別役割分業意識を解消するための啓発・教育を行ってきているが、それと人口再生産が両立する方法はないだろうか。

〈注〉

（1）家族と愛情の関係については、山田（一九九四a）が詳しく論じている。

（2）この調査の詳細については、全国家族調査（NFRJ）のウェブサイトを参照されたい。（二〇二〇年一〇月二一日取得、http://nfrj.org/）

（3）無回答がいるため、合計は一〇〇％にならない。

（4）これを社会統計学的にいえば、個人を対象にしたマイクロデータにおいて、背景要因Xをあらわす変数が結婚イベントの有無に統計的に有意な影響を与えていることが観察される必要があるということである。

（5）ここにあげた以外の主な仮説については、松田（二〇一三）を参照のこと。

（6）人員削減の必要性、解雇回避の努力、人選の合理性、解雇手続の妥当性の四つ。

（7）これによって、「二人以上の勤労者世帯」は、収入に占める税・社会保険料負担率は、一九八八年に二一％であったものが、二〇一七年には二六％へと約五ポイント上昇した（是枝 二〇一八）——つまり手取りが五ポイント減少した。

（8）労働力調査（長期時系列データ）によると、全年齢平均の完全失業率は、一九九一年に二・一%であり、雇用状況が最も悪かった二〇〇〇年代前半でも五%台前半であった。二〇一九年の値は、わずか二・五%である。

（9）その時間よりも前にイベントが起こっていない人のうち、次の時点においてイベントが発生する確率のこと。

（10）津谷（二〇一一、二〇一八）、佐々木（二〇一二）、麦山（二〇一七）、Piotrowski et al.（2015）を参照。厳密にいえば、各研究の分析対象には、ロストジェネレーション前後の世代も含まれている。

（11）この結果は一時点のクロスセクショナル・データを分析したものであるために、厳密にはこれらの変数間の因果関係が不明である。

（12）wave1 の調査対象は日本全国に居住する二〇〜三四歳の男女三、三六七人である。分析に使用したサンプルは、wave1 時点で未婚であった男性九二六人、女性八六一人。wave1 から wave9 までの人年をプールしたデータを用いた。

（13）被説明変数は二年後までの初婚イベントの発生の有無、説明変数はこの図に示した職業的地位である。年齢、学歴、恋人の有無、リスク期間を統制している。日本では一般的に結婚することの意思決定→婚約→結婚という順序をへる。このために、個人が結婚の意思決定をしてから結婚するまでの期間は1年以上になりうる。これをふまえて、説明変数の調査時点から二年以内における初婚イベントの発生有無を被説明変数としている。Piotrowski et al.（2015）は、ある時点の雇用形態から結婚イベントの発生までの経過年数を検討して、二年後が最も分析の当てはまりがよいという結果をえている。

（14）日本の研究をみると、小林（二〇〇六）の分析では、個人にとっての働くことの重要度は結婚に有意な影響を与えてはいなかった。ただし、筆者は使用した変数の制約がある上での結果であると述べている。

（15）変数は「とても重要」（三点）、「少し重要」（二点）、「重要ではない」（一点）。

（16）これらの意識変数は二年ごとに測定されている。測定されていない年は、その前年の値にしている。wave1 を集計すると、男性（カッコ内は女性）の仕事重視度の回答割合は、「とても重要」四五・一％（三三・二％）、「少し重要」四三・五％（四九・八％）、「重要ではない」一一・三％（一七・〇％）である。同様に、男性（カッコ内は女性）の結婚生活重視度の回答割合は、「とても重要」六〇・七％（六六・五％）、「少し重要」二七・四％（二三・〇％）、「重要ではない」一一・九％（一〇・五％）である

(17)「そう思う」（五点）から「そう思わない」（一点）までの五段階の変数。

(18)被説明変数は二年後までの初婚イベントの発生の有無、説明変数は仕事重視度と結婚生活重視度である。年齢、学歴、職業、恋人の有無、リスク期間を統制している。仕事重視度と結婚生活重視度と性別役割分業意識は関連が強いために、性別役割分業意識を分析に用いる際には結婚生活重視度と性別役割分業意識の変数は使用していない。

(19)このようにした理由は、分析結果における価値観の変数の数値は、それが何段階の尺度であるかによってもつ意味が異なってしまうからである。

(20)この鋭い指摘は、菅桂太国立社会保障・人口問題研究所室長からなされたものである。

(21)ここでは、結婚・出生を理由に就業を中断または制限せざるをえないことから生じる生涯所得の減少を指す。

第2章 夫婦の働き方と出生率の関係
――夫婦の就労はどう変わり、それは出生率上昇につながったのか

1. 近代家族

「クレヨンしんちゃん」は、生意気でいたずら好きな主人公、野原しんのすけ君（五歳、幼稚園児）が巻き起こす騒動を描いた人気アニメ・漫画である。しんのすけ君は、埼玉県春日部市に父親のひろしさん、母親のみさえさん、妹のひまわりちゃん、ペットのシロ（犬）と一緒に暮らしている。ひろしさんはサラリーマンで、母親のみさえさんは専業主婦である。野原家の人気は高く、ひろしさんは、旅行情報誌『じゃらん』が調べた「理想のパパキャラクター」（二〇一九）でランキング一位であり、みさえさんは、ポータルサイトのgooが調査した「アニメ史上最も理想的な母キャラランキング」（二〇一八）で二位であった。このアニメでは、幼稚園児とその家族の日常が生き生きと描かれている。

しんちゃんの話をしたが、本章で述べたいことは、アニメの内容ではなく、学術的にみた主人公の家族のことである。野原家には、家族研究でいう「近代家族」の特徴がある。その特徴は、夫婦の性

別役割分業、子どもは二人、核家族等である。[1] 近代家族は欧州ではおおむね一八世紀から人々の間に広まった。欧州よりも遅れて、日本では明治時代の半ばからこのような家族が徐々に増えて、戦後の高度経済成長でほぼ全ての社会階層に広まった。戦後の近代家族の普及を後押しした背景要因に、人々の間に子どもを慈しみ教育しようとする意識や性別役割分業を支持する意識が広まったこと、そして経済成長による賃金上昇と日本的雇用慣行（終身雇用、年功序列等）の存在があった。つまり、サラリーマンになった夫一人の収入で家族を支えることができるようになり、かつそれを望む人が多かったので、近代家族が爆発的に社会全体に広まったのであった。この家族は、わが国の経済発展や子どもの学力向上に寄与してきた面がある。一方で、この家族の広がりが、女性の社会進出を阻害して、夫が経済力を背景に強い権力をもつので夫婦関係が不平等になるという批判もなされてきた（野原家は夫よりも妻の方が権力をもっていそうだが）。

一九八〇年代後半以降、女性の社会進出がすすんだ。それによって、近代家族は変わったといわれるようになった。具体的には、女性たちは結婚・出産にかかわらず仕事を続けて、性別役割分業にもとづく家族を望まなくなり、性別役割分業から共働きへという変化が起きたといわれた。新しい女性たちは職業キャリアを志向するため、仕事と子育ての両立が困難であれば、結婚・出産を先延ばしするようになったといわれてきた。詳細は後の章で述べるが、わが国の少子化対策は、家族は変わったということの説を背景にしてすすめられてきたために、対策の中心は長らく保育と両立支援になっていた（詳しくは第六章参照）。

だが、ここで三つの疑問がある。第一に、近代家族が変わったというこの説は正しいのだろうか。このように書くのは、通説に反して、二〇〇〇年代まで育児期の妻の就業率は明確な上昇傾向を確認できなかったからである。その後、妻の就業率は上昇したのだろうか。妻の就業率が上昇したとしたら、それは前述のような夫婦の変化が起きたといえるだろうか。

第二に、夫婦片働きの家庭（分業型夫婦）と共働きの家庭（共働型夫婦）の違いは、子どもの発達や教育にどのような影響を与えているだろうか。育児期の妻の就業率が上昇したならば、それは子どもの発達や教育にプラスまたはマイナスの影響を与えるはずである。

第三に、妻の就業率が上昇してきたとしたら、その変化はわが国の出生率を上昇させたのだろうか、それとも下落させたのだろうか。前者は出生率回復のために好ましいことだが、後者であれば少子化対策としては要注意である。

2. 家族構造変動論 vs 家族構造安定論

近代家族が変わったという説を、もう少し学術的な言葉で説明しよう。家族研究者の間で、近年の日本の家族について「家族構造変動論」と「家族構造安定論」という二つの見方がある（稲葉二〇一一）[2]。

家族構造変動論——これが前述の説に相当する——は、従来マスを占めていた「夫は仕事、妻は家庭という性別役割分業を行う夫婦と子どもからなる家族」は減少してきていると考える。夫婦が仕事と家事・育児を同じように行う家族が増えた。家族をもたない者も増加し、家族は多様化したという。一方、家族構造安定論は、従来マスを占めてきたそれら家族にほとんど変化が起こっておらず夫婦の頑健な性別役割分業が残っているという。

両者をみたときに、家族構造変動論の見方が正しそうだと思う人は多いだろう。社会の空気もそうである。だが、二〇〇〇年代までのデータに合致していたのは、家族構造安定論の方であった。特に育児期の家族はそうであった。具体的には、九〇年代から二〇〇〇年代に行われた全国家族調査（NFRJ）によると、育児期には妻の半数以上が専業主婦であった。共働き夫婦が増加していたが、妻はパート就労が多く、家庭内で妻が中心的に家事・育児を担っていることは変わっていなかった。夫婦とも正規雇用者である夫婦は増えておらず、従来の性別役割分業の基本構造はあまり変化していなかった（稲葉 二〇一一）。また、別の調査によると、第一子出産前後に継続して就業する女性の割合は、八〇年代〜二〇〇〇年代までおよそ四人に一人でほとんど変わっていなかった（国立社会保障・人口問題研究所 二〇一七）。言い換えれば、多数の女性は、第一子出産前後に少なくとも一旦は専業主婦になっていたのである。なお、育児期に専業主婦（世帯）であることは、その人（家庭）が生涯専業主婦（世帯）であるということではない。女性の就業状態は、時間経過とともに、変わるものである。

では、二〇一〇年以降はどうだろうか。ポイントを述べると、女性の就業率はほぼ全ての年齢層で上昇した。育児等のために就業率が低かった三〇代前半においても、その割合は七五％になった。意外かもしれないが、いまや日本女性の就業率は、ほぼ全年齢において女性が活躍しているといわれる

表 2-1　末子年齢別にみた妻の就労形態と妻の収入割合

（%）

	正規雇用者	非正規雇用者	自営	無職	妻の収入割合
	2004 年				
子どもなし	35.6	25.4	6.8	32.2	20.4
末子 0 ～ 6 歳	12.4	16.0	6.9	64.7	11.5
末子 7 ～ 12 歳	17.6	40.3	8.4	33.6	14.1
	2009 年				
子どもなし	29.6	40.7	5.6	24.1	31.0
末子 0 ～ 6 歳	18.7	24.7	4.5	52.1	14.1
末子 7 ～ 12 歳	22.7	44.0	8.0	25.3	19.9
	2019 年				
子どもなし	48.4	32.3	0.0	19.4	30.3
末子 0 ～ 6 歳	25.6	30.4	6.4	37.6	14.5
末子 7 ～ 12 歳	18.2	63.6	4.5	13.6	18.3

注：全国家族調査（NFRJ）を集計した結果。分析対象は 40 歳未満の有配偶女性（初婚継続者）。妻の収入割合は、夫婦の年収に占める妻の年収の割合。

米国女性のそれを上回っている。第一子出産前後に継続して就業する女性の割合はそれまでの二五％前後から三八％（育児休業を利用して就業継続したのは二八％）まで上昇した。第二子出産前後の継続就業率は二〇一〇年代前半で同三七％（同二一％）である[3]。この背景には、女性の就業意識の高まり、夫の雇用不安、好景気による人手不足、保育所の量的拡充や短時間勤務の普及等がある。

表2-1は、全国家族調査で、末子年齢別に妻の就業形態と妻の収入割合（夫婦合わせた年収に占める妻の年収の割合）を集計した結果である。どのような就業形態の妻が増えて、夫婦の就業形態の組み合わせはどう変わったのだろうか。

二〇〇四年から二〇一九年の変化をみると、子どもがいない人は、正規雇用者または非正規雇用者が増えて、無職（専業主婦等）は減少している[4]。同じ期間に、末子〇～六歳では正規雇用者は一二・四％から二五・六％へ、非正規雇用者は一六・〇％から三〇・四％へとそれぞれ上昇した。逆に、このライフステージで無職の割合は六四・七％から三七・六％へと減少している。末子が七歳以上では、正規雇用者は増えてはおらず、非正規雇用者が大幅に増加した。

大方の予想に反する結果とみられるのが、子どもがいる夫婦では、妻の就業率の上昇は妻の収入割合の平均値を〈微増〉させたにとどまっていることだ。その割合（二〇一九年）は、子どもがいない夫婦は三〇・三％だが、末子〇～六歳では一四・五％、末子七～一二歳では一八・三％である。[5]

以上をふまえると、妻の就業の変化は、家族構造変動論に合致する結果のようだが、それともやや違うといえる。妻の就業率は上昇するも、育児期においては主に夫が家計を支えているという構造はほとんど変わっていない。この部分は、家族構造安定論の方の想定に合致する。

なぜ、妻の就業率が上昇したのに、育児期の妻の収入割合は微増にとどまったのだろうか。その理由は、まず、女性の就業率上昇の多くは、非正規雇用者の増加によってもたらされてきたことだ。また、前章の分析のとおり、年収の高い女性は初婚ハザード率が低いため、結婚した夫婦をみれば妻の収入割合が低くなっているからである。

3. 分業型夫婦、共働型夫婦、選好

3-1. それぞれの利点

分業型夫婦の長所と短所

夫婦の働き方を戦略として捉えると、夫婦はそれぞれの仕事と家庭（子育て、家事）へのコミットメントを配分することで、本人を含めた家族全体の豊かさや幸福を高める「働き方戦略」をとっている（松田二〇〇七a）。夫婦が核家族である場合、分業型夫婦と共働型夫婦では、それぞれ以下にあげるような長所と短所がある。

分業型夫婦は、夫婦の一方が仕事、他方が家事・育児と役割分担する。その長所は、それぞれが得意な分野に集中することによって、夫婦全体の生産性が高まることだ。具体的には、夫婦の一方が他方よりも仕事または家事・育児にたけている場合（比較優位がある場合）、一方が就業に、他方が家事・育児に専念する分業は、家庭運営の生産性を最大化できる（Parsons and Bales 1956；Becker 1981）。夫の方が仕事で稼ぐ能力が高い場合、夫が仕事に集中すれば、仕事で昇進・昇給して収入は増える。妻の方が家事・育児が得意な場合、妻が家事・育児に集中すれば、短い時間で高いレベルの家事・育児をできる。妻が子どもの教育や生活に手厚いサポートをすることができるので、子どもは教育達成で有利になる。効率性が高いため、夫と妻自身の時間的ゆとりも多くなる。母親は「みずからの手で我

が子を育てることを選択し、その時期にしかえられない充実感を得ながら育児に専念」することができる。(6)

なお、妻よりも夫の方が家事・育児にたけていて、妻の方がより稼ぐことができるのであれば、ここで述べた夫と妻の立場を入れ替えても(つまり、専業主夫世帯になることで)、理論的には家庭運営の生産性を同じように最大化できる。

分業型夫婦の短所は、収入源が一つなので、夫の所得が減ったり失業した場合には、家計は行き詰まってしまう。ふだん家事・育児を妻がもっぱら担っているので、病気等で妻が倒れたら、夫は家事・育児のやり方がわからない。つまり、分業型夫婦は家計や家事・育児のリスクへの対処力が弱い。日本では一旦離職すると正規雇用者として復職することは難しいために、分業型夫婦は将来妻が正規雇用者につける機会が狭まるという問題もある。

共働型夫婦の長所と短所

共働型夫婦は、夫婦がともに仕事、家事・育児も行う。その長所と短所は、ちょうど分業型夫婦と正反対になる。長所は、夫婦両方に収入があるので、一方の所得が減ったり失業しても、収入が全くなくなることはない。母親が出産・育児の期間に正規雇用者として就業を続ければ、離職した人に比べて、その後の賃金は高くなる。ふだんから家事・育児も二人で分担していれば、いざとなったときに、夫も問題なく家事・育児をできる。このように、共働型夫婦は、家計が安定して、リスク対処力も高い。

だが、共働型夫婦にも短所がある。それは、分業型夫婦のような高い効率性がないことである。夫婦とも家事・育児をするために、同じ時間を家事・育児にかけるよりも仕事をすればより稼げる人にとって、時間面の制約によって仕事で自らのポテンシャルを十分発揮することはできない――これは業績が問われる民間企業において、本人の昇進・昇格に不利になる。逆に仕事よりも家事・育児が得意な人は、その得意なことに集中することはできない。子どもの教育面についてみれば夫も妻もそのサポートに専念できないために、教育支援が弱くなりがちになる。仕事と家事・育児の両方をこなすのは簡単ではないので、仕事と家事・育児のどちらも中途半端になってしまいかねない。

分業型夫婦と共働型夫婦のどちらになるか

共働型夫婦というからには、少なくとも夫と妻それぞれの収入が相当程度家計に貢献している必要があるだろう。そうでなければ、共働型夫婦のメリットである家計の安定において長所を享受できないからだ。妻が非正規雇用者である共働き夫婦は、収入面からみれば、共働型夫婦というよりも、分業型夫婦に近い。このため、表2-1をふまえると、未就学児をもつ夫婦では、分業型夫婦対共働型夫婦の割合は三対一程度といえる。

夫婦が分業型夫婦と共働型夫婦のいずれになるかは、本人たちの希望、家計の状況、社会規範、職場における男女の機会の平等度等のさまざまな要因によって決まる。

両者にはそれぞれ長所と短所があるので、家計や職場の制約がなければ、子どもを育てることや子どもと共有する時間に重きを置くか、自分の仕事からえられる報酬に重きを置くかなど、本人の志向および家族の仕事や置かれた状況によっていずれのタイプの夫婦生活を送ろうとするかが決まる。

この選択には、夫と妻の収入の水準も関係する。いま男性と女性の平均収入に全く差がない社会を想定しよう。収入差がない男女が結婚すれば、その夫婦は共働型夫婦を選択する可能性が高い。ただし、社会における平均収入に男女差がなくても、男女それぞれに収入が低い人から高い人までいる。このため、結婚する場合、自分と収入階層が異なる男女同士が組み合わせになることが多い。夫婦に収入差があれば、分業型夫婦になった方が有利になる――夫の方が稼ぐ力が強ければ夫の方が稼ぐことに集中する方が効率的になり、妻の方が稼ぐ力が強ければその逆が効率的になる。このとき、前章で述べたとおり、結婚相手を選ぶ際に女性が相手の経済力・職業・学歴を考慮・重視する傾向があった。これによって、わが国において夫が稼ぐタイプの分業型夫婦が社会の中に多くなる。

すべての夫婦において夫と妻の収入が同じになれば、少なくても経済力の面から分業型夫婦を選択するケースはほとんどなくなるだろう。ただし、それは、次のいずれかの社会になりそうだ。一つは、究極の階層社会――同じ収入階層に所属する男女同士でしか結婚できない社会である。もう一つは、すべての労働者の収入が同じである社会である。現在の日本の状況をみると、いずれにもなる可能性も想定しづらい。

社会の中に分業型夫婦と共働型夫婦がともに存在することは、日本に限ったことではない。欧米の夫婦を分析したHakim（2000）は、仕事中心の生活を送りたいと考える女性が二割、家庭生活中心の生活を送りたいと考える女性が二割、働きたいが仕事に全面的にコミットすることは望まない女性が六割いるという。世界で最も女性活躍がすすんでいる米国も、企業幹部等で活躍する女性が多数いる一方で、専業主婦世帯も四分の一程度いる。その理由は、自由主義の国では、夫の所得が高ければ、女性の一定層は企業に身を捧げるのではなく、家事や子育てで主体的な生き方をできる専業主婦を選ぶからだといわれる（Matchar 2013）。本人のこのような〈選好〉は、経済発展した国における女性のライフコースにも影響を与えている。

3-2. 子どもの発達・教育への影響

分業型夫婦と共働型夫婦の違いは、子どもの発達や教育にどのような影響があるのだろうか（本章第一節の第二の問い）。

幼少時の母親の就業状態、すなわち分業型夫婦か共働型夫婦かの違いが、子どもの発達や教育に与える影響は、これまでも研究されてきた。以下で紹介する研究は、育児期の母親の就業状態または子どもが幼稚園と保育園のどちらを利用したかを説明変数としてこの問題を分析している。多くの場合、母親が正規雇用者であれば子どもは保育所を利用しており、専業主婦であれば幼稚園を利用している[7]。ただし、母親が非正規雇用者である子どもは保育所と幼稚園のどちらにもいるため、幼稚園と保育所の違いによってもたらされた差が、そのまま母親の就業形態による差とはならない。

子どもの教育面をみると、乳幼児期に母親が就業していないことや幼稚園利用が、その後の子どもの成績や教育達成にプラスの影響を与えている。具体的には、乳幼児期の母親の就業は、子どもが小学生のときの成績を有意に低くしている（野崎 二〇二三）[8]。小学五年生の学力調査では、母親がフルタイムやパートタイムで就労している家庭よりも、専業主婦の家庭の方が得点は高い（ベネッセ教育研究所 二〇〇九）。保育所よりも幼稚園に通った子どもの方が、一九六四〜七三年生まれの人において、大学進学率が高い傾向がある（小川 二〇一八）[9]。これらの結果は、分業型夫婦の方が、母親が子どもの勉強を助けて、子どもの教育環境を整えられることを示唆する。これらをふまえると、分業型夫婦の方が共働型夫婦よりも子どもの教育達成に有利といえる。一例をあげれば、偏差値の高い大学へ進学するには中高一貫の進学校が有利なので、首都圏や近畿等では私立・国立中学の受験競争が激しい。子どもが中高一貫校に合格するためには、子どもの家庭学習、通塾、生活全体をサポートしやすい分業型夫婦は有利である。子どもの教育・生活を高度にサポートすることで、三男一女を全て東大理Ⅲに合格させたという主婦は、その世界で有名人である（佐藤 二〇一八）。

また、子どもの頃の外遊びの体験が多いことは、その後の人間的な成長や強さにつながる（国立青少年教育機構 二〇一九）。学校から帰宅したときに親が家にいる子どもの方が、子どもが自ら友達を誘い、外遊びをできる機会は多い。帰宅時に親が家にいなければ、小学生は学童保育を利用して遊ぶことになるが、外遊びにはかなわないだろう（昔でいう「鍵っ子」は、現代の子どもにとって危険である）。ここでも、分業型夫婦の方にアドバンテージがある。

では、分業型夫婦の方が子育てにおいて勝者かというと、そうともいえない。子どもの教育達成とは異なる面で、共働型夫婦の方に軍配を上げる研究結果がある。二歳半のときに保育所に通っていない子どもよりも通っていた子ども（その母親の大半は就業者である）の方が、男児の言語発達のレベルが高く、母親が高校を卒業していない家庭の子どもの攻撃性とＡＤＨＤの傾向が低かった（Yamaguchi et al. 2018；山口 二〇一九）[10]。この効果は母親が就業していること自体によるというよりも、保育所の保育士が子どもに対して専門的な保育を行っていることの影響かもしれない。筆者が研究代表者で保育所を対象に行った調査では、保育士による子どもへの積極的な指導は乳児期の行動・言語面の発達と正の相関がみられている（全国私立保育園連盟 二〇〇四）。

なお、この保育の効果は別の示唆も与える。それは、二歳半時点における保育所の利用が子どもの発達にプラスであれば、親が就業している子どもにのみ保育を受ける機会を与えるのではなく、在宅で子育てをされている子どもも保育所（あるいは幼稚園）に通わせる機会をもうけることが望ましいということである。

以上の結果を子どもが通う施設の視点で整理すると、幼稚園児に対しては〈教育〉の効果が、保育園児に対しては〈保育〉の効果があらわれているともいえる。両施設の出発点は、幼稚園が教育施設、保育所が保育施設である。両者の違いは縮小してきているが、筆者が以前両施設を対象に行った調査では幼稚園は教育に注力しており、保育所は保育に注力していた（松田 二〇一二）。幼稚園の強みは、日中の短時間に集中して取り組む集団教育・活動にある。運動会や学芸会への注力も半端ではない。

一方、保育所の強みは、園児が朝から夕方まで疲れないように一日をゆったりと過ごせるところにある。こうした両施設の特徴が、子どもの発達に影響を与えているとみられる。

3-3. 対等な夫婦は幸せか

分業型夫婦と共働型夫婦のどちらが幸せだろうか。

夫と妻の仕事（家計費負担）と家事・育児（介護を含む）が結婚満足度に与える影響を分析した研究がある。それによると、夫も妻も自分よりも配偶者の方が分担をしていると認識しているときに結婚満足度が高くなっていた（竹内 二〇〇七）。具体的には、夫婦を五つのタイプに分けると、そのうち結婚満足度が最も高いのは、妻が専業主婦またはパートで、夫の家事参加が多いタイプであった。このタイプは、妻のみならず夫の満足度も高かった。次に結婚満足度が高かったのは、夫婦ともフルタイムで仕事と家事・育児を平等に分担しているタイプであった[11]。この結果からわかることは、分業型夫婦も共働型夫婦も、仕事と家事・育児を合わせた分担の仕方などによって、どちらも幸せになれるということである。

アメリカの家族研究者が考えた相対的資源理論（Blood and Wolfe 1960）によると、夫と妻が家庭外で獲得する収入等の資源の差が、家庭内における夫婦間のパワーバランスを決めることになる。この理論から、夫婦ともフルタイムで仕事と家事・育児を平等に分担しているタイプにおいて、妻の満足度が高いことを説明できる。だが、分業型夫婦の妻の満足度が高いことは、この理論では説明不可能だ。

実は、日本の夫婦には、夫と妻が家庭外で獲得する資源の差が家庭内のパワーバランスに影響することを防ぐ、とある仕組みがある。それは、妻が財布を握っていることであった。妻が世帯の収入を管理する割合は、米英など一七カ国が平均一五％であるのに対して、日本は五六％にのぼる（岡本二〇一五）。専業主婦や就業していても収入割合が低い妻も、財布を握り、妻がその使途を決めることができていれば、日本の妻の立場は強くなる。ちなみに、アニメの野原家も、みさえさんが財布を握っており、ひろしさんの小遣いは月三万円程度らしい。

4．共働きが増加しているのに、出生率が上昇しないのはなぜか？

4-1．意見の対立

本章の三つめの問いである、妻の就業率上昇と出生率の関係をみていこう。

両者の関係については、女性の就業率の高さが高い出生率に結びつくという分析がある。国別のデータを用いた集計によると、ＯＥＣＤ諸国では一九七〇年時点で女性の労働力率が高い国ほど出生率が低かったが、二〇〇〇年時点ではその労働力率が高い国ほど出生率も高くなっている[12]。ただし、この関係を統計的に分析すると、「最近では女性の就業はむしろ出生率を高める」という説には実証的根拠はなく（山口二〇〇九：一〇七）、実際には女性労働力率が高くなればその国の出生率は低下する。だが、既存研究では仕事と家庭の両立度が高ければ女性労働力率が高まっても出生率が低下することはない、といわれてきた。[13] このように、両立困難であるから女性の就業率が高まると出生率が下がるというのが、「両立困難仮説」である。

だが、これらの結果に対して、国際比較する国の選び方が偏っていることや、女性労働力率と出生率の関係は別の潜在変数による見せかけのものであるという批判がなされてきた。日本について子ども数を被説明変数とした分析をすると、年収が高い女性ほど子ども数が少ないという関係があるという指摘もある（赤川 二〇一七）。

以上のように異なった見解がある。一九九〇年代以降、日本では妻の就業率上昇が出生率を上昇させたのだろうか、それとも減少させたのだろうか。

4-2. 妻の就業と出生

夫婦の子ども数の推移

まず、出生動向基本調査で基本的なデータをおさえよう。[14] 夫婦の完結出生児数は二〇〇二年まで二・二人前後で安定していたが、その後徐々に減少して二〇一〇年に二を割り、二〇一五年には一・九四人になった。夫婦の理想の子ども数は、九二年には二・六四人であったが、二〇一五年には二・三二人に減少した。予定の子ども数も、同二・一八人から二・〇一人に減った。すなわち、近年夫婦の子ども数は減っ

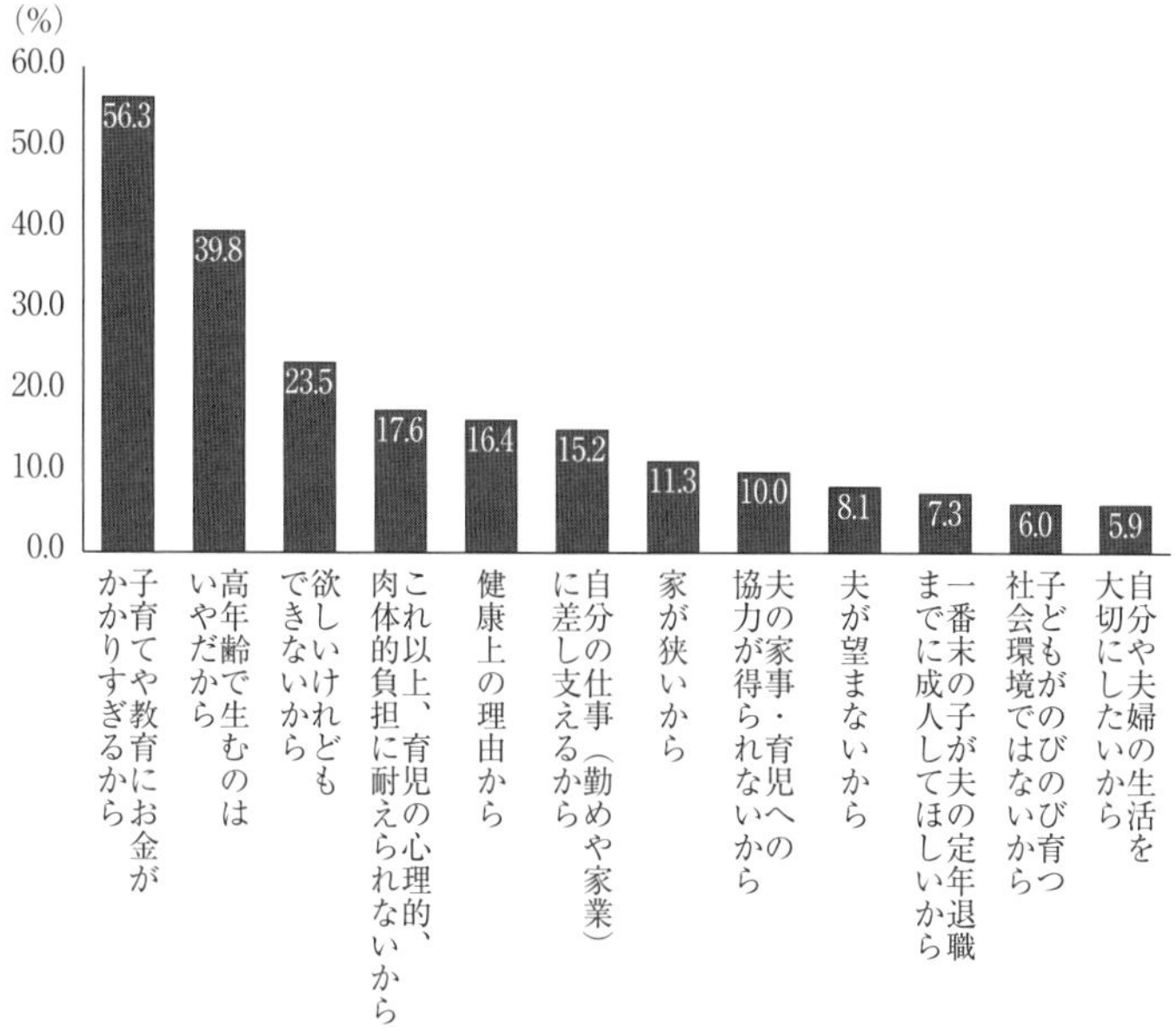

資料：国立社会保障・人口問題研究所「第15回出生動向基本調査」。

図2-1　理想の子ども数を持たない理由（予定子ども数が理想子ども数を下回る夫婦）

ていく方向にある。

　夫婦の理想の子ども数よりも予定の子ども数は少ない。妻が理想の子ども数をもうけることができない理由（二〇一五年）は、「子育てや教育にお金がかかりすぎるから」が五六・三％で最多である（図2-1）。つまり、理想の子ども数をもうけることができない最大の理由は子育て・教育の経済的負担である。妻の年齢が若いと、この割合をあげた割合が高い。以下、「高年齢で生むのはいやだから」（三九・八％）、「欲しいけれどもできないから」（二三・五％）である。不妊の悩みを抱える夫婦は、決して少数ではない。「自分の仕事に差し支えるから」は一五・二％と低く、この割合は過去二回の調査よりも減っている。
女性の就業率と出生率の単純な関係をみると、九〇年代以降育児期の女性の就業率は上昇したが、出生率は九〇年代よりも現在の方が低くなっている。

出生イベント

次に、肝心の出生イベント（個人が出生したか否か）の分析である。以下では、妻の就業、夫の労働時間、仕事生活重視度、性別役割分業意識が出生に与えている影響を分析した結果を示す。

想定される関係は次のとおりである。まず、両立困難仮説のとおりであれば、妻の就業と出生の関係について、出生ハザード率（出生しやすさをあらわす確率）は、専業主婦＞非正規雇用者＞正規雇用者・低年収＞正規雇用者・高年収、になるはずである。(15) なぜなら、後の方に行くほど、結婚・出産の機会費用が高いからである。

夫労働時間は長いほど出生にマイナスの影響を与えるとみられる。なぜなら、長時間労働は、夫婦が家で過ごす時間を短くするなどして、家庭生活の質を悪くするとみられるからだ。それは、夫のストレスも高めるだろう。長時間労働は、夫婦が夜の生活を営む機会も減らすとみられる。

仕事生活重視度が高い女性は、出産・子育てよりも自分の仕事生活を優先するため、出生イベントは起こりにくくなるとみられる。男性については、仕事生活重視度の高さと出生の関係を予想することは難しい。(16)

性別役割分業意識が保守的な女性は、「男は仕事、女は家庭」と考えて、自分の仕事の機会費用よりも、子どもをもつことを選択すると想定される[17]。男性については、性別役割分業意識が保守的な男性の方が、子どもをもちやすいとみられる。

出生イベントの分析結果

さて、どのような結果が出ただろうか。分析に使用したデータは、前章でも使用した東大社研・若年／壮年パネルである。妻の職業が二年後までの出生に与える影響を分析した結果が図2-2である[18]。図中の数値は、妻が専業主婦（＝無職）であるときを一倍としたときに、他の就業形態の妻が出生する出生ハザード率が何倍になるかをあらわす。

分析結果からわかるのは、妻が正規雇用者または非正規雇用者であると、第一子出生が有意に低い。第二子出生ハザード率は、妻が非正規雇用者であると有意に低くなっている（図を省略するが、夫側のサンプルを分析すると、妻が正規雇用者または非正規雇用者であると第二子出生ハザード率が有意に低い）。正規雇用者で年収三〇〇万円以上または非正規雇用者であると、子どもを三人以上もつ確率も低い[19]。

以上の結果は、両立困難仮説と整合的ではないところがある。この仮説と整合的である部分は、女性の正規雇用者、特に年収三〇〇万円以上の人で第一子と第三子の出生ハザード率が低いことである。しかしながら、非正規雇用者の妻が出生ハザード率は低いことは（しかも、第一子も、第二子も、第三

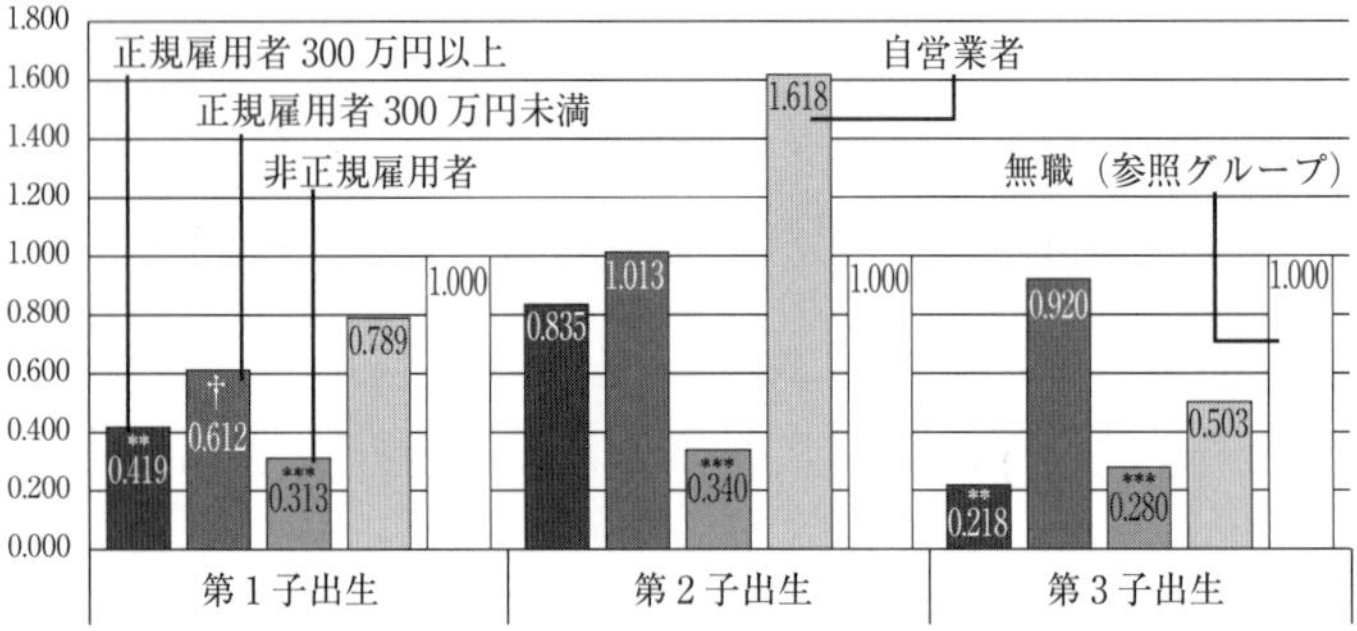

注：東大社研・若年／壮年パネルを分析して、離散時間ロジットモデルで推計した結果。分析対象者は wave1 で 23 ～ 35 歳の有配偶女性。年齢、学歴、夫年収、都市規模、リスク期間を統制。

***p<0.001、**p<0.01

図 2-2　妻の職業が 2 年後までの出生イベントの発生に与える効果（オッズ比）

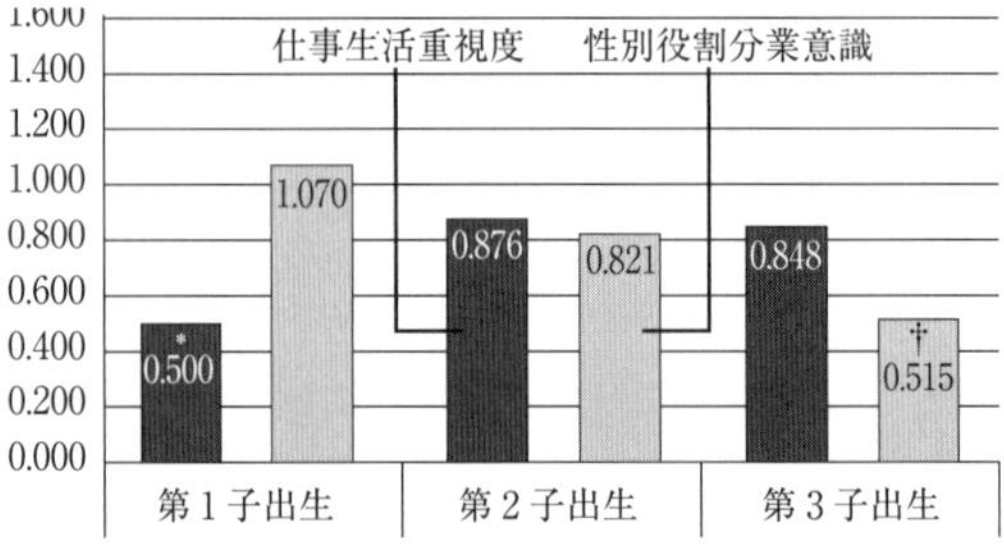

注：図 2-2 と同じ。図中の数値は、それぞれの変数が最小値である人と最大値である人の間の初婚確率の差をあらわす。

+p<0.1、*p<0.5

図 2-3　妻の仕事生活重視度と性別役割分業意識が 2 年後までの出生イベントの発生に与える効果（オッズ比）

子も）、両立困難仮説では説明できない。なぜなら、非正規雇用者の方が出産で一旦離職したときの機会費用は、正規雇用者のそれよりも明らかに低いからである。

少なくとも、この結果からいえることは、妻の就業は出生数を減少させたということである。そして、近年女性の正規雇用者と非正規雇用者が増加したことは、結果として出生にマイナスに働いたことになる。

4-3. 仕事生活重視度、性別役割分業意識、労働時間

妻の仕事生活重視度と性別役割分業意識が、出生に与える効果を分析した結果が図2-3である（これらの変数の作成方法は、図1-3と同じ）。仕事生活重視度が高い妻は、低い妻に比べて、第一子の出生ハザード率が〇・五倍である――つまり、妻は仕事生活を重視するほど第一子をもうけることが少ない。

妻の性別役割分業意識が保守的であると、想定と逆に、第三子を出生する確率が低い傾向がある。この結果は、夫婦とも性別役割分業意識が保守的であると、子どもをまったくつくらない可能性は低いが、子どもを三人以上もつ可能性も低いことになる。なぜ、保守的な夫婦は、子どもを三人以上もうける確率が低い傾向があるのだろうか。考えられる可能性は、近代家族の規範が性別役割分業と子ども二人ということがセットになっていることである。「夫は仕事、妻は家庭」という考え方を支持する人にとって、そのイメージは夫婦と子ども二人からなる家族になっているのではないだろうか。夫

の方をみると、性別役割分業意識は出生に有意な影響を与えていなかった。

夫の労働時間が、出生に与える効果を分析した結果が図2-4である。想定とは逆に、夫の労働時間が長いほど第一子出生ハザード率が高い[20]。労働時間が三・五時間（これは夫の労働時間の標準偏差の二倍に相当する）長くなると、第一子の出生ハザード率は一・四倍高まる。

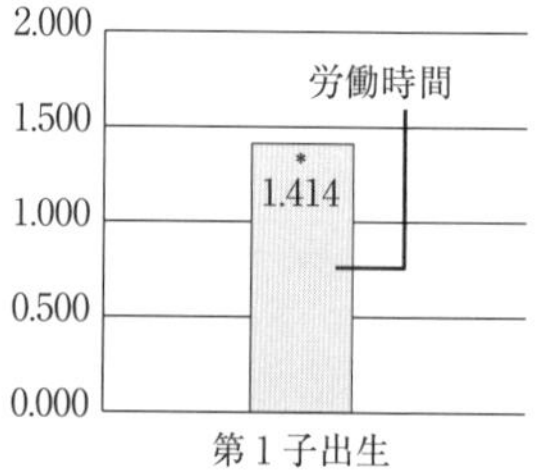

注：東大社研・若年／壮年パネルを分析して、離散時間ロジットモデルで推計した結果。分析対象者はwave1で23～35歳の有配偶男性。年齢、学歴、妻就業形態、夫年収、都市規模、リスク期間を統制。労働時間の効果の大きさは、その標準偏差の2倍に相当する3.5時間分の残業時間の差が出生ハザード率に与える効果。

*p<0.5

図2-4　夫の労働時間と性別役割分業意識が2年後までの第1子出生イベントの発生に与える効果（オッズ比）

5. 夫婦の出生意欲は低下したのか

5-1. 出生意欲を調べる意義

夫婦がもうける子ども数は少しずつ減少してきている。それは、夫と妻の就業状況等によって出生ハザード率が異なるためだけでなく、そもそも夫と妻が子どもを欲しいと思う気持ち（出生意欲）も低下してきているためかもしれない。

夫と妻の出生意欲は、その夫婦が実際に子どもをもうけるか否かを決める強力な変数である（例えば、

Schoen et al. 1999、山口 二〇〇九)。日本の夫婦の出生意欲が年々低下していけば、将来の出生数も減少していく可能性がある。夫と妻の出生意欲が不一致であると、どちらかが高くても、出生への効果は弱まる(Thomson 1997)。

日本の夫婦の現状をふまえると、夫と妻の両方の出生意欲が出生に影響を与えているとみられるため、夫と妻の両方の出生意欲を調査・分析することが必要である。(21) 学術的な細かな話になるが、出生意欲の推移を調べている国の「出生動向基本調査」は、妻からみた夫婦の出生意欲のみを調査しており、夫のそれは調べられてこなかった。

5-2. 子どもを「絶対に欲しい」という人が減る

全国家族調査(NFRJ)を用いると、夫と妻それぞれの出生意欲の変化を知ることができる。この調査は、男女個人の回答者に子どもを(もう一人)欲しいと思うかどうかを尋ねている。(22) 回答は「絶対ほしい」「ほしい」「どちらともいえない」「あまりほしくない」「絶対ほしくない」の五段階である。この回答結果から、①「絶対ほしい」割合、②ほしい(「絶対ほしい」+「ほしい」)割合、の二つを図示する(図2-5)。

子どもゼロ人の夫婦をみると、夫も妻も、「絶対ほしい」割合が二〇〇九年から二〇一九年にかけて大きく減少している。つまり、夫婦は第一子を絶対に欲しいとは思わなくなってきたのである。子ど

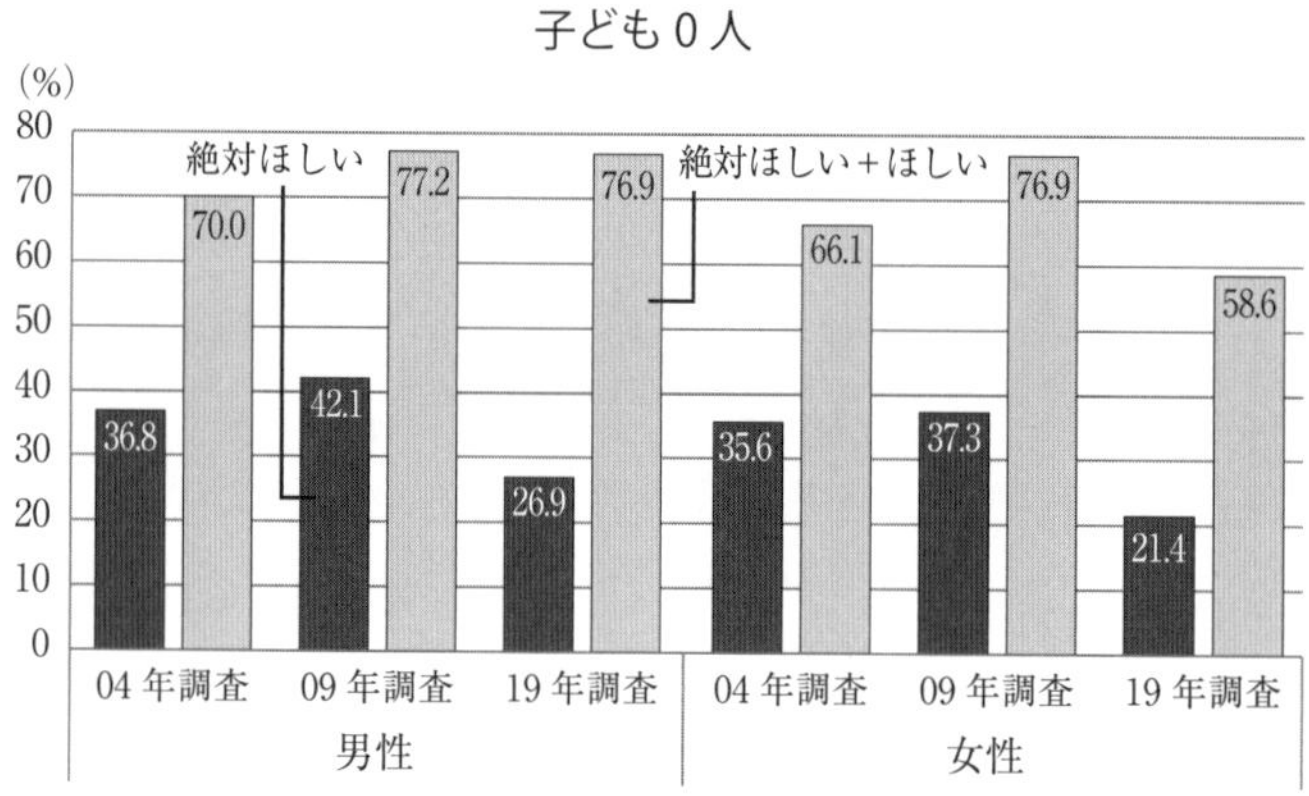

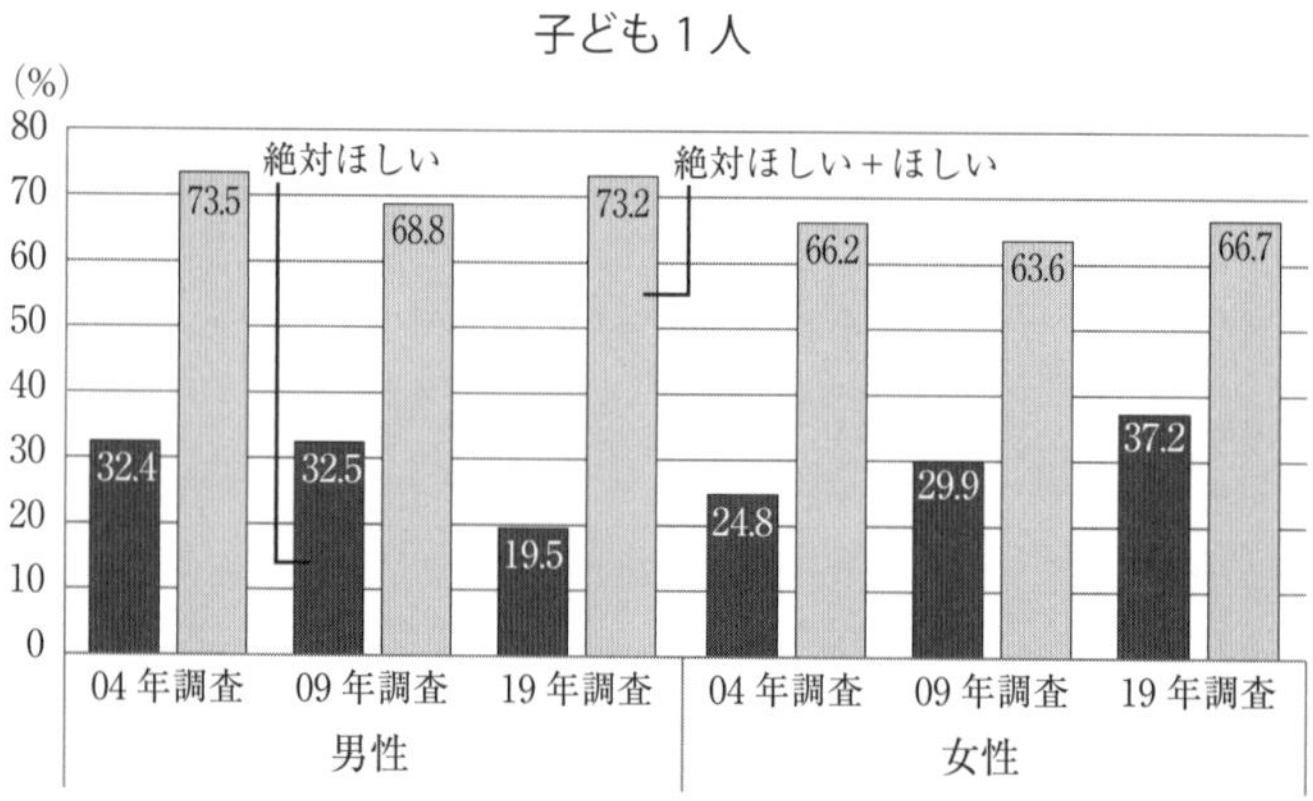

注：筆者が日本家族社会学会の全国家族調査（NFRJ03、08、18）を分析した結果。
分析対象は、初婚を継続している40歳未満の有配偶者で子ども数0～1人の人。

図2-5　夫と妻の出生意欲の推移（子どもがいない夫婦と子どもが1人の夫婦）

もが一人の場合、夫と妻の間で出生意欲は異なった変化をしている。夫の方は「絶対ほしい」人が過去一〇年間に減少したのに対して、妻の方は逆に増加している――夫と妻の出生意欲が不一致になることは、出生意欲が出生に与える影響を弱める。子どもが二人の夫婦では、このような変化はみられなかった（図省略）。以上から、近年夫婦の子ども数が減少してきている背景に、特に夫の、出生意欲が低下してきていることもあるとみられる。

このデータを分析すると、この間の出生意欲の低下を招いた背景要因が四つあったことがわかる（松田二〇二〇a）。第一は、結婚年齢が上昇したことである。晩婚は出生意欲を低下させる。第二は、男女とも高学歴化がすすんだことである――高学歴者ほど、子どもを「絶対にほしい」とは思わない。第三は、夫の労働時間が短いと、子どもがいない夫および子ども一人の夫と妻の出生意欲は下がる。この点は、前掲の分析結果とも符合する。第四に、伝統的な家族規範意識が弱まったことが、夫と妻の出生意欲を低下させた。

6．ひとり親家庭の子育て

以上はふたり親世帯についての分析だが、ここでひとり親世帯の子育ての現状も述べよう。[23] 二〇一六年時点で、母子世帯は一二三万世帯、父子世帯は一九万世帯いる。母子世帯の約九割は、離婚等が理由でひとり親世帯になっている。

母子世帯の親の八二%は就労しているが、その四割は非正規雇用者である。この背景には、母子世帯では、一人しかいない親が子どものために時間をとることが必要とされることがある。勤務時間の長い正規雇用につくと子どもと向き合う十分な時間をとることが難しいために、母親は非正規雇用の仕事につかざるをえなくなっている。[24] このために、母子世帯の平均収入は低い。「就労からえる平均年収」と「平均年収」[25] は、母子世帯がそれぞれ二〇〇万円、二四三万円である。両者の差が小さいのは、就労収入以外が非常に少ないからだ(父子世帯は、それぞれ三九八万円、四二〇万円であり、こちらもふたり親世帯より少ない)。収入が低いために、母子世帯はその五割が貧困に分類される。[26]

少子化および少子化対策の文脈において(過去の拙著を含めて)、ひとり親世帯のことが言及されることは少ない。だが、出生率回復のためには、ひとり親世帯の子育ても、特に経済面において、社会的に応援・支援される必要がある。なぜなら、ひとり親世帯に対する支援は、彼らが社会の次世代を育てていることに対する支援でもある。また、ひとり親世帯になったときの経済的リスクが大きすぎれば、未婚の若者たちは結婚・出生することを躊躇してしまう。

現在行われているひとり親世帯の貧困防止対策の目的は、文字通り貧困を防止することである。加えて、出生率回復の観点からも、ひとり親世帯が貧困状態に陥らないようにする支援が大切である。

7. 夫婦の働き方の変化にどう対応するか

7-1. 想定と異なる現実

分析結果をふまえて、本章のはじめに書いた三つの問いに答えよう。

第一に、近代家族は変わったという説は正しかったのかどうかである。結論をいうと、二〇〇〇年代以降、育児期の妻の就業率は大きく上昇して、分業型夫婦が大半を占めていた状況ではなくなった。だが、それは従来の想定とも異なる変化であった。具体的には、育児期において妻が正規雇用者である割合は上昇したが、育児期の妻の平均的な収入割合は、従来とあまり変わっていなかった。その理由は次の三点であった。まず、この時期に三世帯に一世帯は専業主婦世帯である。また、妻が非正規雇用者である割合が大きく上昇していたことである。さらに、労働市場において男性と同等の収入をえるような女性就業者は増えたが、それらの女性は初婚ハザード率および第一子出生ハザード率が低いからである。

第二に、分業型夫婦であることと共働型夫婦であることは、それぞれ子どもの発達や教育にどのような影響を与えていたか。ここでは、分業型夫婦は幼稚園を利用することが多く、共働型夫婦は保育所を利用することが多いことを念頭におく。分業型夫婦であることは子どもの学力や教育達成にポジティブな影響があり、共働型夫婦であることは子どもの発達面（男児の言語面の発達や子どもの発達、母親が高校を卒業していない家庭の子どもの攻撃性とＡＤＨＤ）にポジティブな影響がある。これをふまえると、育児期における妻の就業率上昇は、子どもの教育面に負の影響、発達面に正の影響を与えたことになる。ただし、それは分業型夫婦と共働型夫婦の子どもの間の平均値の差についてである。妻の就業率の変化にかかわらず、社会全体で子どもの教育に力を入れれば子どもの全体平均の学力は向上するし、発達障害の子どものケアをすすめればＡＤＨＤ等の子どもの可能性は広がる。

第三に、妻の就業率の上昇はわが国の出生率を上昇させたのだろうか、それとも下落させたのだろうか。この問いへの答えは、妻の就業率上昇は出生率を下げた、となる。具体的には、専業主婦世帯に比べて、妻が正規雇用者（特に年収三〇〇万円以上）または非正規雇用者の世帯は、子どもを（もう一人）もうけることが有意に少ない。妻の仕事生活重視度が高いほど、第一子をもうけることが少ない。性別役割分業意識がリベラルな方向へ変化したことは、女性の初婚を減らした（第一章参照）一方、夫婦が第三子をもうけることを幾分か増やした。両者の出生数への効果の大きさを比較すると、意識のリベラルな方向への変化は出生意欲と出生数を減らす方向へ作用していた[27]。

わが国は仕事と家庭生活の調和をすすめるために労働時間の削減をすすめてきたが、実は夫が長い時間働くことは、結婚した男女の出生意欲を高める要因であった。夫が長く働くほど、第一子誕生の確率も有意に高くなっていた。

わが国は少子化対策等として、夫婦共働き化や労働時間の削減をすすめてきた。以上の結果を総合すると、それらの変化方向は夫婦の出生力を低下させることになってしまっていた。政策はなかなかうまくいかないものだ。これが、不都合な真実である。

既存研究の多くは、両立困難仮説で少子化の理由を説明しようとした。この仮説では、女性の正規雇用者、特に収入の高い正規雇用者は、結婚・出産に伴って仕事を中断した場合の機会費用が高いので、結婚・出産を避けるか先延ばしすると説明する。このために、育児休業制度や育児短時間勤務など仕事と子育てを両立しやすい職場環境等を整備してその機会費用を減らすことが出生率回復につながると、既存研究はいってきた。しかしながら、この仮説は先の現状を的確に説明できない。後の章で述べるが、わが国は九〇年代以降仕事と子育ての両立支援をすすめてきたが、出生率はむしろ低下している。それは、妻が正規雇用者（特に年収の高い正規雇用者）である夫婦と、（この仮説では機会費用が低いことになる）妻が非正規雇用者である夫婦の両方において、出生ハザード率が低くなっていたからである。仕事生活重視度の高い女性とその夫婦は第一子をもうけることが少なくなっていた——子どもをもちたいと思うか否かは、本人とその夫婦の自由である。

7-2. 出生率回復のためにどうしたらよいか

本章の分析結果をふまえると、わが国が出生率を回復させるためにどうしたらよいだろうか。現在の構図のままでは、所得の高い女性とその夫は、専業主婦の妻とその夫が多くの子どもをもうけていることに対して、そしてわが国の人口の再生産と社会の維持の面について、頼っていることになりはしないだろうか。妻が非正規雇用者である夫婦は、出生ハザード率が低いが、この問題はどうしたらよいだろうか。ここでは、結論を急がず、次章以降の分析もふまえた上で、わが国の少子化対策のあるべき方向性を考えよう。

少なくとも、本章までに押さえておくことは、自らのお金と時間を使って子どもを多く産み育てている家庭がある一方で、子どもを（多く）産み育てておらず子育てにかかるお金と時間を負担していない家庭があるという実態である（なお、その中には希望しても経済・身体・就業環境等の理由によって子どもを産み育てることができない人たちがいるが、彼らには就業・妊娠・子育てについての支援等がしっかりなされることが必要である）。

出生率回復のためにあるべき社会は、子どもを産み育てる人・家庭がそのための支援を社会からしっかり受けることができて、子どもを産み育てない人・家庭は、子どもを産み育てる人・家庭の人口再生産にかかる時間的・経済的コストに依存しない（少なくても依存しすぎない）ことではないだろうか。この問題に対する対処方法や少子化対策のあり方については、後の章において他の面も分析した後に改めて考察しよう。

女性（妻）の就業の面以外に目を向ければ、子育て・教育にかかる経済的負担が重いことが、夫婦が理想の子ども数をもうけることができない最大の理由である。出生率回復のためには、子どもを育てる世帯を、特に多くの子どもを育てる世帯を、経済的に手厚く応援することが必要である。また、不妊のために希望しても子どもをもつことができない夫婦は少数ではない。彼らに対する支援は必要である。

近年、夫婦の出生意欲は低下してきた。この傾向が続けば、たとえ子どもをもつことの阻害要因が取り除かれたとしても、わが国の出生率回復は難しくなる。少子化対策においては、出生の阻害要因を取り除くだけでなく、夫婦が子どもをもつことを応援する状況づくりも必要になってきている。

〈注〉

（1）近代家族の定義は、研究者によって若干異なっている。ここでの説明は落合（一九九四）を参考にしている。ただし、落合自身は、日本における核家族の増加は人口転換の移行期にみられた特徴であるという。

（2）原文では「構造変動仮説」と「構造安定仮説」。本書は一般読者もなじみやすいように言い換えて、各論があらわす家族の具体的内容についても筆者が独自に加筆している。

（3）これらの数値は、総務省統計局（二〇一九）、国立社会保障・人口問題研究所（二〇一七）より。

（4）正規雇用者と非正規雇用者には育児休業中の人を含む。ただし、非正規雇用者で育児休業中の人は極めて少ないとみられる。

（5）これはサンプリング調査なので当然誤差がある。そのような誤差は最新年の調査のみで発生しているのではなく、すべての時点の調査で同じように発生していると考えるのが自然である。

（6）内閣府子ども・子育て会議における全日本私立幼稚園ＰＴＡ連合会の委員による発言から（令和元年、第四六回会議議事録より）。

（7）割合は少ないが、専業主婦世帯が保育所を利用していたり、正規雇用者同士の共働き夫婦が幼稚園を利用していることもある。

（8）この負の相関は、学年が上がると減少し、中学校ではなくなる。同様の結果は、筆者が参加した共同研究において、他の研究者がこれと別のデータを用いてえている。

(9) 小川(二〇一八)は、このコホートにおいて幼稚園児の方が保育園児よりも経済的にゆとりがある家庭が多かったことが、このような大学進学率の差を生んだ可能性があるとみている。

(10) 筆者の理解不足かもしれないが、この分析では母親の就業形態の違い(正規雇用者、非正規雇用者、その他)が子どもの発達に与える効果は不明である。

(11) 逆に結婚満足度が低いのは、妻が専業主婦で、妻の方が仕事と家事・育児全体のうちで分担している割合が高かったタイプである。妻がもっぱら家計を支えている夫婦も結婚満足度は低かった。

(12) OECD諸国についての集計結果は、内閣府男女共同参画会議二〇〇五「少子化と男女共同参画に関する専門調査会」『少子化と男女共同参画に関する社会環境の国際比較報告書』から。

(13) 山口(二〇〇九)の分析結果。仕事と家庭の両立度は、保育所の利用率、育児休業、フレックス就業、自発的パートタイム就業の程度などから構成された指標である。

(14) 各種数値は国立社会保障・人口問題研究所(二〇一七)から。

(15) 自営業をこの序列に位置づけることは難しい。

(16) なぜなら、仕事生活重視度が高い男性は、自分の仕事の方を優先して子どもをもとうとしない可能性があるが、その逆に子どもをもとうとするからこそ自分が稼ぐために仕事生活を重視する可能性もあるからだ。

(17) 一時点の集計結果であるが、既存調査によると、妻が伝統的な考えをもつ夫婦では、理想および予定子ども数が多い傾向がある(国立社会保障・人口問題研究所 二〇一七)。

(18) この分析は年齢、学歴、夫年収、都市規模の影響を統制した(取り除いた)上で、妻の職業のみが出生イベントに与える効果の大きさを示している。一年後の出生イベントを分析した場合、就業形態と出産の因果関係が逆である場合が生じる。

(19) ここでは、同一個人の就業形態が子どもゼロ人、一人、二人のときに変化することの影響を分析していない。

(20) 夫が正規雇用者である場合にサンプルを限定しても、夫の労働時間が長いほど第一子出生確率が有意に高い（$p<0.05$）。

(21) 夫の勢力の方が強い場合には夫の出生意欲が出生に強い影響を与え、夫婦の勢力が均衡である場合には夫と妻の両方の出生意欲が出生に影響を与える。妻の勢力が強ければ、妻の出生意欲が出生に影響する。

(22) この調査は個人を対象にしている。この回答結果は同一夫婦のものではない。

(23) ひとり親世帯の数、ひとり親になった理由、就労状況、収入は、厚生労働省『平成二八年度全国ひとり親世帯等調査結果報告』からである。

(24) 例えば、少子化担当大臣のもとに設置された「ゼロから考える少子化対策プロジェクトチーム」の第六回会合（二〇〇九年四月二一日）において、母子世帯支援団体からそのような現状が訴えられている。

(25) この平均収入とは、生活保護法に基づく給付、児童扶養手当等の社会保障給付金、就労収入、別れた配偶者からの養育費、親からの仕送り、家賃・地代などを加えた全ての収入を指す。

(26) 労働政策研究・研修機構「第五回（二〇一八）子育て世帯全国調査」から。

(27) ただし、ここでは、個人の意識が時間とともに変化することを分析できてはいない。

第3章　父親の育児参加とハードワーク社会

1. 父親の育児参加を促す取り組み

少子化対策の一環として、政府による父親の育児参加を促進するさまざまな取り組みが行われてきた。例えば、次世代育成支援対策推進法（二〇〇三年）は、この法にもとづき企業を子育てサポート企業と認定するときの視点の一つとして、男性の育児休業（以下「育休」）の取得を促してきた。厚生労働省は、二〇一〇年からイクメンプロジェクトを実施している。

父親の育児参加が政策として推進されてきたことには、次の三つの背景がある。まず、女性の就業率が上昇する中で、母親のみで育児をしていてはその負担が重くなりすぎて女性の就業を阻害してしまう。また、在宅で子育てをする母親の孤立と育児不安が社会的な問題となり、それを解決するためにも父親の育児参加が求められた。さらに、父親の育児参加が出生にプラスの効果があると考えられていた。

本章における問いは次の三点である。第一に、父親の育児参加を促進する取り組みが実施されてから早二〇年が経とうとしているが、この間に父親の育児参加はどの程度増えただろうか。第二に、父親の育児参加の促進は、想定どおり出生を促す効果があったのだろうか。第三の問いは難問になる。前章までの分析から、男性（夫、父親）は、正規雇用の職を獲得して、かつ所得が高く、労働時間は長いことが、結婚・出生ハザード率を高くしていた。これは、父親の育児参加を促進することと矛盾しているのではないだろうか。父親は、ばりばり働き、それと育児も両立するのだろうか。

2. 父親の育児参加はどの程度増えたのか

前章で使用した全国家族調査（NFRJ）は、父親が「子どもと遊ぶこと」（遊び）と「子どもの身の回りの世話」（世話）を行う週あたりの回数を調べている。この調査では遊びの内容は定義されていないが、相手が乳児であればぬいぐるみ・ボール・自らの身体を使って遊ぶこと、幼児であればごっこ遊び・絵本の読み聞かせ・スポーツなど多様なことが想定される。

この調査によると、6歳以下の子どもがいる父親の遊びの回数（週あたり）は、二〇〇四年三・六回、〇九年三・五回、一九年三・七回で、過去一五年間ほとんど変わっていない。週休二日の父親であれば、土日に未就学児の子どもの遊び相手をすることは多い。それに加えて、平日に一〜二日遊び相手をしているというのが、平均的な父親像である。世話の頻度は、〇四年二・五回、〇九年二・七回、一九年三・二回であり、明らかに増えた。ただし、人によっては一日に一分世話をしてもそれを一回とカウントしている可能性もあるので、この回数をみるだけでは父親の育児参加が実質的に増えたといい切れない。

別の調査で、六歳未満の子どもをもつ夫・妻の一日あたりの家事関連時間（内訳は家事、育児、介護・看護、買い物）の推移をみよう（総務省統計局 二〇一七）。一九九六年から二〇一六年までに、父親の家事関連時間は三八分から一時間二三分へ大幅に増加した。そのうちの育児時間も、一八分から四九分へと増えている。時間の長さをみても、父親の育児参加は増えたのである。

それでは、母親の方はというと、この間に家事時間が一時間一分減少した一方、育児時間が一時間二分増加している。すなわち、家事関連時間はほぼ変わっていない。この間に専業主婦の母親も共働き世帯の母親も育児時間が増えていたのである――専業主婦の母親の育児時間は一時間三〇分から二時間二四分に、共働き世帯の母親のそれは一九分から五六分に増加した。両者とも、家事関連時間全体は過去二〇年間に増えた。これによって、現在、母親全体の平均育児時間と父親のそれの比率は八対二である。ちなみに、欧州諸国の平均は同七対三なので（松田 二〇〇五）、日本はかなり欧州の育児に近くなったといえる。ちなみに、日本の家事時間の方は、九対一であるが。

以上をふまえると、近年父親の育児参加は増えたといえる。就業する母親も専業主婦も育児時間が増えているので、夫婦が育児にかける総量も増えている。この変化は、親が子どもを育てることにあれやこれやと手をかける必要がある、あるいはそれが求められるような社会になったことを示唆する。

3. 父親の育児参加の規定要因

3-1. 仮　説

増えたとはいえ、日本の父親の育児参加は母親のそれよりも相当少ない。これはなぜだろうか。よく聞く意見は「日本社会が伝統的な性別役割分業の社会であるからだ」というものだ。もっともらしいが、実は正解ではない。なぜなら、トートロジー（方程式でいうと左辺と右辺が同じ）であるからだ。問題は、なぜ多くの人がそのように行動しているのかである。

家族社会学では、父親の育児参加を左右する要因について、時間的余裕仮説、性別役割分業意識仮説、行うべき家事・育児の量仮説、相対的資源仮説などが提示されて、分析がなされてきた（詳しくは、松田 二〇〇八：石井 二〇一三などを参照）。

時間的余裕仮説によると、人間は、誰もが平等にもっている二四時間を、睡眠、休息、仕事、余暇、育児などに配分して生活している。他の条件が同じであれば、一日の労働時間が長いほど育児に費やすことができる時間は短くなるので、父親の育児参加は少なくなる。日本男性の平均労働時間は世界的にみても長い。この長さゆえに育児時間は短くなるという関係を、この仮説は想定する。

性別役割分業意識仮説は、各個人が内面化している規範意識に焦点をあてる。人間は、育った家庭、学校、社会などにおいて、社会生活を送るためのさまざまな規範意識を身につける。この規範意識に影響されて、人々は行動する。この仮説は「夫は外で働き、妻は家事・育児を行うべき」という性別役割分業の規範意識を強く身につけた父親は、そうした規範意識が弱い父親よりも、育児参加は少なくなるとみる。日本には性別役割分業意識が強い父親が多いので、父親全体をみると、育児参加の水準は低いものになると、この仮説は想定する。

行うべき家事・育児の量仮説は、家庭の中でしなければいけない家事・育児の量が多いほど、父親が行う家事・育児も多くなると説明する。具体的には、家族に幼い子どもがいること、子どもの数が多いこと、祖父母など親の代わりに家事・育児をする人が家族内にいなければ、父親が家事・育児を行うことは多くなることを想定する。

相対的資源仮説は、夫と妻がそれぞれ保有している資源の差に注目する。ここでいう資源には職業的地位、学歴や年齢等も含まれるが、特に注目されてきたものは本人の収入（＝経済力）である。妻よりも夫の収入が高い場合、夫は家事・育児をすることが少なくなり、妻が多くを行うことになる。このようになる理由について、異なる二つの解釈がある。一つめは、収入が高い方が、夫婦間における交渉において優位に立つので、人々がさけたがる家事・育児を相手に押しつけることになるというものである（育児については、この仮定が現実に合っていないところがある）。これは社会における男女の獲得資源の差が家庭内の男女のパワーバランスを決定していることになる。二つめは、夫婦間の分業が経済効率を高めるというものである。夫の方が収入が高いのであれば、夫が家事・育児よりも稼ぐ役割に集中することが、その夫婦にとって経済合理的である。これは、前章で述べた分業型夫婦の利点と同じである。

3-2. 時間的余裕

これらの仮説は数多の先行研究で検証されてきた[1]。それらの結果をふまえて、どの仮説があてはまるかを述べよう。

まず、時間的余裕仮説は、ほぼすべての先行研究で明確に支持されている。

具体的な結果の一つとして、筆者が行った父親の労働時間と育児参加の関係の分析結果を紹介しよう。使用したデータは、労働政策研究・研修機構（二〇一七）が行った「職業キャリアと生活に関する調査」である（データの詳細はこの報告書を参照）。父親の育児参加は、①末子と長子のそれぞれについての子育て頻度、②一週間に一番下の子どもと過ごす時間、の二つで測定している[2]。分析結果をみると、週労働時間が長い人ほど、子育ての頻度が低く、子どもと過ごす時間も短い（図3-1①）。一週間に行った残業日数が多い人ほど、子育て頻度が低くなっている（図3-1②）。特に残業日数が二日を超える人は、二日以内の人よりも、子育て頻度も子どもと過ごす時間も少ない。さらに、仕事が交代制・シフト勤務制の人はそれ以外の人よりも、子育て頻度（末子）が低く、子どもと過ごす時間は約五時間も短い（図3-1③）。

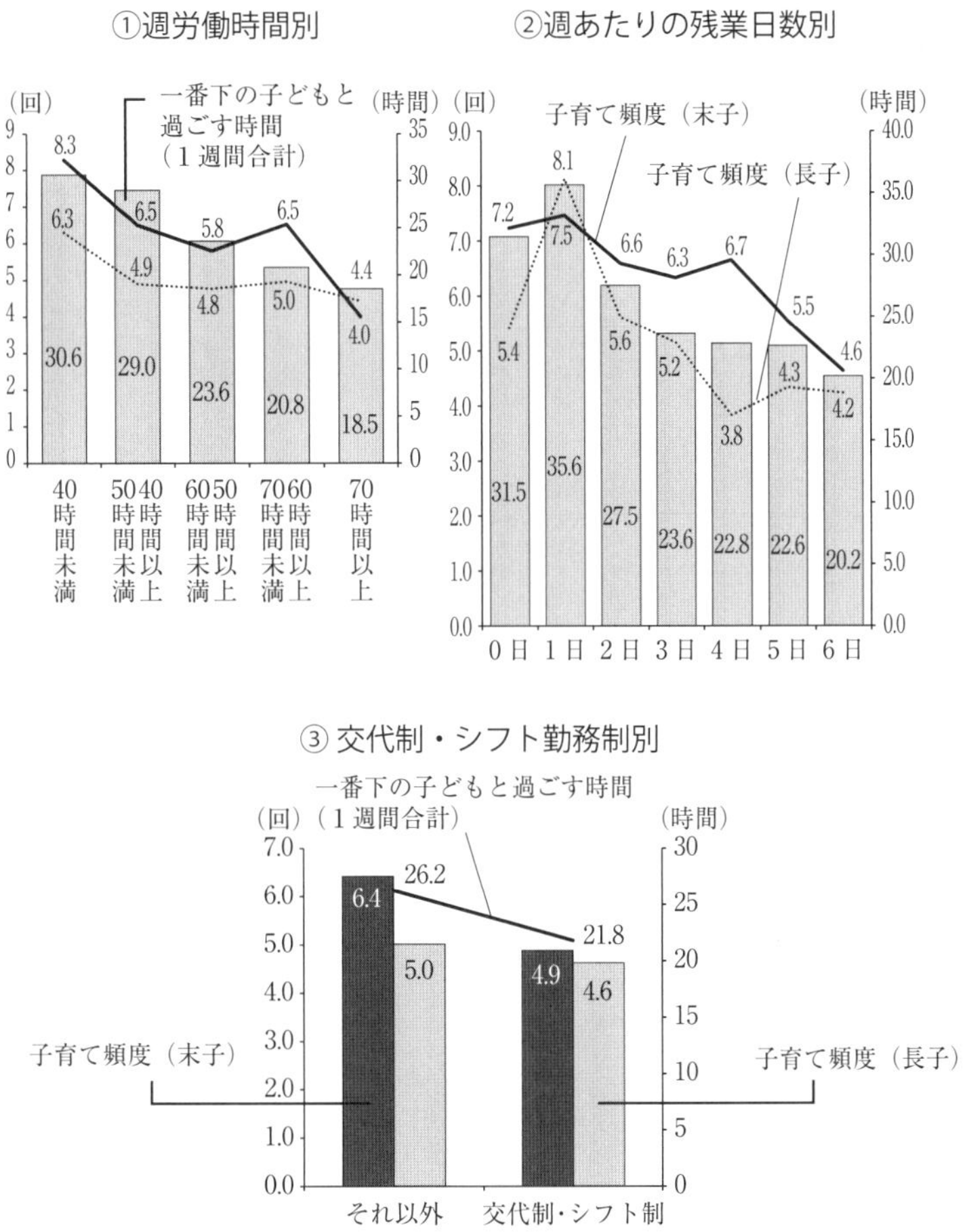

注：分析対象は６歳以下の子どもと同居する有配偶男性。

資料：松田茂樹「父親の勤務形態と育児への関わり―残業日数、日曜出勤、シフト勤務」労働政策研究・研修機構『労働政策研究報告書 No.192　育児・介護と職業キャリア―女性活躍と男性の家庭生活』(2017) から。

図 3-1　父親の子育て頻度と子どもと過ごす時間

3-3. 性別役割分業意識

性別役割分業意識仮説については、それを支持する結果と支持しない研究結果がある。意外かもしれないが、性別役割分業意識が保守的な父親もリベラルな父親も、育児参加の程度が大きく変わらない。例えば、筆者が全国家族調査（NFRJ）を分析した結果によると、九九年と〇四年のデータではこの仮説は支持されないが、〇九年調査では弱い結果ながら支持されるという具合であった。

残りの二つの仮説も、先行研究では明確に支持されているとはいえない。ただし、行うべき家事・育児の量仮説は、近年ではあてはまるかもしれない。なぜなら、前述のとおり、近年必要とされる育児の総量が増えてきたことが父親の育児時間を増やした可能性があるからだ。

以上から、わが国の父親の育児参加が少ない明確な理由は、世界的にみても父親たちの平均労働時間が長いことにあるといえる。

なぜ、わが国の父親たちの平均労働時間はこうも長いのだろうか。

4. 長時間労働の国

4-1. 正規雇用者の労働時間が長い

日本人の平均労働時間が長いことは、世界的にも有名である。男性労働者のうち週四九時間以上働いている人の割合（二〇一八）は、日本が一九％である（男性二七％、女性九％）。労働時間が長いといわれるアメリカは同一九％（男性二四％、女性一四％）であり、主要な西欧諸国はこれが一〇％前後にとどまる。韓国は同二九％（二〇一八）である。

日本の全労働者の一年間の平均労働時間は、一九九〇年の二、〇三一時間から二〇一八年の一、六八〇時間へ大幅に短くなっている。[3] だが、その変化の多くは労働時間が短い非正規雇用者が増加したことによるものであり、正規雇用者に限れば、九〇年代以降、二、〇〇〇時間以上で推移している。

全国家族調査（二〇一九）によると、未婚男性の一日平均労働時間（昼休みを除く）は七・九時間であるのに対して、子どもがいない有配偶者男性は同八・八時間、未就学児がいる有配偶者男性は同一〇・〇時間である。つまり、男性は、未婚者よりも有配偶者の方が、さらに有配偶者の中で子どもがいない人よりもいる人の方が、労働時間が長い。なぜこうなるかというと、平均労働時間が短い非正規雇用者の男性よりもそれが長い正規雇用者である男性の方が、結婚しやすいためである（第一章参照）。結婚した男性正規雇用者の中では、労働時間が長いほど子どもをもてる（第二章参照）。つまり、長い時間働く男性が父親になりやすい傾向がある。一般的な日本企業では、男性が子どもをもつ時期が、ちょうど中堅社員として仕事の負担が重くなる時期と重なる。

4-2. 日本的雇用慣行の影響

日本の正規雇用者の労働時間の長さは、職場側、顧客側、個人側の各要因が複雑に絡み合ってもたらされている。中でも次の三点が、恒常的に長い労働時間をもたらしている大きな理由である。

第一に、〈日本的雇用慣行〉が、正規雇用者の恒常的な残業をもたらしやすい。この慣行は、新卒一括採用、年功序列、終身雇用、企業別労働組合を特徴とする。中でも長時間労働と強く関係するのが、終身雇用と年功序列である。

その要点は、わが国の企業は、従業員の〈数〉ではなく、従業員の〈労働時間〉を調整することによって、生産活動の増減にともなう必要な総労働量を確保しているということにある。景気は好況と不況を繰り返す。企業は好景気に多くの労働量を投入して増産し（サービスを含む）、不景気には労働量を減らして減産することで、景気循環にともなう需要の変化に対応する。このときに、需要が変動したからといって、日本企業は正規雇用者の数を急激に増やしたり減らしたり（つまり整理解雇）しにくい。それは、根本的には整理解雇の四要件により企業による従業員の整理解雇がかなり制限されてきたからである。このため、日本企業は、正規雇用者の数を変動させるのではなく、あらかじめ正規雇用者に恒常的に残業をさせておき、その残業時間の長さを調整することによって、需要の変動に対応している。もちろん、これのみでは対応できないため、企業は非正規雇用者の数も増減させて、需要変動に対応する。正規雇用者にとって、平時は恒常的な残業が発生するが、その代わりに自分が整理解雇されるリスクが減ることになる。

これは、労働時間の研究において「残業代の糊代説」といわれる。先行研究では、この説で正規雇用者の長時間労働の一部しか説明できないという指摘もある(山本・黒田 二〇一四)。だが、リーマンショックによる不況期に、このメカニズムは実際に働いたのだった。具体的には、企業は正規雇用者の残業時間を減らすかなくし、非正規雇用者の数も減らすことで、正規雇用者の整理解雇を最小限に抑えたのである(Hijzen et al. 2015)。この不況期に、正規雇用者が毎日定時退社して、時間面でのワーク・ライフ・バランスがとれた状態が実現したのだった。代わりに、非正規雇用者の雇用が失われてしまったのであるが。もし、リーマンショック前に正規雇用者の残業時間が非常に短かったとしたら、残業時間を緩衝材として使うことができずに、当時より多くの解雇者を出したことだろう。二〇二〇年からの新型コロナウイルスの感染拡大によって多くの日本企業が経営に大打撃を受けた際も、同様のメカニズムが作動したとみられる。

4-3. メンバーシップ型

第二は、企業と雇用者の雇用契約が、欧米等の企業は「ジョブ型」であるのに対して、日本企業は「メンバーシップ型」であることだ(濱口 二〇一三)。ジョブ型の雇用契約では職務、勤務地、労働時間等が明確にされているので、雇用者は自分が企業と雇用契約した仕事を行えばよい。これに対して、メンバーシップ型ではそれらが曖昧だ。雇用者は新卒一括採用で文字通り企業のメンバーになるのであり、その人たちの職務や勤務地、労働時間は雇用契約で限定されていない。それゆえ、経営目標を達成するために、雇用者が行うべき職務は無限に広がる。この極めて日本的なメンバーシップ型――広義には、これも日本的雇用慣行の一部といってよいだろう――が日本人の労働時間を長くしている。

なお、メンバーシップ型には、よい面もある。例えば、特定のスキルをもたない新卒者が、正規雇用者として大量に就職できる。彼らは、その職場で生涯にわたって仕事に必要なさまざまなスキルを身につけられる。そのゆえに「つぶしがきく」ので、彼らは同じ企業内で生涯にわたって何らかの職務を行うことができる。自分の雇用も安定する。

4-4. 労働を尊ぶ精神と文化

日本的雇用慣行とメンバーシップ型といった外形的な特徴のみがそろっただけでは、労働者は怠惰になり、あまり働かないようになる可能性がある。それらに加えて、日本的な働き方を駆動させる第三の要因がある。それは、長い歴史の中で日本人が身につけてきた「職業的求道行動」の精神と文化だ。日本型資本主義を研究してきた寺西（二〇一八）は、現在の日本の経済システムは、鎌倉時代以降の仏教に由来する職業的求道行動によって善業をつみ上げることと身近な他者との関係を重視する〈日本的な資本主義の精神〉が、明治以降西洋的な資本主義の制度に移植されて形成されたものであるという。それゆえに、現代人の経済的行動のインセンティブも、仕事を極めることと身近な職場での人間関係を重視するものになっている。

この精神が、日本の労働者を、高い職業倫理をもって仕事に励む方向へ動かしている。日本人にとって仕事をするということは稼ぐこと以上の意味をもっており、多くの労働者は自分がつくる製品や行うサービスの質を高めることを目指す。例えば、海外と比較すれば過剰ともいえる顧客へのおもてなしも、お金を稼ぐことだけでなく、自分が高いサービスを極めることや、それを顧客に喜んで欲しいという気持ちからなされているのではないだろうか。

以上をまとめると、日本の正規雇用者の労働時間が長い背景には、日本的雇用慣行、メンバーシップ型、職業的求道行動という日本ならではの働き方の根幹に関わる特徴がある。この三つの特徴は労使双方にメリットがあり、日本企業の成長、経済全体の発展をもたらしてきた。労働時間を短縮するためだけに、これら日本的な働き方をすべて変えるのはナンセンスだろう。特に雇用が長期的に安定することは、若者が安心して子どもを産み育てられるためには必要である。

だが、それが男性正規雇用者の長時間労働を招いており、父親が育児に関わることを遠ざける。もちろん男性と同じ職務につく女性正規雇用者も長時間労働になる。当面、この日本的な働き方について修正できる選択肢として、①過労死ラインを超えるような「過度な残業」を抑制すること、②ノー残業デーなどスポット的に労働時間を短縮する措置をとることや残業をする日数を減らすこと、③雇用の安定性やキャリアアップは劣ることになるが、職務・勤務地等を限定した限定正社員という雇用契約を広げること、があげられる。

5. 24/7 Economyと非典型時間帯労働

労働時間は、単純な長さだけでなく、労働する時間帯や曜日も問題になる。いま、経済のグローバル化、サービス化、ＩＴ化の進行によって、「二四時間週七日経済（24/7 Economy）」（Presser 2003）が先進諸国に広がっている。例えば、コンビニは二四時間三六五日営業しており、誰でもいつでも好きな物を買える。二四時間営業といえば、ジムもある。スマホを使えば、通販サイトから国内外の品物を注文できて、注文した品物は週七日、朝から夜まで配達してくれる。このように消費者にとって、なんとも便利な社会が実現した。

消費者に便利になった一方、二四時間週七日のいつでも誰かが労働していないといけない社会になった。いま先進諸国において、非典型時間帯労働（non-standard work schedules）――平日朝九時から夕方五時以外の曜日・時間帯の労働（研究によって若干定義が異なる）――をする労働者が増えている。非典型時間帯労働は、特に販売・サービス職に従事する労働者に多く、雇用形態別にみると正規雇用者よりも非正規雇用者に多い。わが国でも、コンビニの二四時間営業がオーナーに心身の負担をもたらしていることは社会問題になった。

非典型時間帯労働は、わが国よりも先に欧米諸国において広がった。欧州諸国では二五～六四歳の非農林業雇用者のうち非典型時間帯労働の比率は、イギリスで二九%、オランダで二七%と高い。ほとんどの国で女性よりも男性のほうが非典型時間帯労働をする。アメリカでは雇用者の一八%がこの労働状態であり、その割合は若年層や低階層の人に高い（大石 二〇一七）。

非典型時間帯労働は、親の育児の仕方にも影響を与える。アメリカには、世帯収入を増やすために、夫と妻が労働時間帯をずらして働くワーキングクラスの夫婦が少なからず存在する。例えば、夫がタクシー運転手として日中働き、妻が病院で夜勤をするある夫婦は、それぞれが在宅のときに子どもの世話をする（ちなみに、アメリカでは、州による違いはあるが、子どもを一人で留守番させておくことは原則禁止されている）。このように夫婦が勤務時間をずらすことが、アメリカの男性の育児参加を多くしている面があるが、それは夫婦ともに肉体的・精神的な疲労を大きくしている。[4]

筆者の分析によると、わが国ではシフト勤務の父親はそうでない人よりも子育て頻度を有意に少なくし、毎週日曜日に勤務する人はそうでない人よりも週あたり五時間子どもと過ごす時間が短い（松田 二〇一七a）。

わが国で非典型時間帯労働と育児の関係はまだほとんど研究がなされていない。海外の先行研究によると、非典型時間帯労働は労働者の健康や安全に対する重大なリスクになるとともに、親である労働者たちのワーク・ライフ・バランスを困難にして、その影響が子どもに及ぶという（大石 二〇一七）。

6. 父親の育児参加と追加出生の関係

父親の育児参加は増えてきたが、それによって夫婦の出生数は増えたのだろうか。他の条件が同じであれば、父親の育児参加が多ければ母親は育児の負担が減ることにより、その夫婦は子どもを多くもつようになると想定されるが。既存研究の結果から、その真否を検討しよう。

これについて、よく紹介される結果は、『少子化社会対策白書』にも掲載されてきた次の集計結果である――二一世紀成年者縦断調査を集計した結果、父親の休日の家事・育児時間が長いほど第二子以降の出生割合が高いという相関がある（内閣府 二〇二〇a）。具体的には、父親の家事・育児時間が「なし」の場合はその後に第二子の出生がある割合は一〇％であるのに対して、それが「二時間以上四時間未満」では同五九％、「六時間以上」では同八七％である。

実は、この結果から父親の家事・育児参加にこれほどの強い追加出生効果がある、とはいえない。集計されているのは、父親の休日の家事・育児時間である。多くの人が父親の家事・育児参加として世の中でイメージされているような、平日に子どもを保育所・幼稚園に送りとどけて、仕事から帰宅後に子どもの遊び相手や身の回りの世話をするようなことではない。また、学術的にみると、この分析は適切でない。なぜなら、これは縦断調査（パネルデータと呼ばれる）に対して通常用いられるイベントヒストリー分析がなされていないので、父親の家事・育児と出生の前後関係等がわからないからだ。(5)

イベントヒストリー分析がなされた既存研究では、父親の家事・育児参加と追加出生の関係はこれほど明瞭にはならない。主な研究は、父親の家事・育児分担は夫婦の子ども数を増やす有意な効果はないという。例えば、山口（二〇〇九）は、父親の家事分担度と育児分担度は追加出生に有意な影響がないとし、それは父親の分担度が低いことにより妻が夫に家事・育児分担を期待しないからであると説明する。赤川（二〇一七）は、父親の家事・育児分担が第二子出生に有意な影響を与えていないという結果を示す。

中には、二一世紀出生児縦断調査を用いて、夫と妻それぞれの家事頻度と育児頻度が追加出生に対して異なる効果をもつことを分析した研究がある（Kato et al. 2018）。えられている結果はやや複雑であるため、ここでは前の出生から五年後までの追加出生を分析した結果を紹介しよう。それによると、父親が育児をするほど第二子、第三子の追加出生は増えるが、父親が育児を多くするとそのような効果は消失する。[6]また、父親の家事頻度が多いことは、二年後までの第二子出生のハザード率を引き下げて（つまり、第一子と第二子の出生間隔が広がる、あるいは第二子の出生確率が低下する）、第三子出生を減らしていた。母親の育児頻度は中程度のときに第二子出生が増えて、母親の家事頻度が高いと第二、三子の出生が有意に増える。以上を総合すると、母親が育児と家事を多くした上で、父親が育児を中程度行ったときに、第二子、第三子の追加出生が最も多くなる。母親の育児頻度が軽減されると追加出生が増えるというわけではなく、むしろ減ってしまう。父親の家事参加は追加出生を増やさず、減らす要因にもなる。

これは、筆者が過去に実施した分析結果に似ている。筆者は、パネル調査を用いて、有配偶で就労（常勤またはパート）している女性を対象に、夫の平日の家事・育児分担率が一年後の出生と妻の就業継続に与える影響を分析したことがある（松田 二〇〇五）[7]。その結果によると、子どもがゼロ人の夫婦の場合、夫の家事時間が一〇～三〇％未満のときに第一子出生のハザード率がやや高く、それが一〇％未満または四〇％以上のときにそれが低くなっていた。つまり、夫の家事・育児分担が中程度のときに出生が最も促されていた。子どもがいる夫婦では、夫の家事・育児分担率は追加出生に有意な影響を与えていなかった。

子どもがいる家庭には、行うべき家事と育児のタスクが山ほどある。日本の夫婦は、その大半を妻が行い、それが妻の心身の負担や妻の就業の阻害にもなり、特に妻が正規雇用者として就業する夫婦では妻の家事・育児負担が重い。だから、妻の家事・育児負担を減らして、夫の家事・育児が代替するようにすることが、少子化対策のあるべき方向性である、とみられてきた。しかしながら、以上の結果を総合すると、近年わが国の父親の育児参加は増えてきたが、残念ながらそれが夫婦の出生数を増やしたとはいえない。これらの結果は、大半の夫婦において、その家事と育児のタスクを妻から夫に振り替えれば夫婦の出生数が増えるものではないことも示す。

なぜ、夫の家事頻度が多いと追加出生が減るのだろうか。なぜ、夫の育児頻度が多いと夫がほとんど育児しないときと追加出生のハザード率が変わらなくなってしまうのだろうか。なぜ、妻が家事・育児するほど追加出生が増えるのだろうか――。その理由の一つは、多くの父母が家事・育児という行為は〈女性的〉であると潜在的に認識しているからかもしれない。そのために、母親が家事・育児を行うことは女性性に合致しており、そこから充実感をえることができて、さらに子どもを欲しいと思う気持ちが強くなる。一方、父親は、自分のアイデンティティと合致しないために、家事・育児を行うことを避けようとする。

7. 父親の育児参加をどうするか

7-1. 父親の育児参加は増えたが

ここまでの分析結果をふまえて、冒頭の三つの問いに答えよう。

第一に、過去二〇年間、父親の育児参加は有意に増えて、父親が行う育児の内容の幅も広がった。同じ期間に、妻の育児時間ものびた。つまり、過去二〇年間に起きた変化は、従来母親が行ってきた育児を父親が分担した面もあるが、それよりも必要とされる総量が増えた育児を、父親が分担しつつ、母親はそれ以上にするようになったものである。

第二に、父親の育児参加の促進には、出生を促す効果はほとんどなかった。前述の研究結果から、夫が中程度に育児参加（文字通りの「参加」）することが夫婦の第二子、第三子の追加出生をいくらか促すが、父親の育児参加が多すぎるとその効果はなくなる。多くの家庭では育児参加をする父親は程度の差こそあれ家事参加もするだろうが、父親の家事参加は追加出生を減らしていた。そのため、父親が育児参加も家事参加もすると、出生への正負の効果は打ち消しあって、追加出生が促される効果は消えてしまうようだ。既存研究の中には、父親の家事・育児参加が追加出生に影響を与えないという結果がえられているものが少なくないが、それは家事参加と育児参加が出生に与える正負の効果が打ち消し合って、結局効果が消えてしまっていた可能性もある。九〇年代以降、父親の家事・育児時間は増加したが夫婦がもうける子ども数は減ってきていることも、父親の育児参加に追加出生を促す効果がほぼなかったことを裏づける。

第三は、夫（父親）は、仕事と育児参加を両立できるのかという問いであった。前述したことをふまえると、夫が正規雇用を獲得・継続して、世帯収入が増えることは夫婦が子どもをもつことを容易にするが、そのために夫の労働時間はある程度長くなってしまう。長い労働時間と育児参加は両立しにくい。

前章までの内容も総合すると、現代日本において結婚をするために男性には安定した雇用と低くはない収入を稼ぐことが必要とされていた（第一章参照）。日本的雇用慣行・メンバーシップ型・職業的求道行動といった特徴のために、正規雇用者には残業が恒常的に発生する。未婚の男性たちは、まず結婚前の段階である程度必死に働くことが必要とされているのが現実である。悲しいことに、そうでなければ、結婚するときにその男性が選ばれない傾向がある。そもそも結婚市場において雇用は不安定で収入は低くても家庭的である男性がより選ばれていれば、夫婦の家事・育児のあり方は全く異なるものになっているはずなのだが。

7-2. 父親に期待しすぎる社会かもしれない

結婚後、多くの家庭において夫は稼ぎ手としての役割を担っている（第二章参照）。夫が雇用を維持して、長い時間労働して、生活に余裕ができる収入を確保することが、夫婦が第一子をもうけることを促している。この年齢層になると、年々増えるノルマに追われ、社内で生き残るために必死な会社員も少なくないだろう。筆者も若い頃に長時間労働の会社で働いていたので、そのような働き方がどれほど大変であるかを身をもって知っている。早朝・深夜・土日やシフトの勤務という非典型時間帯労働をする人であれば、なおさら必死に働いていることだろう。

その一方で、父親が家事や育児をもっとするようにという社会的風潮がある。安定した雇用を手に入れてそれを続け、所得は平均以上に高く、それでかつ家庭では育児に積極的に参加するよき父親、さらには家事参加もと……。これをすべてこなせたら、その父親は〈スーパーマン〉かもしれない。Tatsumi（2018）は、政府が普及啓発用に作成したイクメンのポスターには、男性が家庭で育児参加するのはそれによって彼らが仕事に活かすことができる能力を獲得できるからだというメッセージが潜在的に含まれていると指摘する。慧眼である。実際に、それらのポスターの中には、男性がスーツの下に本当にスーパーマンの服を身につけているものがある。筆者が知る男性の中にも、高学歴・高収入で、疲れを知らず、家庭では家事・育児も相当行って妻（専業主婦の場合もある）を支えている、そんなスーパーマンがいる。だが、彼らを標準としてふつうの男性労働者に同じことを求めるとしたら、それは父親たちにあれもこれも期待しすぎではないだろうか。

7-3. 現実的な解決の方向は？

一つの最適解はあるのだろうか

以上をふまえた上で、わが国として、父親の労働と育児のバランスはどのような方向性を目指すのがよいだろうか。まず、三つ方向性を示して、それぞれのメリットとデメリットを考えよう。

方向性一は、多くの男性たちは安定雇用を確保していまと同程度の時間働き、家計を主に維持する役割を担っていくことである。父親たちは、その上で、可能な範囲で育児に参加する。この方向性は、出生率を上昇させうる。だが、問題は、男性と同じように仕事で活躍したい女性の多くは、この方向性に魅力を感じないことだ。

方向性二は、男性の労働時間が短くなり所得も減ってよいので（付随して雇用の安定性は低くなるかもしれない）、その分、父親の家事・育児参加を増やすことである。世帯年収を維持するために、母親がその分を稼ぐようにする。これは、従来わが国の少子化対策に関する取り組みにおいて暗に想定されてきた方向性であり、男女の労働と家事・育児労働を同等にするものである。この方向性は、男性と同じように仕事で活躍したい女性たちにとって魅力的である。ただし、これは、わが国の出生率を抑制してきた。また、夫の所得が減るようなことを、すべての家庭が受けいれられるだろうか。

方向性三は、夫婦だけで育児をしないこと、つまり父母以外の人が育児を行う割合を増やすことである。具体的には、同居または近居する祖父母（子どもからみた）が育児をサポートすることがあげられる。これは実際に北陸地方などではよくみられる（これについては、次章で述べる）。もう一つは、諸外国の高階層夫婦が行っていることであるが、メイドやシッターなどの外部サービスを利用することである。ただし、これらの問題点は、祖父母に頼れない・頼りたくない人がいることや、外部サービスを利用できるのは高所得者に限られることである。

以上について、どう思うだろうか。方向性一がよいという人、いや二がよいという人……と、人によって思うことはさまざまではないだろうか。すべての男女・夫婦にとって望ましく、かつそれがわが国の出生率回復につながるという一つの最適解はないだろう。

すべての男女・夫婦が望むものにするには、彼らが方向性一～三（およびそれ以外の方向性）の中から自分たちに合いそうなものを選択できるようにすることだ。なおかつ、それが出生率回復につながるように、少子化対策を工夫する必要がある。

父親の育児に関する政策の視点

わが国の少子化対策として、父親の育児参加の問題にどのような対応策をすべきだろうか。具体的な政策は後の章もふまえた上で最後に述べるが、ここまでのところで押さえるべきポイントは次のとおりである。

まず、前述したことをふまえると、夫婦がある程度自らの労働と育児のバランスを選択できるようにすることである。政府は、彼らがそうした選択をできる政策を打ち出すことだ。その選択肢には、夫婦ともある程度長い時間働きながら育児をすることや、夫が長時間働いて妻が非正規雇用者として短時間働きながら夫婦それぞれの時間に合わせて育児をしていくことも含まれる。夫の経済的ゆとりが一定程度であれば、育児期に専業主婦家庭であることももちろん選択肢に入る。

その上で、出生率を回復させるには、出生が促されるような制度や仕掛けが必要になる。本章までの知見をふまえると、その制度と仕掛けは次の二つである。

第一に、できるだけ多くの若者と壮年が安定雇用を確保して、それを維持するために必要な労働時間（残業を含む）を働けるようにすることが必要だろう。ある程度自らの労働と育児のバランスを選択してとはいうものの、雇用が不安定で低収入であることは、追加出生を抑制する。その前提のもとで、父親の育児参加を考えることが必要である。無論、これは女性の安定雇用を無視してよいということではない。キャリアアップを目指す女性にも、安定雇用を確保できて、長時間働けるという道があることが必要である。

第二に、出生率を回復させるには、子どもを多く育てる家庭に対して、手厚い経済的・非経済的な子ども・子育て支援が行われる必要があることだ。夫と妻の就業と家事・育児分担のあり方は家庭によって違いはあっても、子どもをもたない夫婦よりも子どもをもっている夫婦、子どもを一人よりも二人、二人よりも三人以上育てている夫婦は、子どもの養育・教育のために相当な時間（育児と子育てに費やす時間）とお金も使っている。社会が、それに報いることである。

〈注〉

（1）具体的な先行研究は、松田（二〇〇八、二〇一三）、石井（二〇一三）などに紹介されている。

（2）「子どもの身の回りの世話」「子どもと遊ぶ」「子どもの勉強を見る・教える」の三項目の合成尺度。

（3）これら労働時間の数値は労働政策研究・研修機構（二〇一九b）から。

（4）この夫婦の例は Williams（2017）から。

（5）縦断調査のデータを用いてこのような分析を行う際、通常の統計分析では「人年」を単位にしたイベントヒストリー分析を用いる。しかしながら、この分析は、説明書きを読む限り、夫の家事・育児時間の変数について、「出生あり」の人は出生前調査の回答結果を、「出生なし」の人は最終調査時点の回答結果をそれぞれ用いたクロス集計であるとみられる（つまり分析する単位が異なる）。また、その出生前調査時点というのは、その時点で妻が子どもを妊娠していたために、夫の家事・育児時間が長くなっていたという可能性がある。さらに、父親は子どもの年齢が低いほど育児参加が多いので、第一子年齢を統制していなければ、この結果は夫の家事・育児時間が長いほど第一子の年齢が低い――つまり因果関係が逆である――ことになってしまう。

（6）子どもが一人の場合、その子が出生した時点の夫の育児頻度が最も低い（＝ほぼ育児をしない）夫婦に比べて、中程度のグループにおいて、第二子出生ハザード率が最も高くなっていた（オッズ比で一・七倍）。だが、夫の育児頻度が最も高い夫婦では、そのハザード率は夫が「少し」育児をする程度の夫婦と変わらなかった。子どもが二人の場合も、夫の育児頻度が最も低い夫婦よりも、中程度のグループにおいて第三子出生ハザード率が高いが、夫の育児頻度が最も高い夫婦の第三子出生ハザード率は夫がほぼ育児をしない夫婦と差がなかった。

（7）これは、平日の夫の家事・育児分担率（夫婦の家事・育児時間の合計に占める夫の割合）が一年後の出生イベントと妻の離職イベントに与える効果を、競合リスクモデルを用いて分析している。

第4章 少子化の国内地域差
――地域に合った対策を

1. 都市と地方の両方に目を向ける

日本国内の少子化の地域差に目を向けよう。全都道府県のうち、東京都の出生率は一・一五（二〇一九）で最も低い。だが、東京都は若い学生や社会人の姿はあふれている。なぜなら、大学進学や就職等で、毎年地方から東京へ大量の若者が新たに移動してくるからである。地方の若者が、進学・就職のために東京等の大都市へ出て行く現象は続いてきた。国全体にとっても地方にとっても地方から大都市への若者の人口移動は大きな危機ではなく、むしろ、若者が就職先の確保をできるという理由でポジティブに捉えられていた。従来地方の出生数は多かったので、大都市へ若者の一部が移動していっても、地方にはその地域の社会・経済を担う若者が残ったからである。

だが、少子化がすすみ地方の出生数も減ってきた。地方に残って地域社会・経済を担うはずの若者も、東京等へ出て行く。民間の日本創成会議・人口減少問題検討分科会（二〇一四）は、地方は「人口再生産力」そのものを大都市圏に大幅に流出させており、地方を中心に実に半数程度の自治体が「消滅可能性都市」になっていることを指摘した。地方都市の消滅は、若年労働力を地方に依存する大都市圏にとっても、死活問題である。地方の出生率、もちろん東京など大都市の出生率も回復させて、人口面で両方が持続できるようにしないといけない。

本章における問いは、次の四つである。まず、一九九〇年代以降、日本各地の出生率はどのように推移してきたか。出生率が回復してきた地域と低迷する地域はどこだろうか。また、出生率の地域差を生んでいる背景要因は何だろうか。さらに、政府の少子化対策のもとで地方自治体が取り組んできた対策は、出生率回復に寄与したのだろうか。最後に、地域ごとに必要な少子化対策の視点は何か。

2. 各地域の出生率はどう変化したのか

一九七五年時点で東京都の出生率は一・六三と低かったが、他の道府県は同一・八を上回っていた（大半は二・〇前後だった）[1]。その後、東京も地方も出生率は低下していった。

一九九〇年、二〇〇〇年、二〇一〇年、二〇一九年の都道府県別の出生率が図4-1である。少子化が社会的問題として認識されたのは、九〇年の一・五七ショックである。当時の出生率は、東京都（一・一三）と大阪府（一・四六）およびそれらの隣接県で低く、それ以外の県は比較的高かった。つまり、出生率は、大都市圏で低く、地方で高い傾向があった。詳しくは第六章で述べるが、当初行われた少子

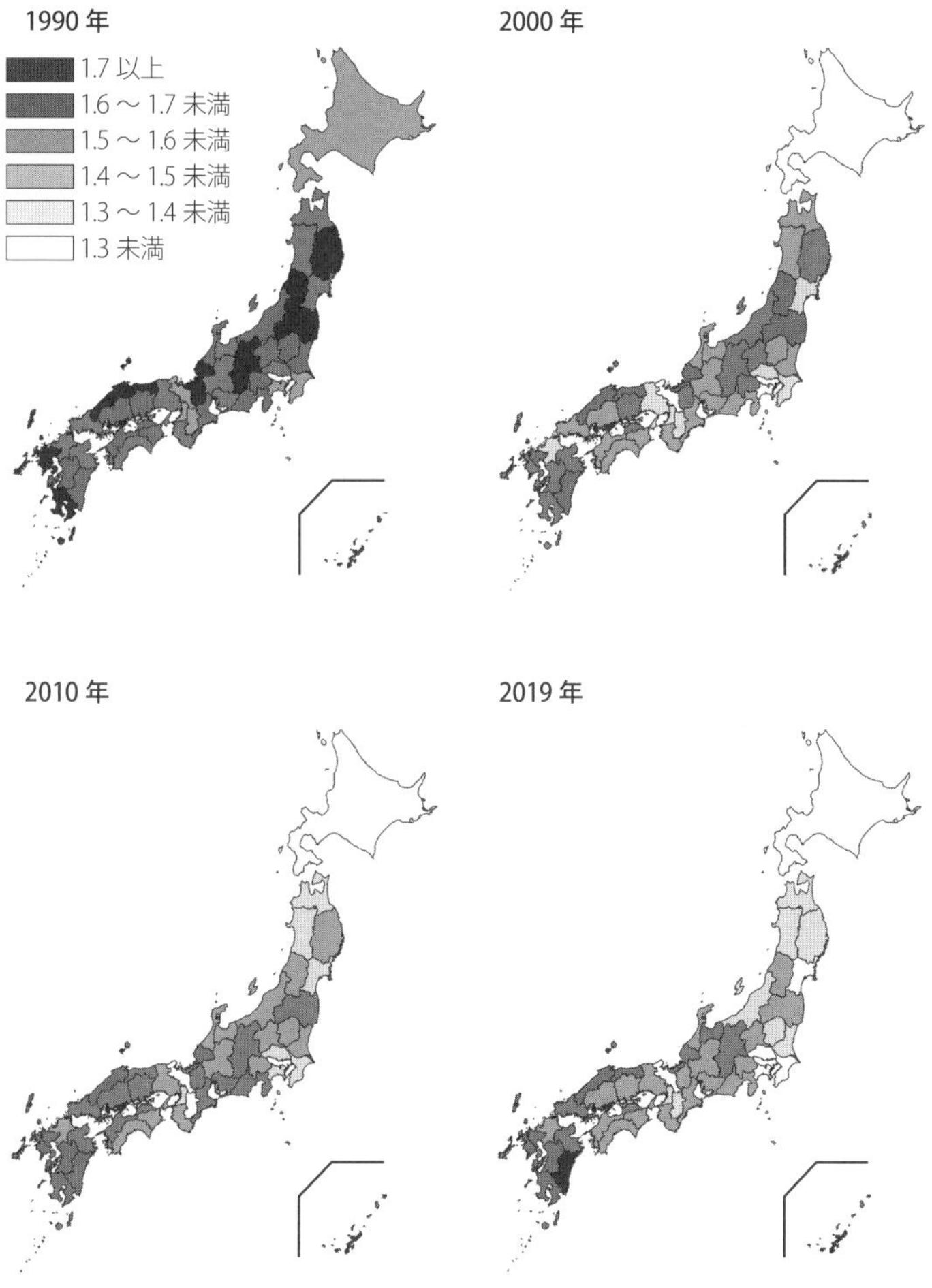

資料：総務省統計局 e-Stat（https://www.e-stat.go.jp/　2020 年 11 月 3 日アクセス）
と『令和元年人口動態統計（確定数）の概況』から筆者作成。

図 4-1　都道府県別の合計特殊出生率

化対策は保育所の待機児童対策等の[2]〈大都市型〉であり、それがこの国の少子化対策を長く特徴づけることになった。それは、大都市の出生率こそが低かったからであった。

その後、地方も含めて全国的に出生率は減少した。二〇〇〇年時点で、出生率は大都市圏で高く、地方で低いという特徴は大まかには残っていた。出生率が低い地域には、首都圏と近畿圏、加えて北海道、宮城県、福岡県がある。新たに加わった県は人口が多い政令指定都市をかかえているため、出生率は大都市で低いという従来から続く特徴として解釈できる。

そうした特徴は、二〇一〇年時点で大きく変わった。北東日本で出生率がより低迷したのに対して、南西日本(特に九州)のそれは回復してきた。同じ地方の中でも、出生率の水準に差が生じた。

二〇一九年をみると、首都圏と近畿圏の出生率はほとんど回復していない。北東日本の出生率は、一層低迷している。西南日本には、出生率が回復基調にある県があらわれている。ただし、そこにも、出生率が回復基調にある県と低迷する県がある。

3. 出生率の地域差を生む要因

3-1. 四つの主要因

二〇一九年現在、全ての都道府県の出生率が、人口置換水準を下回っている。中でも、首都圏の出生率は低く、九州・沖縄県等の出生率は相対的に高い。同じ地域ブロックでも、出生率が高い県とそうでない県もある。こうした地域差を生じさせている要因をみよう。

出生率の地域差を生んでいる主な要因は、①地域の雇用状況、②育児期の女性の就業、③親族による子育て支援、④結婚や子育てに関する規範意識の四つである。(3)

地域の雇用状況

地域の雇用状況が悪ければ、そこの出生率は低迷する。なぜなら、そこに住む若者は結婚することが難しくなり、既婚者も欲しい数だけ子どもをもうけることが難しくなるからだ。地域の雇用状況を測る主な指標として、その地域の完全失業率と雇用者に占める男性の非正規雇用者の割合等があげられる。

都道府県別のデータによって、地域雇用が悪いことがその地域の出生率を引き下げていることを確認できる（図4－2①）。福井県や三重県等、完全失業率が低い県は、出生率が相対的に高い。逆に、完全失業率が高い都道府県ほど、出生率が低い。具体的には、近畿や東北の府県では、完全失業率が高いことが、出生率を引き下げている。

男性三〇歳未満の非正規雇用者率が高い都道府県は、出生率が低い（図4－2②）(4)。京都府、大阪府、奈良県、神奈川県等は非正規雇用者率が高く、それがこれら地域の出生率を引き下げている。若年層の非正規雇用率は、サービス業が発達する大都市で高い。スーパー、コンビニ、ファストフード、大型商業施設等を思い浮かべれば、その理由はわかるだろう。インバウンドの恩恵を受けてきた観光業も、

① 完全失業率―合計特殊出生率（2019 年）

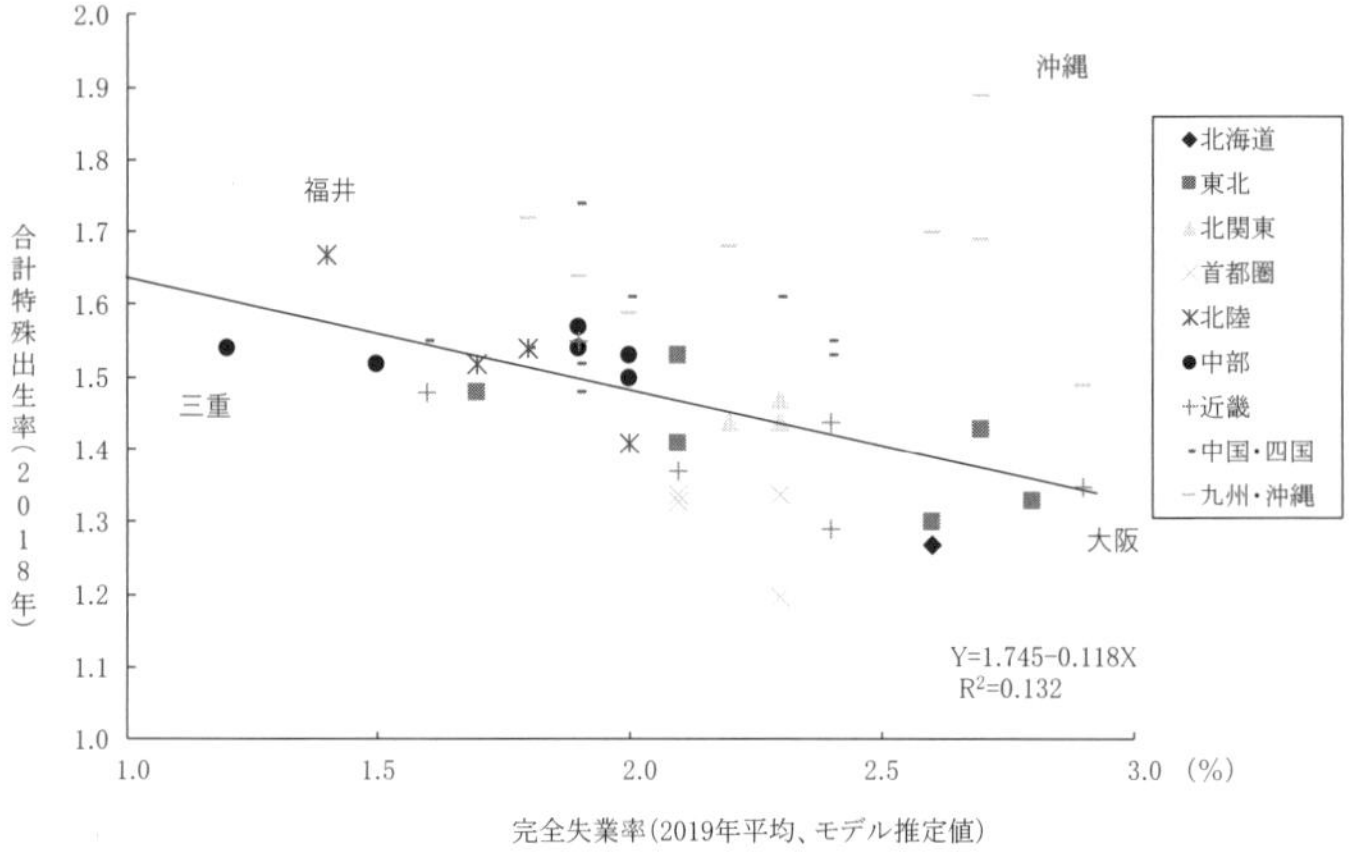

② 男性 30 歳未満の非正規雇用者割合―合計特殊出生率（2017 年）

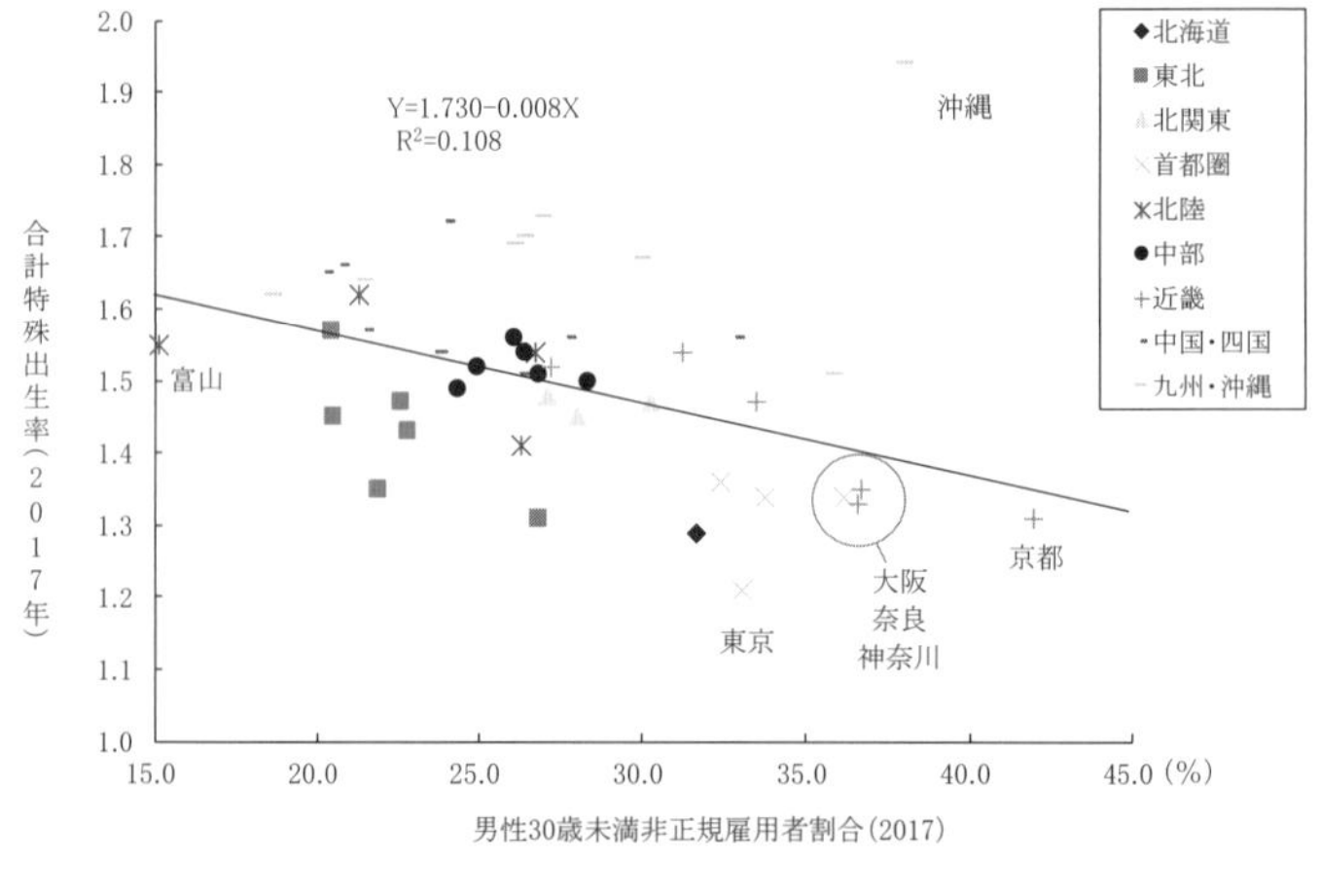

注：回帰分析は、傾向が他地域と大きく異なる沖縄を除外して実施。

資料：図中の各年の厚生労働省「人口動態統計」、総務省統計局「労働力調査」「就業構造基本調査」を用いて筆者分析。

図 4-2　完全失業率、非正規雇用者割合、合計特殊出生率の関係

従業員の非正規雇用率が高い。

これらの関係は二〇一〇年前後のデータを用いても観察された（松田二〇一三）。なお、沖縄県は他の都道府県とは大きく異なり、完全失業率とこの非正規雇用率が高くても出生率が最も高い。

育児期の女性の就業

仕事と育児の両立が困難であることが、少子化の要因の一つであると考えられてきた。それを地域の視点で捉えると、保育所不足や親族による子育て支援が少ないなどの理由によって両立が難しければ、女性が希望しても就業することが難しいということになる。そうした地域に住む女性で就業を希望する人は、結婚・出産を先延ばしするか避けようとするとみられる。

これを支持する既存研究に、女性の労働力率が高い都道府県ほど、出生率が有意に高いというものがある。過去の厚生労働白書等でもこのような結果が紹介されている。[5] ただし、この結果については、総じて地方の出生率が高く、都市のそれは低いということをいっているにすぎない面があるという批判がある。[6]

視点を変えて時系列変化をみると、二〇一〇年時点で育児期の女性が多い三〇～四四歳女性の労働力率が高かった都道府県ほど、その後の出生率の変化がマイナスである（図4-3）。[7] 過去およそ一〇年間に多くの都道府県の出生率は幾分か上昇しているが、それは女性労働力率が低い地域においてであったことを、この結果は示唆する。女性労働力率が高い地域は、出生率の回復が鈍いまたは出生率が低

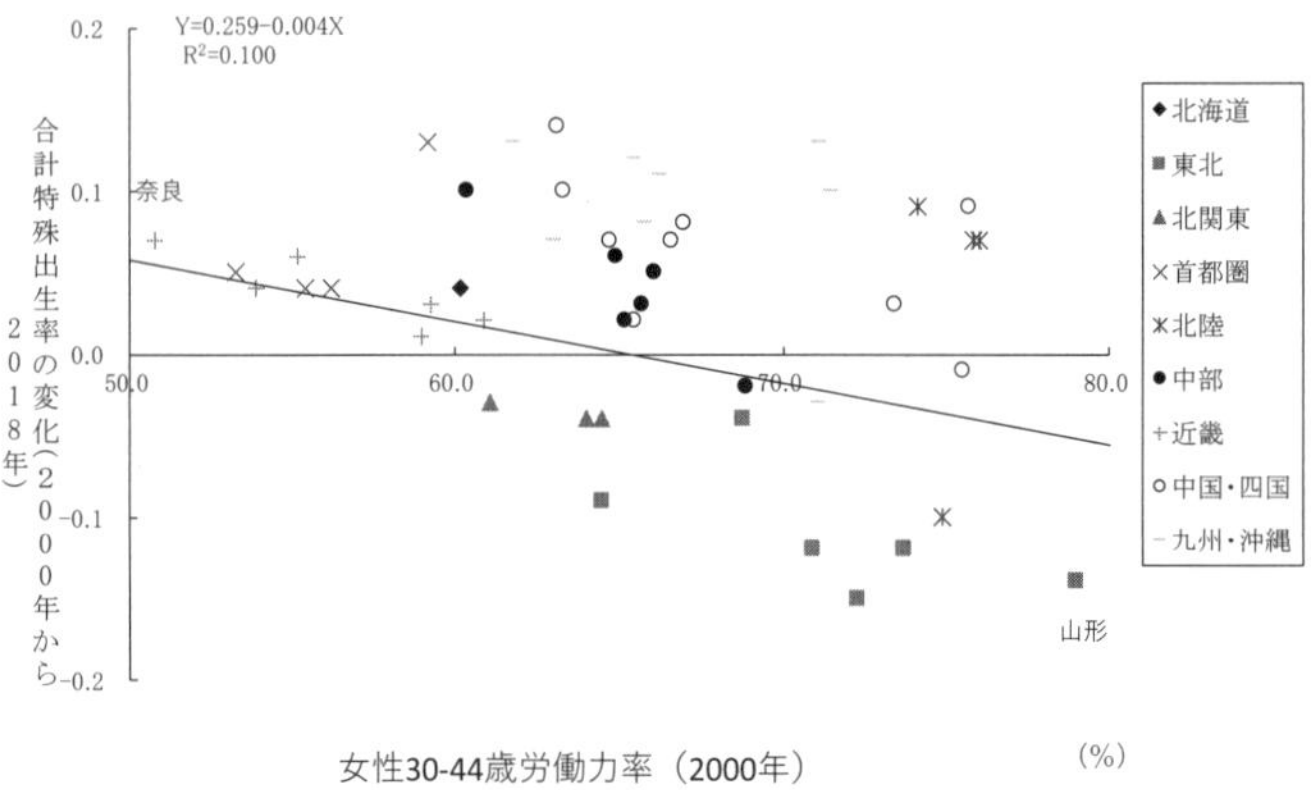

図 4-3　女性 30 〜 44 歳の労働力率（2000 年）別にみた 2000 〜 2018 年の合計特殊出生率の変化

資料：各年の「人口動態統計」と国立社会保障・人口問題研究所『人口統計資料集』（2000）を用いて、筆者分析。

迷していた。

以上から都道府県別に女性労働力率と出生率の関係をみる限り、この仮説はあまり支持されなそうである。ただし、ここでは保育所不足が地域の出生率を引き下げている可能性を分析してはいない。それについては、後の節で述べる。

親族による子育て支援

母親にとって子育てにかかる心身の負担が重すぎることは、欲しい数だけ子どもをもうけることができない理由になる。このとき、同居・近居している祖父母からの育児の支援があれば、母親の育児の負担は軽減されるので、出生数が多くなると想定される。

個人を対象にした既存調査から、次の結果がえられている。まず、理想とする子ども数をもつことができない理由として、有配偶女性の一八%が

「これ以上、育児の心理的、肉体的負担にたえられないから」と答えている（国立社会保障・人口問題研究所 二〇一七）。また、孤立して育児をするなどして母親の育児不安が強ければ、追加出生意欲が有意に低くなる（松田 二〇〇七b）。祖母が同居していたり、育児を支援する親族の数が多ければ母親の育児不安は軽減されるので、出生意欲は高くなる（松田 二〇〇八、松田他 二〇一〇）。

親族等からの育児支援についてみると、祖父母が近くに住んでいる割合は、首都圏で低く、東北・北陸・中部等で比較的高い。祖父母との居住距離が近いほど、彼らからの子育て支援（子どもの相手・預かり、子どもの送り迎え、家事の支援等）は多くなる。[8] 中でも、北陸は父方祖父母が一五分以内に住んでいる割合（すなわち、同居か近居）が高く、祖父母からの子育ての支援が多い。それは、夫婦共働きも容易にしている。このように、祖父母と同近居して、夫婦が共働きする家族のあり方は、「北陸モデル」とも呼ばれる。

祖父母からの育児支援が多い地域の方がそれの少ない地域よりも出生率が高い。三世代世帯率が高い都道府県ほど、出生率が高い傾向があることも指摘されている。[9]

結婚や子育てに関する規範意識

結婚や子育てを大切にする規範意識が強い地域は、そこに住む若者たちに結婚や出生にポジティブな意識をもたせる。地域別に「子育ては大変だが、子どもはかけがえのない大切な存在である」「結婚したら子どもをもつのは自然な流れである」という考えを肯定する割合は、都市よりも地方の方が高い。そして、こうした規範意識が強い女性ほど、欲しい子どもの数が多い[10]。

4. 地方から東京への若年人口移動

少子化の地域差を考える上で、国内の人口移動のことも忘れてはならない。一九五〇年代以降の三大都市圏の転入超過数が図4-4である。七〇年代初めまでは東京圏、名古屋圏、大阪圏のすべてが転入超過であったが、七〇年代半ば以降は東京圏への人口の一極集中がおおむね続いている。転入超過数の多くは、若年層によるものである。

出生率の高い地方から東京圏へ若年女性が進学や就職等のために移動することは、地方の出生数を減らすことになる。東京圏は出生率が日本一低いので、そこに移動した若年女性がもうける子ども数が減るために、日本全体の出生数も少なくなる（増田 二〇一四、日本創成会議・人口減少問題検討分科会 二〇一四）。東京は地方から若年人口を引き寄せるものの、自ら人口を再生産することができないことから、これは「人口のブラックホール現象[11]」と形容される。現在、地方の出生力が低下して都市のそれに近づいてきていることから、「地方の再生産年齢人口の純移動をプラスに転じる以外に地方創生の道はない」（原 二〇一六：一一、一部修正）といわれる。

若年人口が地方から流出することは、地方の出生率の回復も鈍化させうる。市町村単位で分析すると、総人口に占める転出者の割合（二〇〇五年）と出生率の変化（二〇〇〇年代後半）の間に負の相関

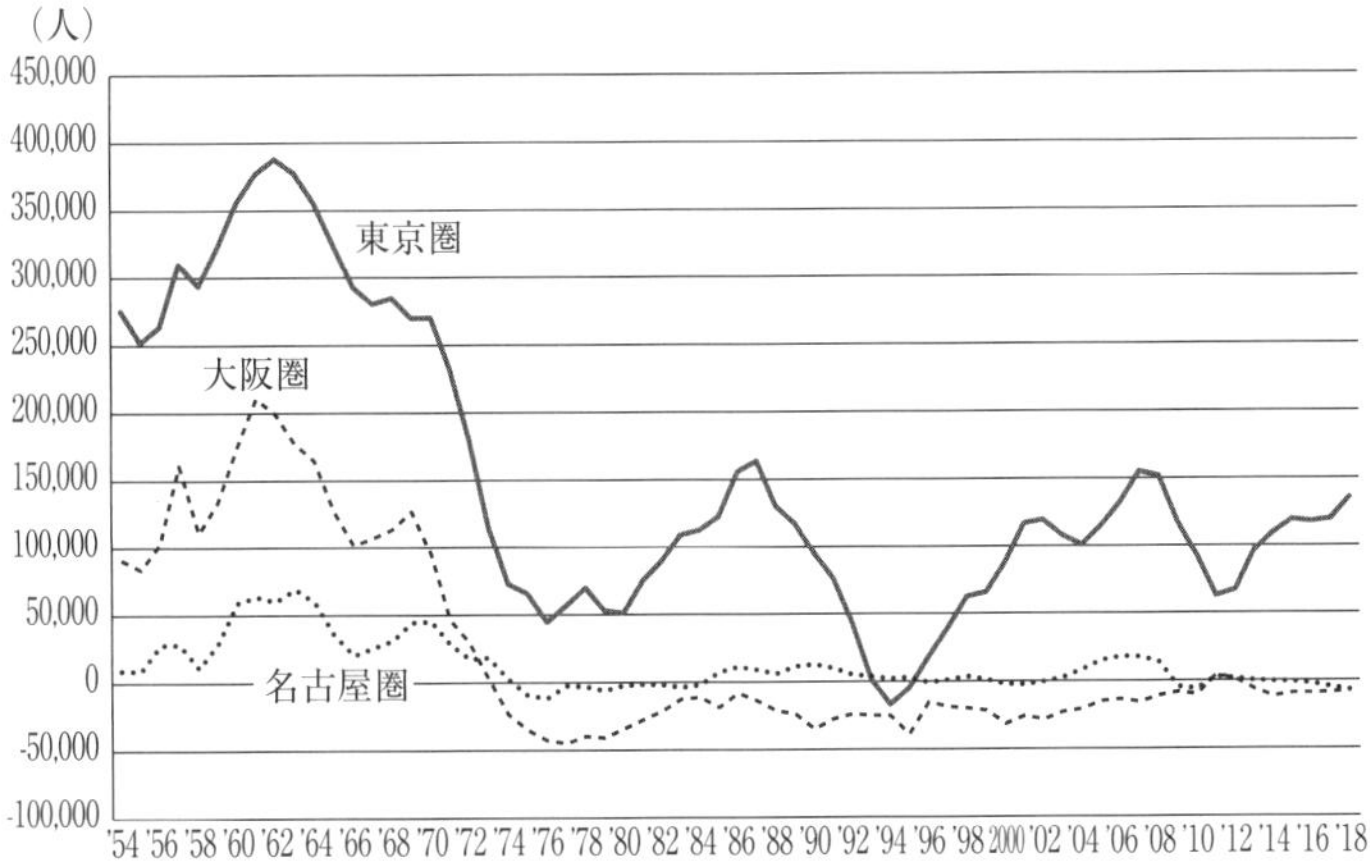

資料：総務省統計局『住民基本台帳人口移動報告』(2018)。

図 4-4　3 大都市圏の転入超過数の推移（日本人移動者）

（r=−0.21）がある。[12] この結果は、都市へ移動する若者には〈活動的な人〉——その人たちは地元に残っていれば仕事や男女交際に前向きな層であるだろう——が多いことを示唆する。

若者たちが地方から東京圏へ出て行くことは、教育達成、職業的成功、華やかな生活を夢見るからだ。それは、もちろん本人の自由である。地方自治体の会議に出ていると、彼らは若いうちに東京圏等へ武者修行に行っているのであり、その後地元に帰ってきてくればよいという意見を耳にする。だが、現実には、進学や就職のために地方から東京圏等へ一度出た若者のうち、その後地元に帰ってこない若者は多い。彼らは、東京圏等での暮らしに順応して、そこで就職先をみつける。そこで出会った彼氏／彼女がいることもある。それらを捨てて、帰郷することへのハードルは高い。

都道府県別に転入超過率と出生率の関係を散布図にしたものが図 4-5 である。図右下に位置する東京圏、

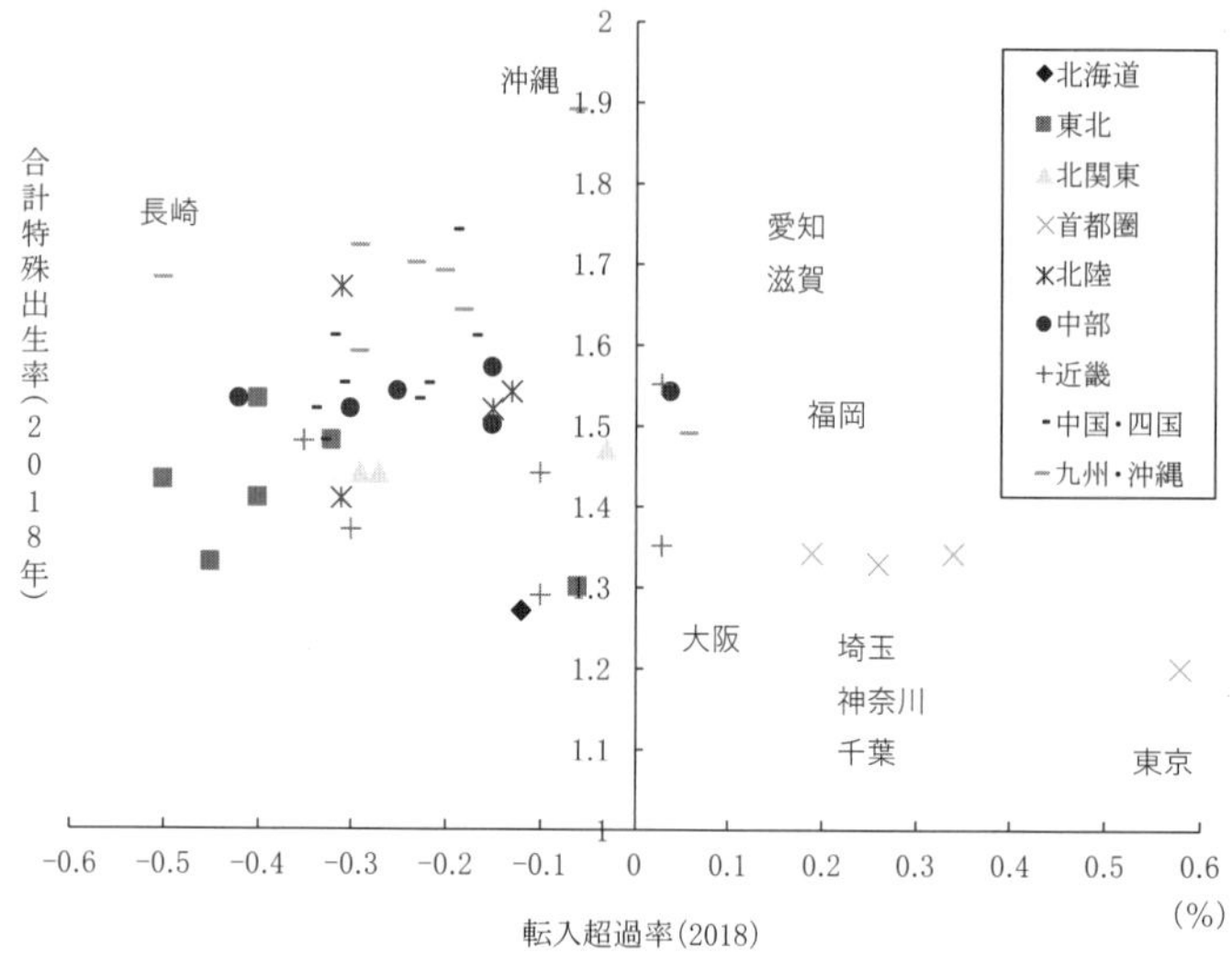

資料：総務省統計局『統計でみる都道府県のすがた 2020』、厚生労働省「人口動態統計」(2018) から筆者作成。

図 4-5　転出超過率と合計特殊出生率の関係

特に東京は転入超過率が高く、出生率が低い。逆に、図左上に位置する九州の各県（福岡県を除く）は、出生率は比較的高いものの、転入超過率が大きくマイナス＝転出超過である。つまり、九州の各県は、一人の女性が産む子ども数が多いものの、育った若者が他の地域へ流出していっている（その流出先には同じ九州である福岡県が含まれる）。沖縄県は独自のポジションにあり、出生率は全国一高く、それほど転出超過でもない。図左下に東北の県があるが、九州よりも出生率が低く、転入超過率が低い県が多い――このままでは東北地方は急激に人口減少していく。図右上に位置する県はないが、強いていえば、愛知県、滋賀県、福岡県が、出生率は転入超過率がプラスでありながら、出生率は全国平均よりも高い。

国全体の出生率を回復させるためには、この図の右下に位置する都県は、一にも二にも出生率を回復させる必要がある。この図の左側にある県は、その地域の存続のためにも、出生率の回復と転出超過を抑制することの両方を同時に行うことが必要である。

5. 地域により大きく異なる保育状況

5-1. 待機児童問題

保育所の待機児童の存在は就業を希望する女性が結婚・出産を先延ばしするか断念する要因になるとして、歴代の政権は保育所数を増やす政策を実施してきた（詳しくは第六章参照）。子ども数は減少しているが、保育所の利用児童数は二〇〇五年の一九九万人から二〇二〇年の二七四万人へと大幅に増えている。[13] 保育所の利用率は、二〇一二年に三四%（一、二歳児は三三%）であったが、二〇二〇年には四八%（同四〇%）になった。この間に、待機児童数は二・五万人から一・二万人になった。[14] 待機児童数のおよそ九割は〇～二歳児（一～二歳児が八七%）が占める。

なお、子ども・子育て支援新制度が施行されたことにより、二〇一四年度まで保育所は「保育に欠ける」児童を預かる施設であったが、二〇一五年度以後は「保育所の必要性」がある家庭は保育所を利用できるようになった。[15] それ以前と以後で、保育所の入所児童と待機児童となる数を単純に比較できない。

待機児童の問題は国会での与野党の論戦やマスコミの報道などでも大きく取り上げられてきた。待機児童が、わが国の少子化の主要因であるという主張もなされてきたが、冷静にみれば待機児童は地域によって相当異なっている。厚生労働省は毎年保育所待機児童マップを公表している。それによると、待機児童数が多いのは首都圏、近畿圏、そして特定の県に偏っている（二〇二〇年四月一日現在）。その数が千人を超える都道府県は東京都など五都県である。そして、待機児童は一部の基礎自治体（東京特別区を含む）に集中している。全国の市町村の約八割には待機児童はおらず、それらの市町村には保育所利用児童数の減少による保育所の将来的な存続も危惧されるところもある。

5-2. 基礎自治体間で大きく異なる状況

全国市長会のシンクタンクである公益財団法人日本都市センターは、都市自治体（全ての市と東京二三区）を対象に子ども・子育て政策の実態を調査している（日本都市センター 二〇一七）[16]。筆者はこの研究に参加して保育の現状を分析した（以下は松田 二〇一七ｂから）。

都市自治体における保育所の待機児童数（二〇一六年度四月一日、国基準の算定法）を分析すると、待機児童がいない市が全体の約六割を占めており、同二〇人未満まで含めると七割の自治体がこれに含まれる。都市自治体の人口規模からすると、一つの市全体で二〇人という人数は客観的にみて非常に少ない。一方、全体の一割強の自治体は一〇〇人以上の待機児童がおり、その最大値は約一、二〇〇人であった。つまり、待機児童は、一部の都府県に固まっているだけでなく、その中でも少数の市区に偏って存在している。人口が小さい市ほど待機児童がいない割合が高く、その割合は人口五万人未満では約九割、つまりほぼ全ての市が該当する。

この調査で明らかになったことは、待機児童がいる市でも、市内には定員に空のある保育所があったことである。具体的には、待機児童がいる自治体の約九割が、〇～二歳児の定員に空のある保育所があった(ただし、空いている定員数は不明である)。この割合は三歳児以上になるとさらに高い。

以上から、待機児童は一部の市区に偏っていたことがわかる。待機児童がいる市区においても、定員に空きのある保育所がある。これは、待機児童がいる市区でも、待機児童がいる地域または個別園がある一方、別の地域や個別園の定員は空いているという現象が生じていることを示す。

5-3. 自治体により優先的に対応すべき問題は異なる

日本都市センターの研究は、全国から選んだ九つの市にヒアリング調査も実施している。その結果を分析すると、各自治体は保育需要や子育て家庭の特徴に応じた子育て支援を行っていることが見いだされている。主な知見を三つ紹介しよう(以下にあげる各自治体の出生率は、調査時点のもの)。

一つ目は、保育所が不足しており、かつ保育需要に地域的な偏りがある自治体の取り組みである。事例として、浦安市(千葉県)と松戸市(千葉県)がある。

浦安市は、東京のベッドタウンとして発展してきた。某夢の王国があるところだ。同市の出生率は、千葉県内や東京二三区の平均値よりも低かった。急速な未婚化が、出生率を低くしていた。同市は、待機児童対策に力を入れていたが、保育施設を増設するも待機児童の解消には至っていなかった。その理由は、〇～二歳児の保育ニーズが特に増大したことと保育施設の整備が困難なことであった。中でも浦安市に特徴的であったことは、大規模マンションが多い沿岸部は意外にも待機児童は少ないのに対して、旧来からある住宅地において待機児童が発生していたことである。なぜなら、密集した住宅地に新たに保育所を新設することは、容易でなかったからだ。

東京都の通勤圏に位置する松戸市も、特に〇～二歳児の保育需要が増大していたが、保育需要には地域的な偏りがあった。同市では、三歳児以上の保育供給量は十分であり、全年齢向けの保育所の増設は難しかった。このために、〇～二歳児向けの小規模保育（全てに関連園をマッチングさせて）を増設することによって、保育需要に対処した。交通アクセスの悪い地域の保育所は定員に余裕があったため、バスによって駅前から遠隔地の保育所へ子どもの送迎事業を実施していた。

二つ目は、保育需要は比較的少なく、他の子育て支援等に力を入れることが必要とされていた自治体である。具体的な事例として、東海市（愛知県）と千歳市（北海道）を紹介する。

東海市は、市内に大手製鉄工場がある。名古屋市に通勤する市民も多い。同市の出生率は一・八二（二〇一五年）と非常に高かった。転入超過でもあり、人口は増加していた。同市には競争力のある製造業が集積していることにより、そこで働く男性労働者の雇用が比較的安定していた。このこともあり、専業主婦世帯が比較的多い。こうした背景のために、東海市は保育需要が抑制されており、調査時点において待機児童はほとんどいなかった。待機児童の問題よりも、未婚男性が多いことの方が重要な政策課題であったため、婚活支援に力を入れていた。

千歳市の出生率は、一・五三（二〇一四年）で、道内では比較的高かった。市内に新千歳空港と自衛隊駐屯地があるために、関係者の転勤による転出入人口が多く、核家族の割合が高い。転勤族が多いことが影響して、女性就業率は低く、保育需要は少なかった。同市では、保育対策よりも、転入世帯が子育てにおいて孤立せず、地域に溶け込むことができるようにすることや在宅子育て世帯（専業主婦世帯）への対応が課題であった。

三つ目は、出生率が高く、待機児童数の多い自治体である。ここでは、沖縄本島南部に位置する南風原町の事例を紹介する。同町の出生率は、人口置換水準を上回っていた。出生率の高さと転入超過により、子ども数と総人口が増加していた。沖縄県全体の傾向であるが、町内の保育所は定員が少ないために、待機児童は多い。その一方、子どもが五歳児になると、それまで保育所に通っていた子どもも、幼稚園に通うことが一般化していた。四歳児までは保育需要が多いものの、五歳児は幼稚園の需要が多いので、同町では保育所と幼稚園の両方の定員を確保することが求められていた。南風原町では、子どもの貧困問題への対処も喫緊の課題となっていた。

以上の統計的調査とヒアリング調査の結果から、自治体によって保育需要や求められる対策のあり方は大きく異なっていることがわかる。このヒアリング対象には含まれていなかった人口減少が深刻化している自治体であれば、保育所の待機児童問題ではなく、その地域の保育施設の存続あるいは統廃合が地域の課題であろう。

6．自治体の少子化対策が出生率回復に与えた効果

6-1．ヒアリング調査からの知見

自治体が行う少子化対策の多くは、政府がつくる子育て支援等の制度、政策メニュー、それを行うように自治体に与えられる財源を用いて行われている。このことは、保育所や地域にある子育て支援施設をイメージすれば、わかりやすい。別の言い方をすれば、国がすすめる各種の少子化対策を地域住民に届けているのが、自治体（中でも基礎自治体）である。では、その自治体が地域住民に対して行ってきた少子化対策は、出生率回復に寄与したのだろうか。これについては、これまで統計的にほとんど検証されてこなかった。

筆者らは、独自の方法で自治体（特に基礎自治体）の少子化対策の取り組みが出生率等に与えた影響を研究した（松田他 二〇一六）。研究方法は、①自治体に対するヒアリング調査、②市町村の結婚・出産・子育て支援の状況を調べたアンケート調査、③市町村の企業誘致・移住／定住策を調べたアンケート調査の三つである。本研究からえられた主な知見は次のとおりである。

われわれは、ヒアリング調査を、秋田県（県）、東京都（都、世田谷区、江戸川区）、愛知県（県、名

古屋市、日進市、高浜市）、熊本県（県、熊本市、嘉島町）の子育て支援の担当課等に対して実施した。その結果、以下の四つの知見がえられた。

第一に、前述の保育の状況と重なるが、各自治体によって少子化対策における重点課題が異なっていた。例えば、人口増加する基礎自治体は、保育所の待機児童の解消や子育て世帯の満足度の向上を重要課題にしていた。人口減少がすすむ自治体は、若者の結婚や住宅取得の支援、ＵＩＪターンなどに力を入れていた。

第二に、出生率が比較的高い自治体は、そこの地域経済に活力があるか、そのような近隣自治体のベッドタウンであった。特に注目されたのは、競争力の高い製造業がある地域において、雇用状況が良好であり、そこに若い世代が集まり出生数も増えていたことである。例えば、愛知県では、名古屋市と豊田市の中間エリアおよび豊田市で出生率が高い。そこは、自動車産業を中心とした製造業の集積地やそこに通勤する人たちが住んでいる地域である。熊本県は、積極的な取り組みによって年間数十社の企業を誘致していた。それが地元に雇用を創出して、他県から雇用者の人口流入も促していた。特に熊本市の北側に位置する菊陽町・合志市・大津町への企業の進出は顕著であり、その地域の人口増加率が高かった。

第三に、出生率が比較的高い自治体では、住宅（賃貸を含む）が子育て期の家族が取得しやすい価格帯であった。だからこそ、そこで生まれ育つ若い世代が地元に住み続けることができて、かつ周辺自治体から若い世代が引っ越してくる。

最後に、各自治体は自分たちが行っていた少子化対策が、出生率を回復させているかどうかは「わからない」と回答した。その効果を分析することは、われわれ研究者の仕事だろう。

6-2. 結婚・妊娠・出産・子育ての支援(狭義の少子化対策)

自治体が行っている少子化対策を、①結婚・妊娠・出産・子育ての支援(狭義の少子化対策)と②地域の産業活性化・地方への移住/定住促進(広義の少子化対策)の二つに分けて考えよう。後者は地方創生にかかわる取り組みである。

筆者は、二〇一三年に全市町村(東京特別区を含む)の少子化対策担当部署を対象に、「市区町村の少子化対策の現状と経緯に関するアンケート」を実施した。[17] この調査では、「結婚・妊娠・出産の支援」「家庭での子育ての支援」「保育・幼児教育」の三つのカテゴリーの一三項目の事業の実施の有無を調べている。具体的な事業は次のとおりである。これらには、主に共働き世帯に対する支援になっているものがあれば、主に専業主婦世帯向けもある。

結婚・妊娠・出産の支援:A. 出産費用の補助、B. 不妊治療への経済支援、C. 結婚相談・結婚仲介、D. 妊産婦検診の経済支援

家庭での子育ての支援:A. 国基準の児童手当に上乗せ、B. 子どもの医療費の無料化、C. ファ

ミリー・サポート・センター、D．子育てひろば
保育・幼児教育：A．保育料を国基準よりも軽減、B．幼稚園の入園料・授業料の軽減、C．認可外保育所への運営費補助金、D．幼稚園に対する預かり保育補助、E．保育ママへの運営費補助

この調査を用いて、自治体が行った結婚・妊娠・出産・子育ての支援がその自治体の出生率、転出者率、総人口に与えた影響を分析した結果が図4-6である。[18] 具体的に使用した指標は、出生率の変化率[19]、転出者率（総人口に占める転出超過者の割合[20]）、総人口の変化率[21]である。

分析の結果、結婚・妊娠・出産・子育ての一つ一つの施策と出生率等の間には有意な関係はなかった。つまり、特定の施策の有無が、出生率等に影響を与えてはいなかった。

次に、各施策を実施している数が多い自治体から少ない自治体までを、「上グループ」「中グループ」「下グループ（これを基準とする）」の三つに区分（すなわち、この三区分は、施策のメニューの幅広さをあらわす）した上で、それらと出生率の関係を分析すると、これらの施策は自治体の出生率等の有意な効果を与えていたことがわかった。[22] 人口五万人以上（おおむね市レベル以上）では、少子化対策を幅広く実施してきた自治体はそうでない自治体よりも、その後の出生率の変化率が有意に高くなっていた（この効果は、人口五万人未満の自治体ではみられなかった）。少子化対策を幅広く実施してきた自治体は、その後の転出者率が有意に低い――すなわち地域住民がその自治体に定着する割合が高いか、他の自治体からの転入が多い。少子化対策を幅広く実施してきた自治体は、その後の総人口変化率も

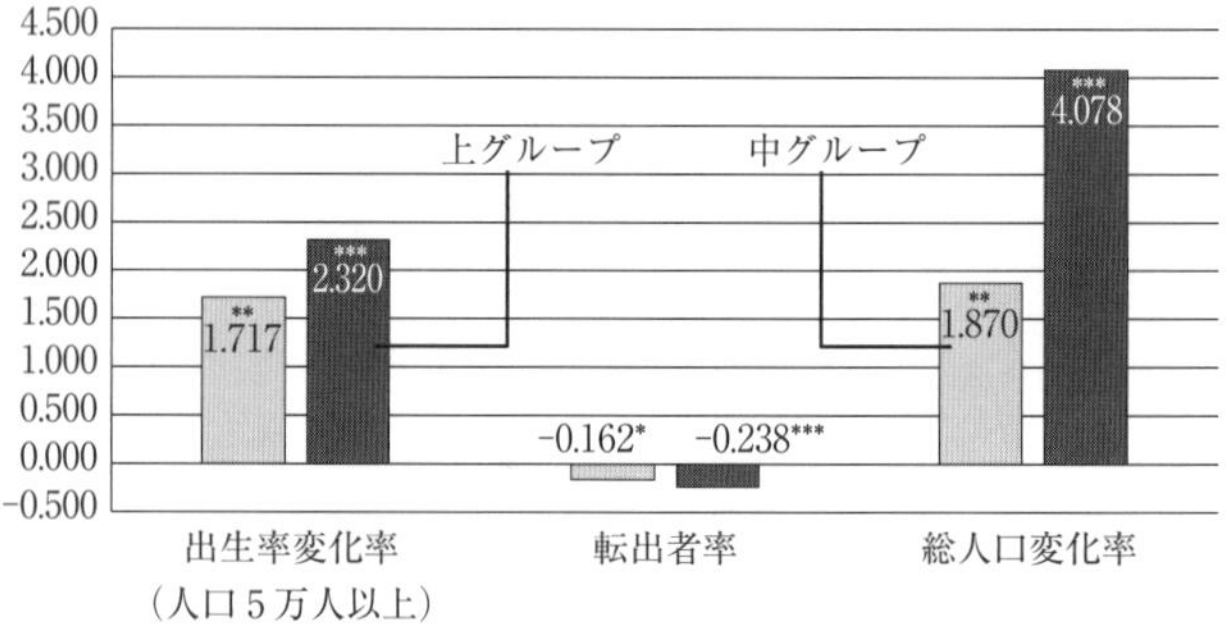

注：市区町村の合計特殊出生率、転出者率、総人口変化率を被説明変数とした重回帰分析の結果。図中の数値は、各説明変数の偏回帰係数。図中には、「低グループ」を基準にしたときの、「上グループ」「中グループ」の結果を表示。

*p<0.05、**p<0.01、***p<0.001

資料：松田茂樹他（2016）から作成（一部修正）。

図 4-6　結婚・妊娠・出産・子育て支援が市区町村の出生率回復等に与えた効果

有意に高い。

以上から、ある特定の施策ではなく、自治体が結婚・妊娠・出産・子育ての支援について〈幅広い施策〉を実施することが、出生率回復・転出率の減少・総人口の増加に有意な効果をあげたといえる。つまり、幅広い施策を実施した自治体はそうでない自治体よりも、出生率の回復が幾分かプラスになっていた[23]。

6-3. 地域の産業活性化・地方への移住／定住促進（広義の少子化対策）

次に、地域の産業活性化・地方への移住／定住促進が自治体の出生率等に与えた影響である。具体的には、企業誘致と移住／定住策を取り上げる。ここで使用するデータは、二〇一四年に全市区町村の企画課を対象に実施したアンケート調査である[24]。

一つの自治体が二〇〇〇年代後半に誘致した企業数

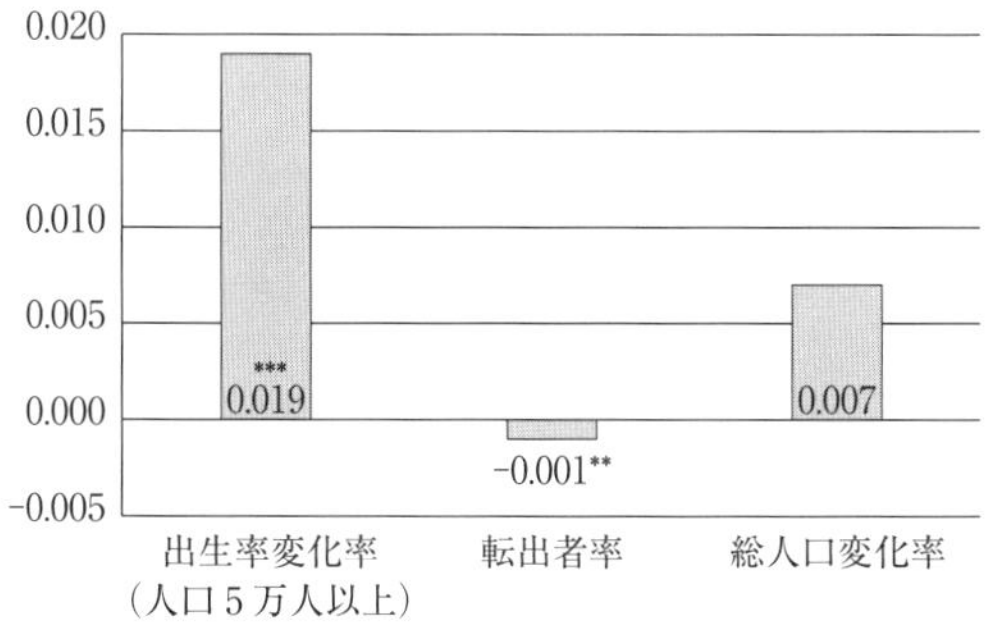

注：市区町村の合計特殊出生率、転出者率、総人口変化率を被説明変数、説明変数は企業誘致した時点において創出された人口１万人あたりの雇用者数を用いた重回帰分析の結果。地域と人口規模を統制。図中の数値は、各説明変数の偏回帰係数。

*p<0.05、**p<0.01、***p<0.001

資料：松田茂樹他（2016）から作成。

図 4-7　企業誘致が市区町村の出生率回復等に与えた効果

は平均六・五社、それによって生まれた雇用者数（誘致した時点）の平均値は七、二八六人であった。

企業誘致によって創出された人口一万人あたりの雇用者数が、その後の出生率等に与えた影響の分析結果が図4-7である。企業誘致により創出された雇用者数が多い市区町村ほど、その後の出生率の変化率が有意にプラスである。また、転出者率も有意に減少する。企業誘致が出生率と転出者率に与える効果は、出生率の地域差や人口規模差を上回っていた。

自治体が誘致する企業は製造業が多い。その種類は機械、電機、食品など多様である。典型的な誘致の方法は、自治体が工業団地をつくり、そこに県外から企業を誘致するものである。この分析結果は、製造業が地域の雇用創出と出生率回復等に重要であることを示唆する。

この調査は、若い世代の定住や地域外からの移住についての取り組み（移住／定住策）についても調べている。人口流出に悩む自治体は、「移住・定住者への住宅支援」「移住のための相談窓口の設置」などさまざまな取り組みを実施していた。だが、残念なことに、二〇〇〇年代後半に移住／定住に積極的に取り組んでいたことが、出生率、転出者率、総人口のいずれの指標にも有意な効果は確認できなかった。

6-4. 保育所が出生率に与えた効果

わが国は保育所の量的拡充（待機児童対策も同じ。以下「保育所整備」）を少子化対策の柱のひとつとしてすすめてきた（詳細は第六章参照）。保育所を量的に拡充すれば、女性が就業か子育てかの二者択一でなく、それらを両立することができるようになるために、出生率は上昇すると考えられてきた。では、保育所整備は、実際に出生率回復につながっただろうか。これについては多数の研究がなされてきている。それら既存研究の主な結果を確認しよう[25]。

まず、保育所整備が出生率を上昇させたという研究がある。これには、都道府県別データを用いた研究（高山他 二〇〇〇、宇南山・山本 二〇一五）、市町村別データを用いた研究（Fukai 2017）、個人調査のデータを用いた研究がある（樋口他 二〇〇七など）。例えば、最近の研究では、「潜在的保育所定員率[26]」が高いほど、待機児童が観察されるような保育需要の高い地域や潜在的な女性の就業率が高い地域で、若年女性の出生率が有意に上昇したという（Fukai 2017）。ただし、この結果は最終的に一人の女性が何人の子どもをもうけたかを分析していないため、「厳密にはこれは子ども数が増えたとは言えない」（深井二〇一九：一六）と、この研究者自身が述べる。

一方、保育所整備が出生率を上昇させた効果はみられなかったという研究もある。具体的には、都道府県別データを用いた研究（高橋二〇〇〇、戸田二〇〇七など）がある。例えば、足立・中里（二〇一七）は、潜在的保育所定員率が出生率を上昇させる効果は確認できなかったという。[27] また、Sasaki (2020) は、長期間の個人データを分析して、保育所利用は女性の就業率を有意に高めたが、子ども数を増やす効果はなかったという。

以上の各研究を丁寧に読むと、各研究が分析していることとその結果はかなり異なる。ここから、保育所整備が出生率を引き上げたとはいいづらい。一歩ゆずって、保育所整備が出生率を引き上げたという分析を受け入れたとしても、それは待機児童数が相当数いた東京都心部等限られたエリアであり、かつ保育所整備が出生率を上昇させた効果はかなり小さいものであるとみられる。[28]

保育所の利用率の上昇は、育児期の女性就業率の上昇につながる。そして、第二章で述べたとおり、有配偶女性では就業する女性（特に正規雇用者で所得が高い人と非正規雇用者）の出生が少なくなっていたことから、保育所整備が国全体の出生率を抑制した可能性は導かれても、それを引き上げたとは結論づけられない。

以上をまとめると、保育所整備は、就業を希望する女性とその家族に対する支援として必要なものであったが、それはわが国の出生率回復に寄与したとはいえない。

7. 各地域の出生率の回復と若年人口の移動の問題に対処を

7-1. 〈狭義の少子化対策〉と〈広義の少子化対策〉——地域共通に求められる施策

各都道府県が現状の出生率のままで、かつ地方から首都圏等への若年人口の流出が続けば、地方は存続できない。時間差をおいて、首都圏の社会・経済も立ちゆかなくなる。わが国全体の出生率を回復させて、地方の消滅も止めるには、すべての都道府県、特に出生率の低いところの出生率を、その自治体が持続する水準まで回復させることが必要である。加えて、地方から大都市への若年層の流出を現在よりも抑制することも必要とされる。

本章の分析から、各地域の出生率回復のために、ある程度各自治体に共通していえることは、次の二点である。

第一に、各自治体は結婚・妊娠・出産・子育ての支援〈狭義の少子化対策〉に関して、原則幅広いメニューを実施するのがよい。少子化対策の対象者は、未婚者、これから子どもをもうける予定の夫婦、子どもが既に二人いる夫婦等がいる。夫婦の働き方についても正規雇用者同士の共働き世帯、妻非正規雇用者世帯、専業主婦世帯等さまざまだ。そうした中で、ある一つの施策によって全ての対象者をカバーして、地域の出生率全体を回復させることはできない。出生率を回復させるためには、地域住民のバリエーションをカバーする幅広い少子化対策のメニューが必要である。ただし、人口規模が小さい自治体では、この方法は有効といえない。それらの自治体は、若い世代の定住・移住促進が優先課題である。

この結果を国全体の観点からみると、結婚・妊娠・出産・子育ての支援について、まず国が全国一律の制度設計を行うことである。幅広いメニューを全国に行き渡らせることが、出生率回復には必要だからだ。基本的なメニューが揃った上で、各自治体の状況に応じて各施策の力点は変える――つまり特に必要な対策を厚くする。自治体が創意工夫をして、全国にはないが独創的な対策を行うことも望ましい。それは全国的に取り組むことが奨励されるような新しい対策を開発する芽にもなるからだ。

第二に、地方から大都市（特に首都圏）への若年層の流出を抑制するために、広義の少子化対策をすすめることだ。この人口移動の根本的な理由は、首都圏に大企業や大学が集中していることにある。短期間でできることではないが、この点を変える必要がある。

分析の結果、自治体による企業誘致は、出生率回復と転出者の抑制に大きく寄与する。ただし、それは、すべての自治体が企業誘致をすれば、みなの出生率が上昇するという意味ではない。工場等の総数が増えない場合、自治体が誘致合戦をするのみでは、工場等を奪い合うゼロサムゲームに陥る。この知見の本質は、国全体および各地域における産業振興が出生率や人口回復のために根本的に必要であるということである。それによって地域に雇用の場がつくられた後に、若い世代への住宅支援、定住支援の取り組みが大切になる。

中でも、地方経済の鍵を握るのは製造業（最終製品、素材、部品、食品等）とみられる。工業は他の都道府県や海外から〈外貨〉を獲得できる（地域外からのお金という意味であり、外貨そのものを指すものではない）。人口減少により〈内需〉が縮小する地方は、地域外の需要に対応する必要がある。この考え方は、貿易と同じだ。サービス業（観光業以外）は、大切な産業だが、同じ地域内でお金を回すものなので、人口減少がすすむ地方はそれのみでは地域経済が縮小してしまう。強い製造業が地域外からお金を稼ぎ、そのお金をサービス業が地域内でうまく回すようにすることが、地域経済を強くする。また、製造業は、熟練工が必要になるので、若者に対して比較的良質な雇用機会を創出する。発展した国は工業社会からポスト工業社会へ移行していくといわれているが、それは文字通り工業が衰退していく一方だということではない。特に地方経済のためには、わが国は製造業の競争力を維持・向上することが必要である。

このほかに、地方の若者たちが、地元で良質な高等教育を受けられるようにすることも大切である。そのためには、地方の国公立大学と私立大学の魅力と教育力を向上させることが求められる。

現状では、地方が行う若い世代のＵＩＪターンの取り組みは、少なくとも多くの地方自治体において、出生率回復や転出者の抑制につながっていない。この施策は、今後若い世代にとってより魅力的なものになるように、改善されていくことを期待したい。

7-2. 各自治体の状況に応じて少子化対策の力点を変えること

地域によって少子化の現状、要因、活用できる資源は異なる。各自治体の状況に応じて少子化対策の力点を変えることは、少子化対策の効果を高める。国には、各自治体が地域に合った取り組みもしやすいように、少子化対策の制度設計と予算措置がなされることを期待したい。

保育についていえば、保育需要と待機児童数も、自治体によって差が大きい。現状をみれば、待機児童を国全体の優先課題として語るべきときは過ぎているとみられる。これからは、①保育需要が多くて待機児童数が多い自治体、②待機児童はいるもののその数が少ない自治体、③保育所が定員割れしている自治体などと区分して、それぞれの地域にあった対策をすすめるべき段階にきている。その際、自治体が責任をもって主導するかたちで保育対策を実施する段階に入っているのではないだろうか。

保育所整備についていえば、前述の調査から、都市自治体においても定員に空のある保育所があることが明らかになった。人口減少がすすんでいくことを念頭におけば、待機児童対策を行う際に、新たな施設（ハード）をつくること以外に、まずは空きのある保育施設、幼稚園、それ以外の施設・サービスの有効活用をすすめることが大切である。

〈注〉

（1）これら出生率の値は人口動態統計から。

（2）保育サービスにはさまざまな施設等がある。本書で保育所と記述するときは、主に認可保育所を指している。

（3）これらは、前章までに述べてきた仮説等に対応している――地域の雇用状況は若年雇用の劣化仮説（第一章）に、育児期の女性就業は両立困難仮説（第二章）に、親族による子育て支援は前章で言及した同居・近居する祖父母による育児支援に、結婚や子育てに関する規範意識は仕事や結婚の価値観（第一と二章）にそれぞれ対応している。前章までとの違いは、前章までは個人を単位にした分析であったが、本章は地域を単位にした分析であることだ。

（4）非正規雇用者には子育てをする母親やシニア層ら主体的にこの就労形態を選ぶ人も少なくないので、非正規雇用が地域の出生率に与える影響を全年齢層を対象にして分析することは適切ではない。

（5）筆者も都道府県別の三〇代前半女性就業率と出生率の間に正の相関があることを確認している（松田二〇一三）。

（6）都市化の違い（人口集中地区に住む人の割合）を統制すると、両者の関係は有意でなくなるとされる（赤川二〇一七）。

（7）二〇一九年の出生率は、前年よりも大幅に減少した。二〇一〇～二〇一九年の出生率変化を用いて同じ分析すると、統計的に有意な関係はみられない。

（8）これらは、筆者が内閣府政策統括官（二〇一二）の「都市と地方における子育て環境に関する調査」を集計した結果から（松田二〇一三）。

（9）例えば、内閣官房まち・ひと・しごと創生本部事務局（二〇一七）。

（10）注9と同じ。

（11）読売新聞二〇一四年四月一三日記事中の増田寛也氏の言葉。

（12）ここでいう二〇〇〇年代後半の出生率とは、厚生労働省が公表した二〇〇三～二〇〇七年の市町村別出生率のベイズ推定値と二〇〇八～二〇一二年のその値との差を用いている。数学的にみれば、ある自治体から若年女性が流出することがその自治体の出生率を引き下げることはないはずである。なぜなら、出生率というものは、そこに居住する若年女性人口を分母に、その年齢層の女性が出生した子ども数が分子であるからだ。

（13）内閣府『令和元年版子供・若者白書』と厚生労働省「保育所等関連状況取りまとめ（令和二年四月一日）」から。

（14）当時、新型コロナウイルスの感染拡大のために保育所待機児童数が減ったのだという報道もなされたが、そうではない。なぜなら、保育所の申し込みは、感染拡大前になされていたからである。

(15) 以前の「保育に欠ける」事由は、子どもを保育所に預けるには、昼間労働することを常態としていることなどにより、同居の親族その他の者が当該児童を保育することができないことを指す。これに対して、子ども・子育て支援新制度では、就労（フルタイムのほか、パートタイム、夜間など基本的にすべての就労に対応。ただし、一時預かりで対応可能な短時間の就労は除く）、妊娠・出産、求職活動・起業準備、就学などのいずれかの事由に該当すれば、「保育の必要性」が認定される。詳細は内閣府子ども・子育て本部（二〇一九）を参照。

(16) 以下のアンケート調査は、二〇一六年に全国の八一三市区を対象に実施した。有効回収数（率）は四六四市区（五七％）である。

(17) 調査対象は一、七四二自治体、有効回収数（率）は六〇九自治体（三五％）である。

(18) 自治体がある施策を実施してその効果によって住民が結婚・出生するまでには、最低数年間のタイムラグがある。この点をふまえて、二〇〇五年時点で実施した少子化対策がその後の出生率、転出者率、総人口に与えた影響を分析した。

(19) 二〇〇三〜二〇〇七年から二〇〇八〜二〇一二年までの変化率。厚生労働省「人口動態統計特殊報告」の市区町村別合計特殊出生率（ベイズ推定値）を使用。

(20) 二〇一一年の値。転出者率を他の被説明変数と同様にある期間から次の期間までの変化率にすると、転出超過率には正負の値があるために結果の読み取りが難しくなる。この点を考慮して、単年の転出者率を用いた。

(21) 二〇〇五年から二〇一〇年までの変化率。

(22) 被説明変数は自治体の出生率変化率、転出者率、総人口変化率、説明変数はその自治体が行った少子化対策（結婚・妊娠・出産・子育て支援）、統制変数は地域と人口規模とした重回帰分析。

(23) 本調査は、各事業の実施の有無のみを測定しており、各事業がどれだけの規模で実施されているかは調べられていない。そのことが、少子化対策の効果を小さくみせている可能性はある。

(24) 対象は一、七四二自治体、有効回収数(率)は六四五自治体(三七%)である。
(25) 各研究方法は専門的なので、ここでは研究結果のみを紹介する。詳細は各研究を参照。
(26) 出産年齢にある女性一人あたりで、どの程度の保育所の利用可能性があるかを示す。
(27) この分析の中には、潜在的保育所定員率が高いことが、完結出生児数を有意に減少させるという結果もある。
(28) このように結論する理由は、まず、保育所整備が個人や自治体の出生率を回復させる強い効果があったのであれば、当然その集合である国全体の出生率も回復していないといけないからだ。だが、国全体でみると、保育所を大幅に量的拡充したが、それに伴って出生率が上昇してきた様子は確認できない。待機児童はおらず、保育所定員も空いている自治体は少なくないが、そうしたところでも出生率は低迷している。

第5章　少子化の国際比較

1. 国際比較に必要な姿勢

ここまでの各章は、日本国内の分析であった。次は、世界に目を向けよう。日本以外にどの国が少子化であり、それらの国はどのような少子化対策を行ってきただろうか。

国際比較の目的は、他国と比較した日本の少子化の特徴を把握して、他国における少子化対策等を知った上で、それらから日本が出生率を回復させる方法についてヒントをえることにある。本章における比較対象は、欧州諸国と東アジアの諸国・地域（シンガポールを含む。以下「東アジア諸国」）の両方である。従来少子化について日本と欧州（特に北欧・西欧）のみを比較する研究が多かったが、いまはそこに東アジア諸国を加えることが必要である。なぜなら、日本と東アジア諸国は地理的・文化的に近く、共通する少子化の特徴と背景要因があるので、そこから日本の少子化対策のヒントをえることができるからだ。

本章では、まず、日本を含む東アジア諸国という大きな枠組みで、少子化の特徴と背景要因を理論的に考察する。その上で、欧州諸国と東アジア諸国の少子化対策を調べて、そこからわが国の少子化対策へのヒントを探る。

2. 出生率の国際比較

2-1. 欧州諸国

少子化は、経済発展がある程度以上すすんだ国であれば、一度は経験をしている現象である。北／西欧の主要国は一九八〇年代に人口置換水準を下回る水準に出生率が低下した(図5-1)。同じことは、南欧諸国や東欧諸国においても観察された。例えば、イギリスとフランスの出生率は、七〇年代前半までは二を超えていたが、その後低下して、九〇年代から二〇〇〇年代には一・六台まで下がった。北欧のスウェーデンは、それよりも早く出生率が下がりはじめて、八〇年代前半に一・六台前半を記録している。出生率の低下は、ドイツや南欧のイタリアでより顕著であった。

その後、北／西欧は出生率がある程度回復した。それに対して、ドイツとイタリアの出生率はその間も低迷して、極低出生力(出生率約一・三未満)にまで低下した。

近年の特徴は、一時期出生率が回復基調にあったフランスとイギリスで、再び出生率が下がってきていることである(それでもフランスの出生率はまだ高い)。手厚い社会保障や労働政策を行ってきたスウェーデンでも(および他の北欧諸国も)、出生率が下がってきている。

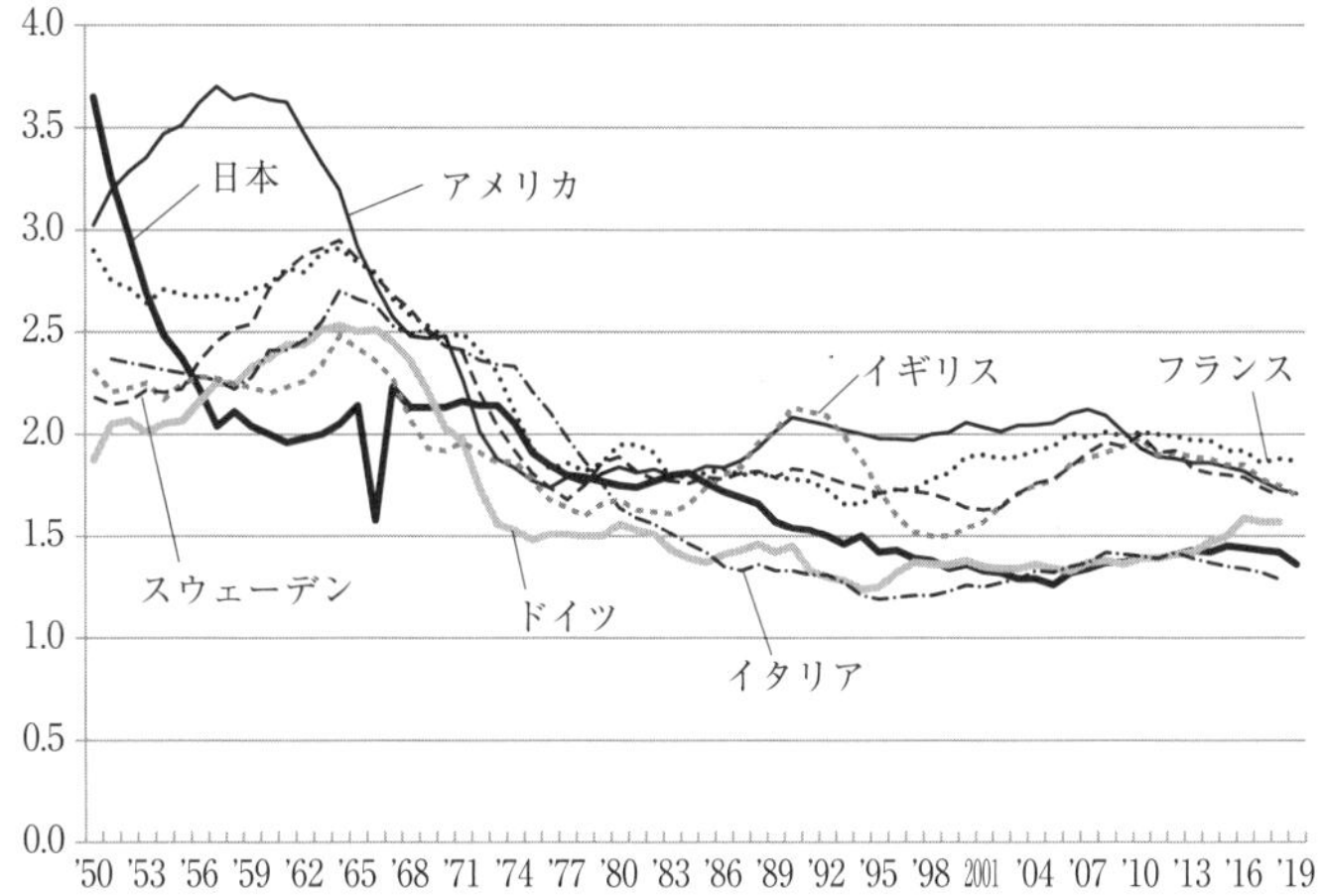

注：フランスの 2018・2019 年は暫定値。
資料：内閣府（2020a）から作成。

図 5-1　日本と欧米主要国の出生率の推移

その一方、近年ドイツの出生率は上昇している。ただし、ドイツの出生率上昇には外国人の出生数の増加が影響しており、新生児の母親の四人に一人は外国人であることは、日本と状況が大きく異なる。(1)

欧州諸国と異なり、アメリカは、出生率の上下動はありながらも、本格的な少子化を経験してこなかった。実は、アメリカは、欧州主要国のような子育て支援や出生促進策などを行っていない。最近アメリカも出生率が低下してきており、今後の動向が注目される。

2-2. 東アジア諸国

欧州諸国と日本を比較して、日本の出生率は国際的にみて非常に低いというのは適切ではない。近年、東アジア諸国は、出生率が急速に下

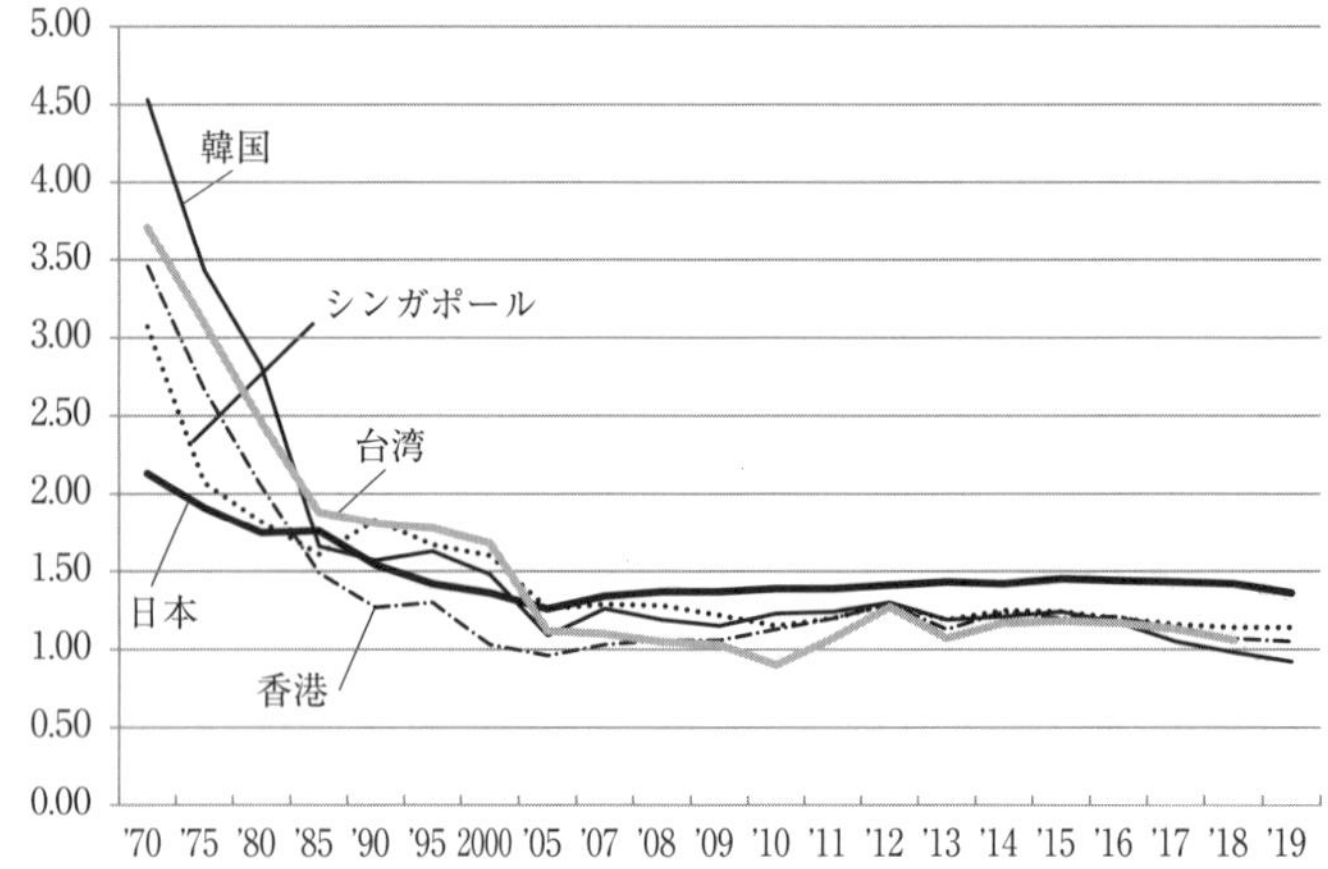

注：2019 年の香港と韓国は暫定値。
資料：内閣府（2020a）から作成。

図 5-2　東アジア諸国の出生率の推移

がり、人口置換水準を大きく下回ってきている（図5-2）。韓国の出生率は、七〇年に四・五だったが、その後一五年足らずで二を割り込み、二〇一九年現在〇・九二である。シンガポールの出生率も、七〇年の三・一から徐々に低下して、八〇年代に二を下回り、近年は一・二前後で推移している。台湾と香港の出生率も同様の傾向である。図中にはないが、中国の出生率は一・二五（二〇一六年）である（Tsuya et al. 2019）。

日本以外の東アジア諸国と欧州諸国の出生率変化は、次の二つの点で異なる。第一に、少子化に至るまでの出生率の下落が急である。七〇年時点で東アジア諸国の出生率は三を超えていたが、各国が出生抑制に取り組んだ結果、その後わずか一〇年間で各国の出生率は人口置換水準を下回った――出生抑制は成功したのである。出生率の下落は、そこで止まらず、その後も続いた。第二に、

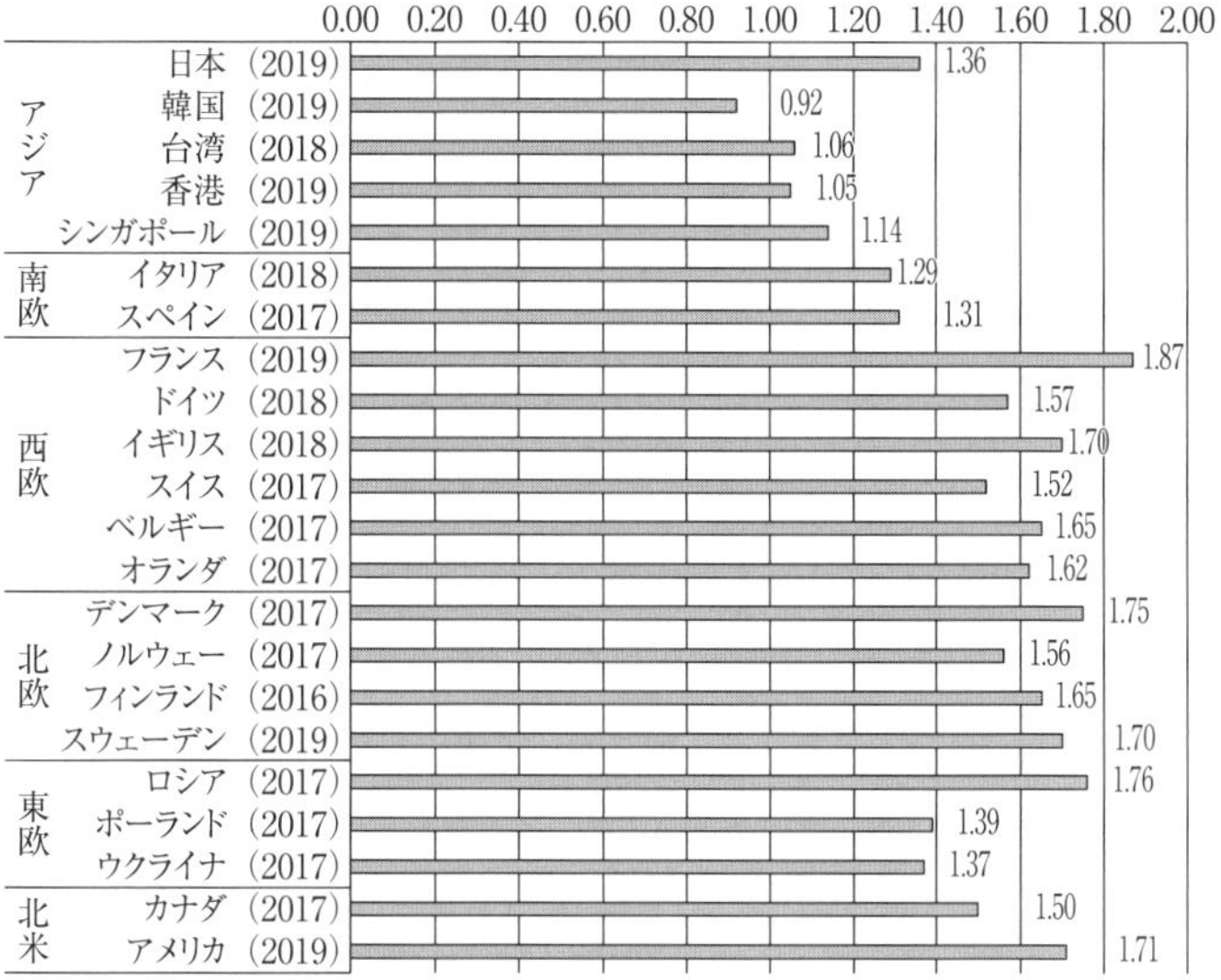

注：2019年のフランス、香港、韓国は暫定値。
資料：内閣府（2020a）、『人口統計資料集2020年版』、『令和元年版人口動態統計（確定数）の概況』。

図5-3　各地域・国別の合計特殊出生率

二〇〇〇年代半ば以降、東アジア諸国の出生率は、欧州主要国よりも低く、極低出生力の状態である。それは、「超少子化（ultra low fertility）」（Jones et al. 2009）とも形容される。

日中韓の中で、日本の出生率は最も高い。それは、中韓に比べて、日本女性の出産・学歴・就業パターンが〈多様〉だからである（Tsuya et al. 2019）。日本は有配偶女性における第一子、二子、三子の出生率が中韓ほど大きく低下していない。結婚や子育てよりも自分のキャリアや私生活を重視する女性がいる一方、それらよりも結婚や子育ての生活を重視する女性もいることが、このような結婚・出生パターンをつくりだしている[2]。

ここまでに取り上げた以外の国も含めた地域・国別の出生率（最新年）が図5―3である。この図中のすべての国は、出生率が人口置換水準を下回っている。日本を除く東アジア諸国、南欧諸国、ロシア以外の東欧諸国の出生率が特に低い。西欧、北欧、北米という地域別にみると、総じて出生率は同じぐらいである。注目すべきことは西欧、北欧、北米のそれぞれに出生率が低い国があることだ。通説と異なり、北欧全体をみると、出生率はそれほど高くはない。北米も、カナダのそれは一・五で、まさに少子化である。東欧の中では、ロシアの出生率が大きく回復しており、出生率が比較的高いといわれてきた西欧の平均を上回っている。

3. 東アジア諸国の少子化を説明する既存理論

3―1. 第二の人口転換論

西洋諸国が経験した少子化は、一九六〇年代後半からはじまった「第二の人口転換」と呼ばれる一連の人口学的変化の一部として捉えられている（van de Kaa 1987, Lesthaeghe 1995, 2010）。この理論[3]の提唱者によると、「第一の人口転換」は、多産多死から少産少死へという出生率と死亡率の低下の他に、婚姻率の上昇、初婚年齢の低下、同棲や離婚の少なさなどの特徴がある。これに対して、第二の人口転換は、①出生率が人口置換水準を下回る水準へ低下、②カップル形成のタイプが多様化（同棲の増加、婚外子の増加、離婚等）、を特徴とする。この変化は、一方向的で、不可逆的であるという。

第二の人口転換をもたらした背景要因には、自己の欲求の高次元化、地域コミュニティなどからの個人の離脱と社会の凝集の弱まり、国家や宗教からの個人の解放、ジェンダー革命等がある。中でも、この理論の提唱者は、次にあげる人々の「観念の変化」(ideational change) が核心をなす動因という。マズローの欲求段階説 (Maslow 1954) によると、人間の欲求は経済発展にともなって生理的欲求や安全欲求などの物質的なものからより高次にある自己実現欲求へと移っていく。第二次世界大戦後、経済的豊かさと社会の安全を謳歌した欧州では、マズローの欲求段階説を体現した価値観変化——それは人々の間に「物質主義」から、個人の解放や自己実現を重視する「脱物質主義」(Inglehart 1977) へというポストモダン的な価値観へ変化——が起きたのである。これが、第二の人口転換をすすめた。なお、この理論は、経済的な要因が先にあげた出生率等の変化をもたらすという説明を否定している。

子どもと家族の関係をみると、第一の人口転換はアリエス (Aries 1965) がいう〈子ども〉の誕生によって、親の子どもへの愛情と経済的投資の増大による子ども数の減少がもたらされた——「子どもが王様」になった。第二の人口転換では、王様は〈カップル〉になり、子どもは成人に充実した人生をもたらすさまざまな要素の一つに後退した。

この理論の提唱者は、アジア諸国においても第二の人口転換が広がっており、中でも日本は第二の人口転換を経験していると主張する。(4)

3-2.「第二の人口転換論」の問題点

西洋中心主義

第二の人口転換論は、現代の人口動態変化を説明する理論のうち最も影響力のあるものの一つだが、特に次の二点に根本的な問題がある（Zaidi and Morgan 2017）。第一に、この理論の心臓部にあたるポストモダンへの価値観変化ということが、実は分析で裏づけられていない。ある国においてポストモダンへの価値観変化が起こり、それが出生率低下等をもたらすからには、その価値観が当該国の多くの国民に広まっていなければならない。それが不明である。第二に、この理論は、各国の社会の発展とそれに伴う人口動態の変化が、一方向的かつ不可逆的に、世界中で最も発展した西洋社会（中でも北欧の国々）のそれを〈最終到達点〉として変化していくことを想定している。これは、西洋人による自民族中心主義ではないかと批判されている。二〇世紀には多くの学者が世界各国は西洋社会に向かって〈社会進化〉していくと考えたかもしれないが、二一世紀に生きるわれわれは、そうではない世界の変化を目の当たりにしている。加えて、筆者が各地域・国の出生率を客観的に比較すると、この理論が最も発展した社会と想定する北欧は決して出生率が高いわけではない。同じ西洋といっても地域内の国々の出生率の差が非常に大きい。この点も、この理論と整合しない。

仮にこの理論が西洋社会の少子化等を適切に説明できたとしても、それは日本を含む東アジア諸国に当てはまらない。まず、アジアでは結婚と出産をつなぐ規範は依然強く、結婚制度そのものはゆらいでいない（落合二〇一三）。若い世代では同棲が増えつつあるものの、西洋と比較するとその率は非常に低い。また、西洋では脱物質主義への価値観変化が起こりそれは第二の人口転換のドライブになったというが、その価値観変化はアジアではまだ起きていない——アジアはいま急速な個人所得の上昇とそれに伴う消費の拡大が起きているが、これはまさに物質主義的である。

圧縮された近代

日本を含む東アジア諸国は、欧州よりも短期間に経済・政治面における近代化を達成した。こうした社会の特徴を解釈する理論枠組みに、韓国を舞台にした「圧縮された近代」（Chang 2010）がある。欧州が二世紀かかった近代化を、韓国は政治、経済等の分野において半世紀で達成した。古典的な近代化論によると、近代化のプロセスにおいて社会の諸制度は伝統的に家族が担ってきた経済活動や教育等を担うようになり、家族や伝統的価値観が弱まる。だが、同国では儒教を背景にした伝統的な家族主義——それは政治、企業、社会秩序の維持の各所に広まる——が強く残り、その家族主義が短期間における急速な近代化の達成を可能にさせた。この近代化の過程において政府は経済発展を優先して、社会福祉は家族がもっぱら担ってきたために、家族の負担は重くなった。この理論枠組みは、経済や政治分野に比べて、その社会の基盤をなす価値観や家族制度は維持されやすく、変化するとしても時間がかかることを示唆する。

圧縮された近代は、経済発展の著しい東アジア諸国に共通する特徴である。アジアの中で最も早く近代化を遂げた日本は、「半圧縮近代」（落合 二〇一三）を経験したといわれる。

3-3. 他の理論とその妥当性

ジェンダー公平論

第二の人口転換論以外にも、東アジアが低出生率である理由を説明しようとする理論がある。中でも、ジェンダー公平論（gender equity theory）と両立困難仮説が代表的である。

ジェンダー公平論は、東アジアでは家族制度がジェンダー平等的ではなく、女性が家庭的責任を負っており女性にとって仕事と家庭の両立が難しいために、女性の晩婚化がすすむと論じる（McDonald 2000, 2009）。この仮説を支持する経験的証拠として、先進諸国を比較すると近年女性労働力率が高い国ほど出生率が高く、ジェンダー不平等指数（GII）が高い国ほど出生率が低いという関係があるという（Ahn and Mira 2002：Suzuki 2013）。九〇年代以降、女性がリプロダクティブ・ライツをもち、男女共同参画の理念が浸透し、個人主義が徹底すると、低下していた出生率は北欧のように回復する段階に移行するという（阿藤 二〇〇〇：Esping-Andersen 2009：Esping-Andersen and Billari 2015）。

そうした国別の違いが生じた背景に、文化的な要因も関係している。Suzuki（2013）は、旧ソ連・東欧も含む世界的な少子化の進行状況の差に、次のような文化的な要因が関わっているという。具体的な文化的境界は、北／西欧・英語圏とそれ以外を分ける「強い家族紐帯／弱い家族紐帯」（Reher 1998）

の文化的差異と、韓国・台湾等の「儒教家族」の規範とそれ以外の諸国における「封建家族」の規範という文化的差異である。

だが、ジェンダー公平論は、東アジアの少子化を説明するには数多くの欠点がある。まず、この理論は、アジア諸国において女性の就業率は高まり、仕事と子育ての両立支援は拡充されてきたにもかかわらず、出生率がむしろ低下してきた理由を説明することができない。また、世界的には女性労働力率が高い国ほど出生率が高い傾向がみられるものの、分析対象を東アジア諸国に限定するとジェンダー平等度が高いシンガポールや香港の出生率が低いという仮説と矛盾した結果になる。さらに、欧州諸国についても、オランダのように男性稼ぎ手モデルで、女性は子どもが幼いうちは家にいる国が高出生率を維持してきた理由――「オランダの高出生率のパラドックス」――を説明できない（Rindfuss and Choe 2015）。日本をはじめ東アジア諸国において男性の未婚化が生じている理由を説明できないことも、大きな欠点である。最後に、この仮説も、一方向的かつ不可逆に、各国が世界中で最も発展した社会（ここでは男女平等がすすんだ社会、中でも北欧の国々）に移行していくと暗黙のうちに理論化している問題がある。

両立困難仮説

ジェンダー公平論の問題点を補うものが、両立困難仮説である。この仮説は前章までにも登場してきたが、以下に述べるそれは前章までと若干異なる部分がある。

先進諸国を比較すると、親、特に母親にとって子育てと他の役割の両立が容易であることが高出生力であるという共通点がある（Rindfuss and Choe 2015）。低出生力の国は、それぞれの国が有する背景によって、それら役割の両立が難しくなっている。具体的には次のとおりだ。労働市場をみると、先進国では女性が高学歴化したために、多くの女性がフルタイムまたはパートタイムで就労することを望んでいる。だが、東アジア諸国では、労働者の労働時間は長く、女性は就労しても家事と子育てに責任をもつべきであるという社会規範も強い。労働市場の柔軟性が低く、女性が子育てを終えた後に再就職することも難しい。教育面をみると、柔軟に高等教育に入学・再入学やコース変更をできる教育システムをもつオランダやアメリカなどの国は、人々が子どもをもうける年齢も柔軟になるために、出生率が高い。東アジア諸国では、高等教育の入学が柔軟ではない上に、学歴競争が激しいことが低出生を招いている。アジアの母親たちは子どもがその学歴競争を勝ち抜けるように宿題の手助けをはじめさまざまな教育面のサポートをする。

ジェンダー公平論と比較すると、両立困難仮説は、女性が両立する仕事としてフルタイム、パートタイム、そして女性が子育て期に専業主婦となり子育てが一段落した後に再就職するかたちも、視野に入っている。この仮説は、女性にとって子育てと両立させる仕事役割の中身や仕事の程度は各国において異なり、母親がそれらを両立させる程度も、国によって、おそらくはその国民が許容する水準が反映して、異なるものであることを示す。

両立困難仮説の方が、ジェンダー公平論よりも、先進国および東アジア諸国において出生率が高い国と低い国の違いを説明できる。だが、両立困難仮説も東アジア諸国の少子化を説明できない部分がある。例えば、この仮説も、東アジア諸国で生じている男性の未婚化を説明できない。東アジアの教育コストの高さには注意を払っていない。

4. 東アジア諸国の少子化を捉える理論枠組み

4-1. 人口動態のアウトカム

前述した既存の理論では、東アジア諸国の少子化の背景要因をうまく捉えることができない。それを捉えるためには、新たな理論枠組みが必要になる。筆者が提案するオリジナルの理論枠組みが図5-4である（Matsuda 2020a, 松田二〇一七c、二〇二〇b）。これは、人口動態のアウトカム（結果）、背景要因、社会が置かれた状況の三つの部分から構成される。この理論枠組みを用いて東アジア諸国を分析することによって、この地域において低出生率をもたらしている理由の全体を明らかにすることができる。もちろん、国によるその違いも分析できる。その結果をふまえて、出生率回復のために必要な具体的な政策を導くことができる。

アウトカムは、未婚化と少子化の二つである。アジアでは急速な未婚化が進行している。同棲と婚外子が広まっていないので、急速な未婚化が出生率低下に直結する。加えて、日本や主な東アジア諸国は、既婚夫婦がもうける子ども数も徐々に減少している。以上から、最終的なアウトカムは少子化

（出生率）だが、そこに強く影響する未婚化にも注目する必要がある。なお、欧州諸国では、同棲と婚外子が多いために、未婚化が少子化に直結していない。

4-2. 未婚化・少子化の背景要因――四大要因

背景要因の考え方

既存研究は低出生率等の人口動態変化の理由、特にその決定打を単一の要因に求めようとしてきた。例えば、第二の人口転換論はポストモダンへの価値観変化を、ジェンダー公平論は男女格差を、両立困難仮説は両立のしやすさを、それぞれ少子化をもたらす決定的要因とみなす。だが、単一の要因でアジア諸国の少子化の理由を説明できない。発想を変えて、複数の要因が複合して少子化をもたらしているという関係を想定した方がよい。その要因とは、未婚化と少子化の両者と直接的な因果関係を想定することができて、かつ観察可能なものとする。

ここで設定する背景要因は、未婚化・少子化に影響を与えている度合いが強いとみられる少数のものに絞る。なぜなら、未婚化・少子化に影響を与えているとみられる要因を、その度合いの強弱にかかわらずにすべてあげては（例えば一〇〇の仮説）、少子化の全体像の理解、実証分析、少子化対策をかえって困難にするからだ。

以上をふまえて、未婚化・少子化の背景要因として、①若年雇用、②教育、③仕事と子育ての両立、

④価値観（家族規範、物質主義等）の四つ——これを〈四大要因（Big4factors）〉と呼ぶ——を設定する。

このように背景要因を設定することにより、それらが未婚化・少子化に与えている影響の有無と大きさを実証分析することができ、分析結果をふまえて各国が取り組むことが求められる具体的な少子化対策を導くことができる。背景要因についてのこのような考え方は、社会学者R・K・マートンのいう「中範囲の理論」（Merton 1949）に近いものである。

若年雇用（雇用の悪化、労働市場の硬直性）

背景要因については、次にあげる四つの仮説を設定する。

第一は、第一章でも述べた、若年雇用の劣化仮説である。東アジア諸国、中でも経済成長率が鈍化した国では、かつてのように若い世代の賃金は右肩上がりに上昇せず、国によっては非正規雇用など不安定雇用が増えている。一方、経済発展に伴って生活費は上昇し、高学歴化により子どもの教育に多額の費用がかかる。このために、収入が十分でなく、雇用が不安定な若者たちは、結婚を先延ばしするか諦めざるをえない。こうして、若年雇用の劣化が未婚化、そして少子化をすすめることになる。

日本の若年雇用の現状は、第一章で述べた。日本以外をみると、例えば、韓国では、若年の非正規雇用者や失業者が顕著に増加している。それは、九〇年代後半のＩＭＦ危機や二〇〇八年のグローバル金融危機によって国の経済成長が鈍化したことと、大学進学率が非常に高くなったので高学歴者が自分の学歴に見合う正規雇用の仕事につくことが難しくなったからである。

非正規雇用者の増加は、東アジアよりも早く出生率が低下した欧州諸国でも生じている。だが、EU諸国では、EU指令による同一労働・同一賃金の政策によって正規雇用と非正規雇用の賃金格差が少ない[5]。このために、若年雇用の劣化が出生率低下に与える影響は、欧州よりも東アジア諸国の方が強くあらわれる。

教育（高学歴化、進学競争、教育費）

第二は、東アジア諸国ですすむ急速な高学歴化——それはアジア躍進の原動力である——と、そのための家庭の教育費負担の増加である。高等教育までの教育費の負担が少ない欧州では、これは低出生率の要因として分析されることはほとんどない。アジアにおいて高学歴化は次にあげる三つの経路によって未婚化と少子化をすすめる。

まず、高等教育への進学率が上昇すれば、若者の晩婚化、晩産化がすすむ。それは出生率を低下させる。

また、子どもの教育費負担が重いので、親はもうける子ども数を少なくする。東アジア諸国では、子どもの教育競争は熾烈であり、親は子どもが小さいうちから学習塾等に通わせることも珍しくない。親が子どもの高等教育の学費を負担する傾向もある。中には、よい仕事につくために海外留学も必要とされる国もある。

高学歴化が未婚化・少子化に与える影響は、他の背景要因と組み合わさって強くなる。労働市場で必要とされる数（需要）よりも高学歴者の数（供給）が上回れば、高等教育の卒業者は自分の教育程度に見合う仕事をみつけることができなくなる――これは若年雇用を悪化させる。仕事と子育ての両立が難しければ、女性の高学歴化は結婚・出産の機会費用を高めて、彼女らは結婚・出産を回避するようになる。

仕事と子育ての両立

東アジア諸国においても、母親にとって子育てと他の役割の両立が容易であることは、母親の出生を促すことにつながるとみられる。ここでいう他の役割には、自己実現や個人・夫婦としての生活等も含まれるが、最も問題になるものは仕事役割との両立だろう。既に両立困難仮説については既に詳しく述べているので、ここでは説明を省略する。

東アジア諸国における母親の仕事と子育ての両立は、労働市場、教育、家族と関係している。労働市場をみると、総じて正規雇用者の労働時間が長い。転職や非正規雇用から正規雇用への移動が容易でない国もある。子どもの教育競争が激しいために、親、特に母親が、子どもの学校や塾等のサポートをすることもある。特に儒教の文化的背景をもつ国で、女性が家事や子育ての役割を担うものであるという規範は強い。

ただし、両立困難仮説は、女性側が結婚・出生をあきらめたり、先延ばしにしようとする関係を説明しうるが、男性側のそれを説明できない。

価値観

第二の人口転換論は、個人の自己実現欲求の高まりや、物質主義から脱物質主義への価値観変化が、低出生率等の人口動態変化をもたらした要因であるという。だが、前述のように、東アジア諸国において出生率変化と関係している価値観は、欧州諸国のそれとは異なる。

東アジアにおいて少子化に関係しているとみられる価値観は、次の二つである。第一は、前述したように、人々の間で結婚と出産をつなぐ規範意識および女性が家事や子育ての役割を担うものであるという規範意識が強いことである。

第二は、東アジアでは、依然として物質主義的な価値観が強いことだ。イングルハート（Inglehart 1977）は、自らの調査において、物質主義を生存欲求（経済成長、経済の安定、物価上昇との戦い）と安全欲求（強固な防衛力、犯罪との戦い、秩序の維持）として、脱物質主義を美的・知的（美しい町と自然、思想の自由、言論の自由）、帰属と評価（もっと非人間的でない社会、職場・地域社会でのもっと多くの発言権、政府に対するもっと多くの発言権）として整理している。マズローの欲求段階説をふまえれば、人間は、物質主義の生存欲求と安全欲求が充足されてこそ、脱物質主義的な価値観（の方）を重視するようになる。第二次世界大戦後、安全と豊かな生活を享受した西洋において、物質主義から脱物質主義への価値観変化が起きたというこの説は、ある程度納得できる（この変化が実証されていないと批判されているが）。しかしながら、圧縮された近代を経験したアジア諸国に対して、同じことを単純に当てはめることはできない。[6] 東アジア諸国は、物質主義から脱物質主義への価値観変化の背景にあるとされる経済的な豊かさを、少なくも西洋よりも、享受した期間が短いのである。

いま世界で経済成長率が最も高い地域はアジアである。個人消費は活発であり、国によっては毎年生活水準が劇的に上昇している。この消費活動と経済成長を起こしているのは、脱物質主義の価値観ではなく、物質主義の価値観――もっと稼ぎ、もっとよい生活を手に入れたい――という物質主義的な価値観である。アジアでは子どもの教育競争――親もそれを必死に応援する――が激しいが、それは人々が少しでも所得が高く、安定した、職業的地位の高い仕事につこうとするからである。この物質主義的な価値観は、仕事において高い収入をえて物質的に豊かに暮らすことや、制約の多い結婚生活を避けて独身生活を謳歌することなどにつながる面がある。

なお、筆者は、物質主義的な価値観が脱物質主義的な価値観よりも劣っているとは考えていない。人々の物質主義的な価値観は、国の経済成長と国民の豊かな生活につながる。また、国民の多く（もちろん個人）の価値観は、物質主義から脱物質主義へ一方向かつ不可逆的に変化するものではなく、その逆もありえる。

4-3. アジア諸国が現在置かれている／これまで置かれてきた社会状況

以上の背景要因を生み出しているものが、アジア諸国の社会的な背景である。

そのうち、世界共通のものは、グローバル化により企業の国際競争が激しくなったことである。各国企業は、競争力を高めるために人件費を抑制しようとする。先進国の産業構造が、正規雇用者を多く雇用しやすい工業から非正規雇用者を活用しやすいポスト工業（サービス業、ＩＴ、金融等）に変化したことも、若年雇用の悪化につながった。

アジア固有のものは、圧縮された近代と儒教文化だ。圧縮された近代によって、伝統的な家族規範は残り、物質主義的な価値観が続いている。儒教文化の背景をもつ国では、女性には家庭における伝統的役割――家事や子育てにおける女性の役割――が強く求められる。これが、女性にとって仕事と子育ての両立を難しくする。

各国固有のものとしては、その国の社会構造、労働市場等がある。過去に実施してきた出生抑制策または出生促進策の影響もある。

なお、各国はその社会構造や背景要因にあげた若年雇用や教育等の状況が異なるので、グローバル化等の各国共通の環境変化が

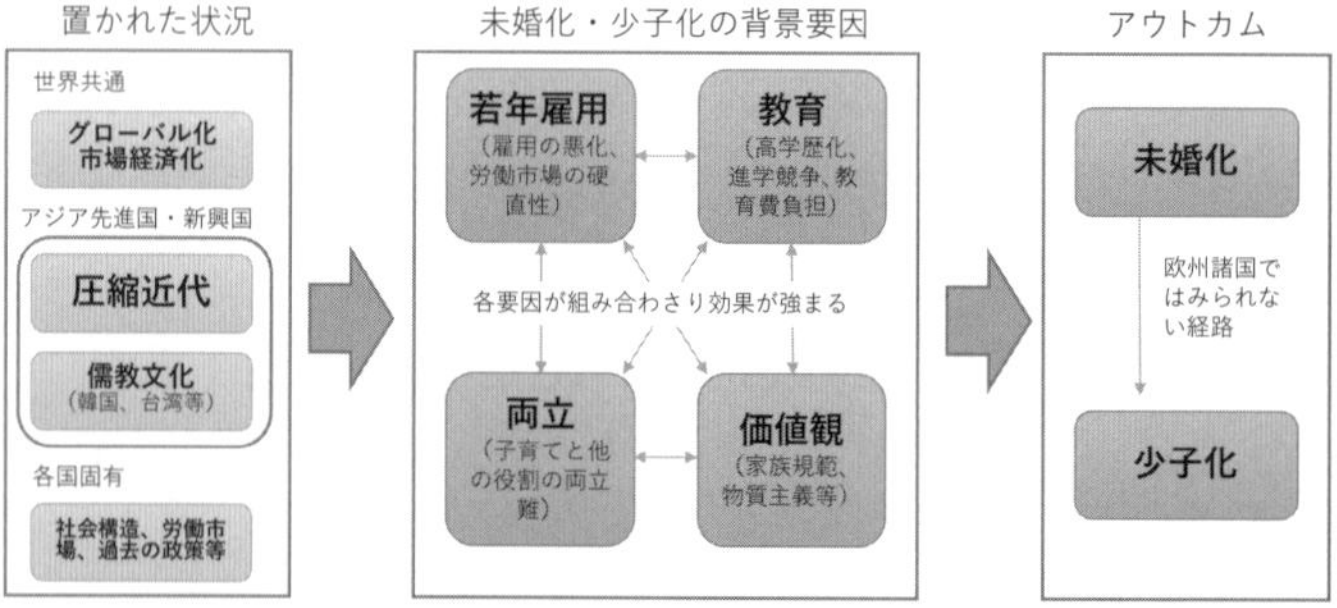

図 5-4　日本と東アジア諸国の少子化を捉える理論枠組み

資料：筆者作成。松田（2020b）より再掲。

出生率変化に影響する程度は国によって異なることになる[7]。

5. 結婚・同棲・子ども数

5-1. 東アジアで少ない同棲

アジア諸国の少子化の背景要因を分析する前に、アジアと欧州の結婚・同棲・子ども数の実態を押さえておこう。

筆者も参加したが、内閣府政策統括官（二〇一一、二〇一六）は、日本、韓国、イギリス、フランス、スウェーデンの二〇～四九歳個人を対象に国際意識調査を実施している。それと別に、筆者らは、シンガポールの同年齢の個人を対象に独自の意識調査を実施した。以下では、この内閣府政策統括官と筆者らの調査結果（松田 二〇一七c）[8]から、各国の結婚・同棲・子ども数の概要をのべる。

各国の回答者の婚姻形態をみると、アジア三カ国は既婚（有配偶）が多く、同棲（調査時点において）は各国とも一％台であった。欧州三カ国は、四分の一から三分の一の人が同棲をしている。つまり、東アジア諸国では、家族形成はもっぱら結婚によって行われている。

同棲がアジアで少なく、欧州で多いことには、次の二つの理由がある。

第一に、第二の人口転換論が説明するように、西洋ではポストモダンの価値観の変化が起こった。これらの国の若者たちは、世俗化された価値観をもち、欧州では宗教の影響下にある伝統的な結婚から解放された自由なカップル関係を志向するようになった。

第二に、欧州諸国の中には、結婚（法律婚）とは別に、同棲するカップルを法的に保護する制度がある。[9] この制度がある国は、それが同棲を普及させる背景にもなっている。

例えば、フランスにはＰＡＣＳ（連帯市民協約）という制度がある。同国では、結婚は教会での挙式を伴うのに対して、ＰＡＣＳは同棲していることを裁判所に届け出るだけで二人の関係が成立する。カップルが離別する場合、結婚している夫婦は裁判を行う必要があるが、ＰＡＣＳのカップルは一方が望めば書類を提出するのみでよい。フランスでは家族全員の所得を合算して所得税を決める「Ｎ分Ｎ乗方式」（後述）という課税方式が適用されているが、結婚した夫婦は直ちにその共同課税の対象になるのに対して、ＰＡＣＳの場合は届出から三年後より共同課税が適用される。ＰＡＣＳの届出をせずに同棲することは、コンキュビナージュと呼ばれる。

スウェーデンでも、結婚は教会等における挙式によって関係が成立するが、サムボ法が定める事実婚にはその要件はない。結婚した夫婦が離別する場合に裁判を行う必要があるが、サムボの場合はそれも不要である。それ以外の面で、結婚とサムボの間の差はほとんどない。

意外であろうが、日本の結婚は、関係の成立と解消がＰＡＣＳ並に簡易でありながら、カップルに対して全面的な法律的保護を与えるものになっている。具体的には、日本では夫婦が結婚する際に必ずしも宗教施設で挙式する必要はない。式をあげなくても、婚姻届を自治体の窓口に提出すれば、結婚は成立する。件数の多い協議離婚であれば、離婚届を自治体に提出するだけで離婚が成立する。

5-2. 子ども数

回答者が欲しい子ども数は、日本が二・二人で、他の国と大きな差はない。しかしながら、「希望する子供数になるまで子供を増やしたい」と答えた割合は、東アジア三カ国が低く（日本四七％、韓国三五％、シンガポール五二％）、欧州三カ国は高い（イギリス七四％、フランス六〇％、スウェーデン六四％）。つまり、東アジア三カ国の人は、人々が欲しい子ども数が欧州三カ国のそれと変わらないものの、欲しい数だけの子どもをもつことはできないと考えている。

6. 四大要因の分析結果

6-1. 結果のポイント

それでは、前述の四大要因を実際に分析した結果を述べよう。筆者らの研究グループは、前述の理論枠組みを用いて、東アジア諸国における少子化の背景要因の研究を行っている。この研究から、日本・韓国・シンガポールを中心に、これまでにえられている分析結果を紹介する。

結論を先にいえば、分析結果のポイントは次の四点である。

①若年雇用の劣化仮説は、これら東アジア三カ国の男性、特に日本と韓国、についてあてはまる。

②教育費の負担が重いことは、日本と韓国において夫婦が子ども数を抑制することにつながってい

る。

③両立困難仮説と整合的な結果は、あまりえられていない。

④価値観については、シンガポール――ひょっとすると日韓にも――の出生率を引き下げている要因でありうる具体的な価値観の候補が抽出された。ただし、データによる裏付けはまだである。

以下、各仮説の具体的な分析結果を示す。

6-2. 若年男性の雇用状況が結婚に強く影響

前述の国際意識調査を用いて分析すると、若年雇用の劣化仮説は、先の六カ国すべての男性においておおむねあてはまっていた (Matsuda 2019, 2020a)。意外かもしれないが、イギリス、フランス、スウェーデンでも、低所得・非正規雇用・無職である男性は結婚または同棲をしにくい。この仮説は日本と韓国の男性において、強くあてはまっていた。女性についてはいずれの国も、雇用と結婚または同棲の関係が不明瞭であった。

具体的な結果は、次のとおりである。第一は、日本と韓国の男性は、正規雇用者よりも非正規雇用者の方が結婚・同棲意欲が低い。欧州三カ国では、そのような関係はみられない。

第二に、日本では初職が非正規雇用者の男性は、正規雇用者よりも、その後に結婚しにくい。これは、フランスの男性も同じであった。

第三に、調査時点の就業形態と結婚の関係をみると、日本・韓国・シンガポールの男性とも、正規雇用者で年収が高い人に比べて、正規雇用者で年収が低い人・非正規雇用者・無職の男性は既婚率が低い。欧州諸国の男性も、正規雇用者の男性の方が、非正規雇用者や無職よりも結婚・同棲していた。

6-3. 教育費の負担が子ども数を減らす

教育についてみると、親の教育費負担が重いことが、日本と韓国において子ども数を減らしていた。具体的には、まず、国際意識調査によると、回答者が欲しい数まで子どもを増やさない・増やせない理由は、アジア諸国と欧州諸国で大きく異なる。日本・韓国・シンガポールで最も多い理由が、「子育てや教育にお金がかかりすぎるから」であった。この理由は第二位の理由（「自分又は配偶者が高年齢で、産むのが嫌だから」）を大きく引き離していた。一方、イギリス、フランス、スウェーデンで最も多い理由は、「自分又は配偶者が高年齢で、産むのが嫌だから」であった。

日本については、他の調査でも、子育てや教育にかかる費用負担が重いことが夫婦の子ども数を少なくする理由であることが明らかになっている（第二章参照）。韓国は日本以上に学歴競争が激しく、子どもが幼少期から塾や英会話等の習い事に通うことも珍しくない。韓国内の研究によると、それにかかる教育費の負担が重いことが、親がもうける子ども数を減らしている（金・裵 二〇二〇）。

統計的処理した研究によっても、日本と韓国において、子育てと教育にかかる費用負担が重いことが欲しい数だけ子どもをもつことを阻害しているという結果がえられている。それに対して、家庭の教育費負担が軽いフランスと、学生がローンを組んで自ら大学の教育費を支払うようなアメリカでは、日韓のような関係はみられない（Nishimura 2020）。

分析した東アジア諸国のうち、シンガポールは、政府が教育に多額の公的支出を行っているので、義務教育から高等教育まで私的な教育費の負担は軽い。後述するが、同国の少子化の理由は教育費負担以外にある。

6-4．両立のしやすさと少子化は強く関係していない

われわれの研究では、日本・韓国・シンガポールにおいて、仕事と子育ての両立のしにくさが少子化に強く関係しているとはいえなかった。

具体的には、まず、前述の国際意識調査では、女性において、夫婦が欲しい数まで子どもを増やさない・増やせない理由として「働きながら子育てができる職場環境がないから」という回答割合は高いものではなかった（日本一九％、韓国一五％、シンガポール一一％）。

次に、日本と韓国の女性就業者においては、欲しい数の子どもをもつことができるかどうかと職場の両立環境（労働時間の長さ、育児短時間勤務、育休、子どもの看護休暇）は関係していなかった（Bae 2020）。

さらに、この仮説どおりなら、男女賃金差が大きい国ほど、出生率が低くなるはずである。なぜなら、両立が難しいために、女性が出産・子育てで離職した場合、女性の賃金は男性のそれよりも低くなるからだ。だが、アジアの男女賃金差を実際に分析した結果よると、その差は日本が最も高く、次いで韓国、台湾の順であった。シンガポールは男女賃金差がなかった（Takenoshita 2020）。想定と異なり、この四カ国のうちで最も男女賃金差が大きい日本が、最も出生率が高かった。

国単位でみれば、日本、韓国、シンガポールとも、過去二〇年ほどの間、女性の両立支援をすすめてきている。昔よりも現在の方が、女性にとって仕事と子育てを両立しやすい。しかしながら、同じ期間に、各国の出生率は低下している。

以上をふまえると、アジア諸国の女性にとって両立の問題が存在するとみられるものの、われわれの研究ではそれが出生率を低迷させているという結果はえられていない。このことは、東アジア諸国では、両立よりも他の三つの背景要因の方が未婚化や少子化に影響を与えていることを示唆する。

6-5. 物質主義的価値観

使用したデータの制約から、われわれの研究は物質主義的価値観と少子化の関係を国際比較するところまでは行っていない。だが、以下にあげるように、物質主義的価値観は低出生力に関係していそうである。

まず、日本については、仕事生活を重視する男女既婚女性は第一子をもうけることが少ない（第二章）。仕事は収入や職業的地位を獲得するものであるから、この結果は、日本において物質主義的価値観が少子化に影響している証拠の一つである。

韓国でも、物質主義的価値観が低出生力に関係していることが既存研究で指摘されている（金・裵二〇二〇）。

シンガポールにおける調査からは、この仮説を洗練させる知見がえられている。シンガポールでは日本以上に学歴格差が賃金格差に直結するので、多くの子どもたちが小学校の頃から激しい勉強の競争を行うことになる。そこに身を置く中で、個人は結婚生活よりも自身のスペック競争（最終学歴、職業的地位）に重きを置き価値観――「トーナメント競争マインドセット」（シム二〇二〇、Sim 2020）――を身につけている。このため、個人は結婚生活よりも自身のスペック競争に重きを置き、それが未婚化・少子化をすすめてしまう。このマインドセットは、同国のみならず、東アジア各国に広まっている可能性がある。

7. 諸外国における少子化対策

7-1. 目的

次に、欧州三カ国（イギリス、フランス、スウェーデン）とアジア二カ国（韓国、シンガポール）の少子化対策をみよう[10]。その際、各国の社会（経済、教育、家族、文化等）と国民負担率（税金・社会保険料）が異なることに注意する必要がある。ここで紹介する欧州三カ国は、西欧と北欧の中で比較的出生率が高い国である。ちなみに、この欧州三カ国は福祉レジームが異なる――イギリスは自由主義レジーム、フランスは保守主義レジーム、スウェーデンは社会民主主義レジームに分類される（Esping-Andersen 1990）。

紙幅の都合上、具体的な施策は、児童手当、育児休業、保育の三点を中心に記述する。個別の国の少子化対策の情報には関心がない読者は、ここを飛ばして読んでも問題はない。次に、各国の国民負担率と子育て支援策の関係を述べる。最後に、諸外国の少子化対策から日本の対策に対する示唆を述べる。

当然のことながら、他の国が実施した少子化対策を、そのまま日本が用いることはできない。諸外国の少子化対策を調べる目的は、他国が実施している対策から日本の少子化対策に対するヒントを導き出すことにある。

7-2. イギリスの少子化対策[11]

特徴

イギリスは、アメリカなど他のアングロ・サクソン諸国とともに、自由主義レジームに分類される。

同国では子どもの養育において家族、とくに女性の役割が重視されてきたため、大陸欧州諸国に比べて出産・育児にかかわる休暇や保育サービスは整備されていない。

子育てを支援する手当

児童手当は、一六歳未満の子どもを養育する者（両親の場合はどちらか片方）を対象として、第一子には週二〇・七ポンド（一ポンド＝一三五・三六円、二〇二〇年一一月五日現在、四週間で約一・一万）、第二子以降は一人につき一三・七ポンドの児童手当が所得制限なしに支給されている。

児童税額控除として、子どもを養育する家庭を対象に、一家庭あたり年五四五ポンド、また子ども一人につき最大で年二、七八〇ポンドの税額控除が適用される。控除額は所得に応じて決まる。勤労税額控除は文字通り就労していることが条件であるが、児童税額控除に就労要件はない。

出産・育児の休業

法定出産休暇は、最長五二週取得可能である（通常出産休暇二六週＋追加出産休暇二六週）。取得するには、雇用契約に基づく労働者であることが必要である。法定出産手当は、最長で三九週支給される。最初の六週は税引き前平均週給の九〇％、残りの三三週は定額（二〇一六年一月現在、週一三九・五八ポンド）または平均週給の九〇％のいずれか低い方が事業主から給付される。受給するには、①出産予定日の一五週前の最終日までに継続して二六週以上雇用されていること、②国民保険の定める最低報酬と同等以上の週給を得ていることが必要である。なお、法定出産手当の受給資格に満たない低所得者や自営業者を対象とした手当が別途存在する。

育休に相当するものが、共同両親休暇（ＳＰＬ）である。法定出産休暇のうち五〇週分を父母が共有し、三期まで分割して柔軟に取得することができる。出産予定日の一五週前の最終日までに継続して二六週以上雇用されており、ＳＰＬ取得中も雇用関係にある人が、この休暇を取得する資格がある。休暇開始後六週間は平均週給の九〇％、以後三三週は法定レート（二〇一七年度で週一四〇・九八ポンド）、もしくは平均週給の九〇％のいずれか低い方）が給付される。

父親は、子どもが出生後五六日目までに一週間ないし連続する二週間の父親休暇を取得できる。休業中は、平均週給の九〇％あるいは法定出産手当と同額の定額給付のいずれか低い方が支給される。

保育サービス

イギリスの就学前教育・保育制度は多様である。わが国と同様に、大きく分けて保育所と幼稚園がある。イギリスでは義務教育が五歳から始まる。日本の保育所に相当するのはデイ・ナーサリー（〇～四歳児が対象）である。このほか、親たちによって自主的に運営されているプレイ・グループ、チャイルド・マインダーによる家庭的保育などがある。就学前学校として、二～四歳児を対象とするナーサリー・スクール、四歳児対象に小学校に併設されているレセプション・クラスがある。

〇～二歳児の場合、三〇％は親が家で子どもの世話をしており、三七％は祖父母を中心とする親族・

家族によるインフォーマルなケアを、四〇％は何らかの正規の保育サービスを受けている（重複含む）。三～四歳児になると大多数が何らかの就学前教育・保育所に通う。すべての三～四歳児に対して、年間五八〇時間分の無償の就学前教育・保育が提供されている。

7-3. フランスの少子化対策(12)

特徴

フランスの子育て支援の最大の特徴は、出生促進を目的とした現金給付を中心とした子育て支援を実施してきたことである。これは、二つの世界大戦の頃から続いている。現金給付は、多子世帯に手厚くなるように設計されている。

フランスは保守主義レジームに位置づけられるが、近年は仕事と家庭の両立、そして、困難を抱える家族の支援も充実させている。その方法は、次項で述べるスウェーデンとは大きく異なり、女性が就業と子育てを「自由選択」できることを目指している。自由選択とは、「子育てをするために家庭内に留まるか労働市場に参加するかの選択は個人の判断に委ね、政府はどちらの選択にも不都合にならない多様な施策の提供を目指す全体的な方針」（千田 二〇一八：三五）である。それは、同国において左右両派が合意可能な一致点であったとされる。

子育てを支援する手当

子育てに関連する現金給付は、とにかく手厚い。家族手当は、二〇歳未満の子どもが二人以上いる世帯に毎月支給される。具体的な金額は、子二人目一二九・四七ユーロ（一ユーロ＝一二二・四円、二〇二〇年一一月五日現在）、子三人目二九六・三五ユーロ、以降一人増すごとに一六五・八八ユーロが支給される。加えて、一四歳以上の子どもについては、一人あたり六四・七四ユーロの加算がある。従来家族手当は所得階層にかかわらず支給されていたが、二〇一五年以降、高所得者は減額支給されるようになった。

家族補足手当（多子手当）は、三歳から二一歳未満の子どもを三人以上扶養している場合に支給される（所得要件あり）。支給月額は、中所得層は一六八・五二ユーロである。

新学年手当は、六歳から一八歳までの学齢期の子どもがいる世帯に支給される（所得要件あり）。子一人あたり、年齢によって以下の額が支給される。六～一〇歳は三六三・〇〇ユーロ、一一～一四歳は三八三・〇三ユーロ、一五～一八歳は三九六・二九ユーロである。

フランスの子育て世帯の平均年収は、日本の約六割である（松田二〇一三）[13]。これをふまえると、フランスの現金給付は子育て世帯にとって大きな支援といえる。

自由選択の手当

フランスの制度を特徴づけるのが、自由選択の仕組みである。「乳幼児受入手当」は、三歳までの乳幼児を扶養する世帯を対象としており、①出産・養子手当、②基礎手当、③就業自由選択補足手当、④保育方法自由選択補足手当の四つの手当からなる。

出産手当は妊娠七カ月に支給される手当（所得要件あり）であり、子一人あたり九二七・七一ユーロが支給される。

基礎手当は、子どもの誕生月から三歳になるまで毎月支給される（所得要件あり）。支給月額は一世帯あたり一八五・五四ユーロである。ただし、基礎手当と家族補足手当（多子手当）を同時に受給することはできない。

就業自由選択補足手当は、三歳未満の子どもの養育のために保護者が就労を完全にまたは一部中断している世帯に対して、毎月支給される。例えば、一〇〇％就業中断の場合、基礎手当を受給していなければ五七九・一三ユーロ、受給していれば三九二・四八ユーロである。これは、二〇一四年後半から「子ども教育共有給付」に変更された。新たな給付では、子ども一人で両親がいる場合に子どもが一歳になるまで、それぞれの親に六カ月ずつ給付期間がもうけられている。同子ども二人以降の場合、末子が三歳になるまでの間、親それぞれに二四カ月間まで支給される。

保育方法自由選択補足手当は、六歳未満の子どもを扶養する世帯が認定保育ママを個人的に雇用した場合等に、当該保育者の雇用にかかわる賃金や社会保険料の一部を補てんすることを目的として、毎月支給される。これによって、保育所との負担格差が縮小されるため、保護者はより自由に保育方法を選択することができる。

N分N乗方式の課税

フランスの所得への課税は、家族を単位とし、子どもの数が多いほど有利なN分N乗方式をとっている。同じ所得の場合、家族が多いほど税負担が緩和される効果を生む。

出産・育児の休業

出産休暇は、第一子もしくは第二子出産の場合は産前六週産後一〇週、第三子以降出産の場合は産前八週産後一八週取得できる（所得保障：賃金の手取り基礎日額一〇〇％）。

父親休暇は、子の誕生後四カ月以内に連続して最長一一日取得できる（所得保障：賃金の手取り基礎日額一〇〇％）。父親の出産休暇（三日）と合わせると二週間休むことができる。

育児休暇は、一人目の場合、子が一歳の誕生日を迎えるまでの一年間取得できる（ただし、親一人あたりが取得できるのは最長六カ月間）。二人目以降の場合、子が三歳の誕生日を迎えるまでの三年間（ただし、親一人あたりが取得できるのは最長二年間）取得できる。(14) 休業期間中は、子ども教育共有給付（前述）の所得保障が受けられる。

保育・幼児教育

フランスでは、三歳児のほぼ全員が保育学校（無償。資料によっては幼稚園と訳されている）へ通う。三歳未満の保育サービスには、保育所、保育ママ、一時保育がある。

二〇〇二年時点であるが、生後四カ月から二歳半までの子どもの保育方法をみると、親（一方の親は不就労）が五〇％、保育ママ（無認可を含む）が二一％、親が一一％、保育所（家庭保育所を含む）が一〇％などとなっている。意外かもしれないが、二〇〇〇年代はじめに半数以上の子が親によって保育をされており、保育ママや保育所は少数派であった。三歳未満の保育供給は欧州議会が目標とする「児童数の三分の一」はクリアしているものの、需要が多い保育所に関しては供給が不足しているので、保育ママ（ベビーシッター）を利用する人、両親自ら世話をしているケースが少なくない。

大家族カード

大家族カードとは、多子世帯を応援するユニークな制度である。このカードは、一八歳未満の子を三人以上養育しているフランス居住者（フランス人、EU・EFTA加盟国民又は合法的に居住する外国人）はカードをもつことができる。カードを所有していると、鉄道料金、住宅設備、生活消費財・サービス、レジャー・スポーツ・文化等において、末子が一八歳になるまで父母とその子どもは料金の割引を受けられる。

7−4. スウェーデンの少子化対策⑮

特徴

スウェーデンの子育て支援は、子どもの福祉を主眼において、生育環境による格差の是正と教育の機会均等を目指してきた。同国の子育て支援施策の枠組みは、①現金給付制度（生活保障）、②経済的負担の軽減措置（保育の公教育化）、③その他の支援施策（周産期医療・学校教育の無償化）、の三つである。同国は、国民負担率が高いが、還元される社会保障水準も高いことが特徴である。注目される主な制度は、次のとおりである。

現金給付制度

児童手当は、親の所得水準にかかわらず、一六歳未満の全ての子どもを支給対象としている。支給額は、子ども一人あたり月額一、〇五〇クローナ（一クローナ＝一一・八六円、二〇二〇年一一月五日現在）である。子ども数が増えると加算される――子どもが二人の場合は一五〇クローナ、三人では六〇四クローナ、四人では一、六一四クローナなど。したがって、子どもが三人いる家庭の児童手当は、月額三、七五四クローナ（約四・五万円）になる。一六歳以上の子どもには、高校に通っている間（二〇歳を迎えた春学期まで）、児童手当と同額の就学手当が支給される。

住宅手当は、子育て家族の生活支援施策の中核として位置づけられている。所得制限があるものの、賃貸か持ち家かにかかわらず支給される。対象は一八歳（成人）未満の子どものいる世帯と一八〜二八歳の若年世帯である（所得制限あり）。

親休業法と親保険制度

働く親は、子どもが一歳半に達するまで休職する権利と、八歳になるまで所定労働時間を最大二五％短縮して、短時間勤務で働く権利が保障されている。

育児休業給付金の給付期間は、子ども一人につき四八〇労働日である（二〇一四年以降の出生児については、そのうち九六日間を子どもが四歳から一二歳に達するまでの間に取得できる）。出産予定日までに二四〇日間以上継続して働いた場合、三九〇日分は所得の約八〇％（上限あり）が保障されている。同二四〇日未満又は年間就労所得が一一七、五九〇クローナ未満の場合（未就労者、失業者、学生含む）は日額二五〇クローナ（月約一〇万円）が支給される。残る九〇日間分は、日額一律一八〇クローナが保障される。先の三九〇日間のうち、相手に譲渡できない期間が両親それぞれに九〇日割り当てられている（父親に割り当てられた期間は「父親の月」と称される）。子どもが一歳を迎えるまで三〇日間、両親同時に育休を取得できる。これらは、出産予定日の一〇日前（出産前は母親のみ対象）から一二歳に達するまで時間単位で分割取得できる[16]。

妊婦でない方の親（多くの場合は父親）の出産休暇に対して、「出産手当金」が給付され、所得の約八〇％が保障される。

第一子出産後三〇カ月以内に第二子を出産すると、第二子の育児休業中の 育児休業給付金を第一子の際と同額分受給できる「スピード・プレミアム制度」がある。

学校　教育費の無償化と公教育の一環としての公的保育

子育てにかかる経済的負担のための重要な施策の一つが、基礎学校（小学校と中学校に相当する義務教育）から大学までの学費の無償化である。

同国では、一般的に子どもは高校卒業と同時に親の扶養を外れる。大学生の大半は、国の就学支援金（返済不要）と就学ローンを生活費に充て自活する。

保　育

就学前児童を対象とした主な保育施設は、「就学前学校」と「家庭保育所」である。就学前学校は、就労中の親をもつ一～五歳児を対象とする最も一般的な保育施設である（〇歳児の保育はない）。家庭保育所は、コミューンの委託を受けたいわゆる保育ママが、通常五、六人の子どもを自宅（または施設）で預かる制度である。この制度を改定した「複数家族システム」（利用者家族が協同で子ども五、六人をいずれかの自宅でコミューンより派遣されるケア・パーソンに保育を委託する形態）もある。

全ての子どもに公的保育を受ける権利を保障すべきという考えから、失業中あるいは育児休業中や就学中の親をもつ子どもも就学前学校（保育所）に通う権利が与えられている。

保育を公教育の一環と位置づけており、三～五歳児は、一日三時間（年間五二五時間）の保育が無償化されている。

7-5．韓国の少子化対策(17)

特徴

韓国は、一九六〇年代から九〇年代まで出生抑制策をしていた。少子化対策が開始されたのは二〇〇〇年代に入ってからである。少子化対策は保育と両立支援、つまり共働き世帯に対する支援を中心にすすめられてきた――この点は日本に似ている。特に保育支援は手厚く、一時期は少子化対策の予算の大半が保育支援に費やされていた。

既存研究では、韓国内では出生率低下の背景に、①若年層の雇用・生活が不安定であること、②学歴競争が激しいために家庭の養育費・教育費の負担が重いこと、③女性が仕事と子育てを両立しにくい就業環境等があることが指摘されている。同国の少子化対策は、このうち③に重点的に対処してきた。

少子化対策の経緯

韓国では、日本よりも遅れて一九六〇年代にベビーブーム（この時期の出生率は六台）となり人口が急増した。その後、韓国政府は経済成長のために出生抑制策を行い、一九八〇年代には三以下に低下した。一九八〇年代末までに出生率を人口置換水準まで低下させることを目標として、出生抑制策は続けられた。一九八三年に出生率は人口置換水準まで低下したが、その後も出生抑制策は継続された。一九九七年の経済危機から二〇〇〇年代に入るまでの間は、少子化よりも大量失業と貧困への対策が優先課題であった。二〇〇〇年代に少子高齢化による年金財政の問題が浮上したことをきっかけに、韓国は少子化対策を開始した。そのときの出生率は一・一七であった。

以上からわかるように、同国が欧州三カ国と大きく異なるのは、出生率が人口置換水準を割り込んだ時点まで出生抑制策を継続していたことである。

二〇〇〇年代半ば以降、韓国は「第一次低出産高齢社会基本計画」(二〇〇六〜二〇一〇年)、「第二次低出産高齢社会基本計画」(二〇一一〜二〇一五年)、「第三次低出産高齢社会基本計画」(二〇一六年〜)という三つの基本計画のもとで少子化対策を行ってきた。具体的には、第一次の計画では、主に低所得者層を対象とした住宅支援・養育費負担軽減・貧困児童の支援等が行われている。第二次の計画は、漸進的な出生率の回復を目標として、保育支援中心から仕事と家庭の両立などの総合的アプローチに変更した。政策の主な対象は、低所得世帯中心から共働きなどの働く家庭へと変更された。具体的には、仕事と家庭の両立の日常化、結婚・出産・養育負担の軽減等の施策が拡充された。中でも、最も重点的に行われたものが、保育料・幼児教育費への支援であった。第三次の計画は、晩婚化の緩和や、共働き世帯の出生率向上等のための取り組みがなされている。以上のように、韓国は、少子化対策として日本と同様に保育所の充実と両立支援を行ってきたといえる。

児童手当

二〇一九年一月から、満六歳未満のすべての子どもを対象に月一〇万ウォン（約一万円）の児童手当を支給されるようになった。それまで、児童手当はなかった。

育児休業

育児休業は、満八歳までの期間中に、自由に時期と期間を定めて一年まで（共働き世帯の場合、夫婦合わせて最長二年）取得できる。休業中に、休業前賃金の四〇％が支給される。

二〇一四年一〇月から、男性の育児休業取得促進の観点から「父親の月」制度が導入された。これは、二番目に育児休業を取得した人の初めの一カ月間は、休業前賃金の一〇〇％（上限一五〇万ウォン）を支給するものである。

配偶者が出産した場合、出産日から三日は有給で休暇が取得でき、さらに無給で二日の休暇が認められている。

保育

韓国の保育・幼児教育施設は、日本のように、保育所、家庭的保育、幼稚園等から構成されている。

二〇一三年から、〇~五歳児を対象に所得水準に関係なく、完全無償教育が実施されている。

保育所や幼稚園などの施設を利用せず、家庭で子育てを行っている人にも、親の負担を軽減して施設を利用する児童との公平性を保つために、家庭保育手当支援制度という現金給付を行っている(二〇〇九年七月から)。二〇一一年度からは、その支援年齢を従来の二四カ月未満から三六カ月未満へ拡大し、支援金額も月一〇万ウォンから一〇~二〇万ウォンへ引き上げた。

7-6. シンガポールの少子化対策(18)

特徴

シンガポールは東京特別区ほどの大きさに五〇〇万人以上の人が住む都市国家である。日本に比べて、政府の力が強い。シンガポールは少子化であるものの、大規模に外国人労働者を活用することによって、労働力不足の問題に対処することができている。

同国も、韓国と同様に、近年まで出生抑制策を継続していた。現在は明確な結婚支援・出生促進策を行っている。

建国以来、経済成長が重視されており、経済成長を阻害するような両立支援策は行われていない。例えば、スウェーデンなどにみられる長期間の育児休業等は実施していない。

少子化対策の経緯

シンガポールの人口政策は次の三つの時期に分けられる。

出生抑制政策（一九六五〜八三）：同国政府は、過剰人口が住宅不足や食糧難などを引き起こすことを懸念して、出生抑制策——晩婚化と二人っ子を奨励するキャンペーン、中絶や不妊治療を奨励するインセンティブなど——を実施した。この政策によって出生率は一九七〇年代半ばに人口置換水準を下回るまでに低下した。その後も、これらの政策は継続された。

優生学を背景とした出産奨励政策（一九八四〜八六）：八三年に当時のリー・クアン・ユー首相が、演説において高学歴女性で出生率が低いことに言及した。それは、子どもの知能は母親からの遺伝によるために、次世代の人材確保のため、国が高学歴女性の出産を促進する政策を行う必要があるというものであった。これが、出生抑制策から出生促進策への転機となった。具体的な政策として、大卒の独身公務員を対象とした結婚支援サービスなど、高学歴女性の結婚・出産を優遇する政策が実施された。

出生促進政策（一九八七〜現在）：出生率はその後も低下したことにより、同国は政策を出生促進策に転換した。それまでの子どもは「二人まで（"Stop at two"）」に代わって、「三人、可能ならさらに（"Have three, or more if you can afford it"）」というスローガンが打ち出されて、後述するさまざまな結婚・出生促進策が実施された。こうした出生促進策は、現在も継続されている。以下に主な施策をあげる。

結婚支援

シンガポールは、世界で初めて少子化対策として結婚支援を開始した国である。Social Development Networkという組織が独身者に出会いの機会を提供する事業を行っている。

住宅支援

住宅支援は、主要な結婚・育児支援の一つに位置づけられている。同国では、HDB（公団住宅）が大半の住宅（基本的に団地）を供給している。HDBは、婚約した夫婦、親の近くの住宅を希望する子女、三人以上の子どもがいる親等に優先的に入居する権利を与えている。住宅を取得するための助成金もある。筆者はHDBのモデル住宅を見学したことがあるが、部屋は広く、核シェルターが備えつけられていた。

保育・養育支援

ベビーボーナス：対象となる子どもはシンガポール人であり、親が法的に結婚していなければならない。ベビーボーナスの支給額は、第一子と二子が六、〇〇〇S$（シンガポールドル）（約四六万円。一S$＝七七・二六円、二〇二〇年一一月二〇日現在）、第三子と四子が八、〇〇〇S$である。

ベビーボーナス子ども育成口座：子ども育成口座に預金された額と同額を、政府が支給する。支給額は、第一子・二子六、〇〇〇S$、第三子・四子一二、〇〇〇S$、第五子以上に一八、〇〇〇S$である。
この他に、保護者税払戻し制度などもある。

改良型出産給付と休業制度

出産休業：有給出産休業は一六週で、最初の八週は企業負担、残りの八週は政府負担である。第三子以降の場合、一六週分を政府が負担する。政府負担による一回の出産あたりの支給上限額は、第一子・二子は二〇、〇〇〇S$、第三子・四子は四〇、〇〇〇S$である。出産前八週分は、出産後一二月の間に自由に使用できる。

父親育児休業：有給父親休業は一週間で、子どもが生まれてから一六週間以内に取ることができる。政府負担の上限は二、五〇〇S$。

保　育

就学前の教育・保育施設として、幼稚園とチャイルドケアセンター（保育所）がある。

幼稚園は、四歳から六歳までの子どもを預かって一日三～四時間の教育を行うが、三歳児を預かるナーサリー・クラスもある。就労する保護者のために、預かり保育もある。

チャイルドケアセンターは、生後二カ月から一八カ月までの子どもを預かるインファント・ケアと二カ月月から六歳までの子どもを預かるチャイルドケアがある。保護者の働く状況に合わせ、フルタイム、半日、フレキシブルという保育形態がある。
五世帯に一世帯は、外国人家事労働者を雇用しており、彼らが家事・育児等を担っている。

7-7. 家族関係社会支出と国民負担率

次に、各国が少子化対策にどの程度の総予算を投じているか――つまり少子化対策の〈総量〉の面――を比較しよう。家族関係社会支出には、現金給付（出産・児童の手当等）と現物給付（保育所運営費、育児休業給付、出産や教育の扶助、児童保護費等）が含まれる。これは、その国が少子化対策に投じているおおよその総支出をあらわす。各国の家族関係社会支出の対GDP比をみると、出生率が低い日本と韓国は一％台前半（日本は、幼児教育無償化によって、二〇二〇年に約一・九％に上昇した）、シンガポールは〇・〇一％であるのに対して、出生率が比較的高いイギリス・フランス・スウェーデンは三％前後である（表5-1）。

欧州三カ国は、国によって現金給付と現物給付の比率が大きく異なる。イギリスは現金給付の割合が六五％と高く、逆に、スウェーデンは現物給付が六一％と高い。フランスはその中間である。ここには、前述した各国が何に力を入れて少子化対策をしているかがあらわれている。日本の現金給付と現物給付のバランスは、フランスのそれに近い。韓国は、現物給付が八割以上を占める。

世の中には、現金給付は子どものために使われないから、少子化対策は現金給付よりも現物給付と

表 5-1　各国の家族関係社会支出の対 GDP 比と国民負担率

	家族関係社会支出の対 GDP 比 （　）は合計に占める現金給付と現物給付のそれぞれの割合			国民負担率
	現金給付	現物給付	現金給付と現物給付の合計	
日　本	0.7（54%） （2020 年　0.6）	0.6（46%） （2020 年　1.3）	1.3 （2020 年　1.9）	42.8%
韓　国	0.2（17%）	1.0（83%）	1.2	39.2%
シンガポール	−	−	0.0	−
イギリス	2.2（65%）	1.2（35%）	3.4	46.9%
フランス	1.5（52%）	1.4（48%）	2.9	67.2%
スウェーデン	1.4（39%）	2.2（61%）	3.6	58.8%

注：家族関係社会支出は、シンガポールが 2011 年、それ以外は 2015 年の値。国民負担率は 2016 年の値。

資料：OECD Stat. Social Expenditure-Aggregated data（https://stats.oecd.org/Index.aspx?DataSetCode=SOCX_AGG#　2020 年 5 月 4 日アクセス）と World Social Protection Report 2014/15（https://www.ilo.org/global/about-the-ilo/multimedia/maps-and-charts/WCMS_244644/lang--en/index.htm　2020 年 5 月 14 日アクセス）から、財務省 HP、負担率に関する資料（https://www.mof.go.jp/tax_policy/summary/condition/a04.htm　2020 年 5 月 4 日アクセス）。日本の 2020 年の家族関係社会支出は、『選択する未来 2.0 中間報告参考資料　2020 年 7 月 1 日』から。

して実施すべきと主張する研究がある[19]。だが、大切なことは、現金給付と現物給付のバランスよりも、現金給付であろうが現物給付であろうが、その国にとって必要な少子化対策に十分なお金をかけて実施することが高い出生率を維持するために必要であるということだ。

各国は、家族関係社会支出を無制限に増やすことはできない。なぜなら、家族関係社会支出は、国民が負担する税や社会保険料によってまかなわれているからである。国民所得に対する国民の税と社会保障の負担の比率を「国民負担率」という。それが高いということは、その国の国民が支払う税や社会保険料の負担が重いことになる。家族関係社会支出が一%台である日韓よりも、同三%前後の欧州三カ国では国民負担率が高い――最も低いイギリスは四六・九％、最も高いフランスは六七・二％である。日韓の家族関係社会支出が低い（低かった）大きな理由は、国民負担率が低いことにもある。各国が家族関係社会支出にどれだけお金を投じられるかは、その国の国民がどれだけ税・社会保険料を負担できるかにある程度依存している。

7-8. 諸外国の少子化対策からの示唆

少子化対策全般について

前述した諸外国の事例は、わが国の少子化対策に対してさまざまな示唆を与える。その具体的なポイントは、次のとおりである。

第一に、出生率を回復させるには、少子化対策に十分なお金を投じる必要があるということだ。欧州三カ国は、二〇一九年までの日本や韓国の実に二・五倍前後もの金額を少子化対策にかけていた。シンガポールは、教育への投資が充実しているが、子育て支援に対する支出の総額は非常に少ない。出生率を比較的高く維持している欧州三カ国と出生率が低迷するアジア三カ国の少子化対策の最大の違いは、その〈総額〉にある。

充実した少子化対策をするためには、国民が多くの税・社会保険料を支払うことが求められる。[20] これは、国は国民から税・社会保険料を集めて、それを子どもとその子どもを育てる家庭に現金給付・

現物給付のかたちで支給していることになる。すなわち、子どもをもうけない人は相対的に多くの税・社会保険料を負担して、子育てをする人の税・社会保険料は実質的に低くなっている。

第二に、現金給付と現物給付の比率、および具体的な施策は、国ごとにかなり異なる。これが示すのは、それぞれの国家のあり方の中で、自国において少子化の背景要因になっていることを解決するために、現金給付であれ現物給付であれ、有効な施策を実施することが大切であるということだ。

第三に、韓国とシンガポールの出生率の低さには、両国が近年まで出生抑制策をとっていたことも影響している。出生抑制策は成功して、出生率は低下した。今はその出生率を回復基調に戻そうとしている。両国の事例は、出生率のトレンドをマイナスからプラスに転換させることは、相当な時間と政策的取り組みが必要になることを物語る。

既述のとおり、韓国とシンガポールにおける少子化の背景要因には、若年雇用、激しい教育競争とそれにかかる教育費負担、物質主義的価値観等があった。それに対して、近年韓国は少子化対策に力を入れているものの、それは保育所の充実を中心に女性の両立支援に重点を置いたものである。シンガポール政府は、結婚支援、出産・子育ての経済的支援、住宅支援などを充実させているが、同国の未婚化・少子化の背景要因に十分対処できていないようである――具体的には、教育競争とその後のキャリア競争は激しい上、それがトーナメント競争マインドセットを作り出しているとみられるが、これらに対する対応は十分とはいえないだろう。つまり、アジア二カ国の少子化の背景には、実施している少子化対策と少子化の背景要因との間のミスマッチが少なからずあるといえる。

個別施策について

各国の個別施策からも多くの示唆がえられる。

長らく人口増加に取り組んできたフランスの施策の中には、いくつか注目すべきことがある。まず、多くの子どもを産み育てる家庭を経済的に手厚く支援する施策（児童手当や税制）をしてきた。多子世帯を手厚く支援する大家族カードも発行されている。また、就業と子育ての「自由選択」という考え方と制度は、幅広い子育て家庭を支援する方法として参考になりそうである。

欧州三カ国の保育・幼児教育をみると、ほぼすべての幼児は保育所または幼稚園等に通っており、対象年齢や時間等に違いはあるものの幼児教育費は無償化されている。意外に思うかもしれないが、〇～二歳児の多くは、親（育休の利用者を含む）、親族、保育ママによって保育されている。つまり、家庭的な環境で保育がなされており、決して施設保育が主流ではない。これには保育に使う公費が少なくてすむという副次的効果がある。[21]

日本と比べると、スウェーデンとフランスの育休の期間は長く、イギリスのそれは短い。同じく、育休中の所得保障額はスウェーデンが高く、イギリスとフランスが低い。

未婚化が少子化をもたらしていることを問題視するシンガポールは、世界ではじめて政府による結婚支援を開始した国である。

8. 国際比較から日本への示唆

日本と東アジア諸国は、ある程度共通する少子化の特徴とその背景をもち、いま欧州諸国よりも総じて出生率が低い。アジアでは急速な未婚化が進行しており、それに夫婦がもうける子ども数が減少したことも加わって、低出生率になっている。

日本を含む東アジア諸国が出生率を回復させるためには、これら諸国において出生率を引き下げている強い背景要因――それは欧州諸国のそれと大きく異なるものである――にフォーカスした対策を打つ必要がある。欧州において効果をあげた施策を、社会的文脈が大きく異なる東アジア諸国にそのまま適用することはできない。日本とアジア諸国が特にフォーカスすべき背景要因は、①若年雇用、②激しい教育競争とそれにかかる教育費、③女性にとっての仕事と子育ての両立、④物質主義的でスペック競争志向の価値観、である。本章の分析の結果、このうち、特に①と②は未婚化・少子化をもたらす影響が強いことが実証的に明らかになった。

諸外国の少子化対策から、わが国に対していくつもの示唆がえられた。まず、出生率を回復させるには、必要な少子化対策に十分なお金を投じる必要がある。このときに大切なことは、その国において少子化の背景要因になっている問題を解決するための施策を行うことである。現金給付であれ現物給付であれ、必要な政策を実施することが大切である。このとき、どこまで充実した少子化対策を実施することができるかは、その国民がどれだけ多くの税・社会保険料を支払うことができるかを納得できるかにある程度依存している。

諸外国が行っている具体的な少子化対策から、わが国が参考にできることがある。ただし、諸外国の取り組みにヒントをえて、それを日本流にアレンジして実施することが必要になる。前章までの分析結果を念頭におくと、フランスが行っている、①多くの子どもを産み育てる家庭を経済的に手厚く支援する施策、②就業と子育ての「自由選択」という考え方と制度は、参考になりそうである。

東アジア諸国の中で、日本の出生率がこれでもまだ高い方であるのは、日本女性の出産・学歴・就業パターンが多様であり、未婚者がいる一方、子どもを第二子、三子以上育てる女性の数が大きく減っていないからであった。これは、結婚や子育てよりも自分のキャリアや私生活を重視する女性（男性も）がいる一方、結婚や子育ての生活の方を重視する女性（夫婦）もいるからだ。ある意味、これは個人と夫婦にとって、ある程度自由な選択をしている面があるともいえる。先のフランスの制度設計（前述の①と②）は、日本の結婚・出生のパターンが既に多様であることに合っており、その上で出生率を引き上げる方法になりうる。

最後に、韓国とシンガポールも近年少子化対策を拡充しているが、残念なことにまだ両国の出生率が回復する兆しはみられない。その理由は、両国が実施している少子化対策と少子化の実際の背景要因との間のミスマッチがあるためとみられる。少子化対策は、その国の少子化の背景要因に対して包括的にアプローチしてこそ、効果をあげるものであろう。

それでは、わが国はこれまでどのような少子化対策を行ってきたのだろうか。何か問題はなかっただろうか。それを次章で述べよう。

〈注〉

（1）村上芽「『小さな奇跡』と評されたドイツ、裏側に外国人出生率の急上昇」日経 GIZ Gate 掲載記事（https://bizgate.nikkei.co.jp/article/DGXMZO4495934017052019000000?channel=DF030420194957&page=2　二〇二〇年六月一〇日アクセス）

（2）この点は、あくまでも Tsuya et al.（2019）を読んでの筆者の理解である。

（3）本書において、理論とは複数の因果関係のセットになっているものとする。

（4）その根拠として、日本における若年層における同棲や婚前妊娠の増加、離婚率の上昇等をあげる。日本・韓国・シンガポールでは、女性の価値観がリベラルであることと晩産化は関係しているともいう（Lesthaeghe 2010）。

（5）日本では、パートタイム・有期雇用労働法により、二〇二〇年四月（中小企業は一年遅れて）から正規雇用者と非正規雇用者の不合理な待遇差が禁止された。

（6）例えば、近年の日本人の価値観変化も、ポストモダニズムの変化に合致しない（太郎丸二〇一六）。

（7）日本とアジアの家族の変化について、佐藤嘉倫（二〇一八）は、グローバルな変化（近代化、産業化、グローバル化等）が、各社会の家族を取り巻く状況に直接的に影響するわけではないという。グローバルな変化は、各社会のローカルな制度というフィルターを通じて、家族を取り巻く環境に影響を及ぼす。このため、同じグローバルな変化に晒されていても、各社会での家族の変化は固有の社会現象となる。

（8）ここで紹介する調査結果は、韓国は二〇一〇年、シンガポールは二〇一六年、それ以外は二〇一五年のものである。

（9）この詳細およびこれを記述するにあたって参考にした文献は、内閣府政策統括官（二〇一一）に書いた筆者の論文を参照のこと。

(10) 厳密にいえば、出生率が人口置換水準に近い欧州諸国の政策を、少子化対策ではなく、子育て支援や家族政策等と呼ぶ方が適切だろう。だが、本書は文章を平易にするために、それらの政策も少子化対策と称する。

(11) 大石(二〇一六)と樋口英夫「イギリスの育児休業制度および両立支援策」『フォーカス二〇一八年一二月』労働施策研究・研修機構の情報をもとに、筆者の視点でイギリスの子育て支援を記述している。

(12) 柳沢(二〇〇七)、西村(二〇一六)、泉他(二〇一七)、千田(二〇一八)をもとに記述。

(13) この分析をしたときよりも、現在は円安になっている。それを考慮してここで示した割合を算出。

(14) 二〇一五年以前に生まれた子については、父親、母親のいずれかが一年間取得できて、子が三歳になるまで延長が可能であった。

(15) 高橋(二〇一六)をもとに記述。

(16) スウェーデンは、男性が民間企業、女性が保育や介護分野等の公務員の職につくことが多い(筒井 二〇一五)。女性にとって仕事と子育てを両立しやすいが、男女職域分離という問題が発生している。男女の職域が分離しているからこそ、充実した両立支援を行うことができるのだともいえる。

(17) 松江(二〇〇九)、裵(二〇一四)、韓・相馬(二〇一六)、崔(二〇一八)、金(二〇一九)をもとに記述。

(18) Jones and Hamid (2015)、自治体国際化協会シンガポール事務所(二〇一五)、埋橋(二〇一六)をもとに記述。二〇一四年に筆者が共同研究者とともに同国を訪問して、National Population and Talent Division および現地の研究者と意見交換をした結果もふまえて、同国の少子化対策の特徴を記述した。

(19) 詳しくは松田(二〇一三)参照。また、例えば、元木ら(二〇一六)は、OECD諸国の国を単位として分析すると、年少人口割合を調整した二〇一一年家族関係社会支出の現物給付と同年出生率の間に有意な偏相関があるが、現金給付についてはこの偏相関は有意ではないという。他の研究者も同様の分析を行っている。だが、これは因果関係だろうか。

(20) 国が高い経済成長を維持し続けることによって増加する法人税収により少子化対策を充実させる方法や、高齢者福祉は大幅に抑制するなどの方法をとれば、国民負担率が低いままで手厚い少子化対策を行うことができるかもしれない。だが、それらは実現可能性が低いものだろう。

(21) 内閣府「少子化克服戦略会議」(二〇一九年)で、ヒアリングに参加した有識者からこのような見解が示されている。

第6章　日本の少子化対策
――その特徴と問題点

1. どのような少子化対策がなされてきたか

ここまでに述べてきたとおり、わが国の少子化は、直接には未婚化の進行と夫婦の子ども数の減少によってもたらされている。そして、未婚化の主な背景要因は、若年雇用の劣化、それも影響しての職縁結婚の減少である。夫婦が希望する数だけ子どもをもてない最大の理由は、子育て・教育にかかる経済的負担の重さである。就業形態別にみると、専業主婦世帯に比べて、妻が正規雇用者または非正規雇用者の世帯は、子どもを（もう一人）もうけることが少ない。個人の仕事重視や家庭生活重視の価値観および性別役割分業意識も、結婚・出生に影響を与えている。地方から首都圏等へ若者が移動することは、日本全体の出生率を低迷させることにつながっていた。以上からいえることは、わが国の少子化の背景は、かなり多面的であるということだ。

低下する出生率に対して、政府は手をこまねいてきたわけではない。少子化対策は一九九〇年代半ばから約四半世紀の間行われてきている。だが、残念なことに、わが国の出生率は、少子化を問題として認識した一・五七ショックのときの水準を下回り続けている。少子化対策を実施してきたはずであるのに、どうして出生率は回復しないのだろうか。

本章では、わが国でこれまで実施してきた少子化対策を振り返る。それを知ることによって、なぜ従来の少子化対策によって出生率が回復しなかったのかが明らかになる。その理由をふまえた上で、出生率を回復させるために新規に実施または拡充すべき少子化対策の方向性を論じる。

2. 少子化対策の経緯と特徴(1)

2-1. 第I期──一九九〇年代：保育対策中心

これまでのわが国の少子化対策は、以下にあげる三つの時期に分けると理解しやすい。これは、筆者独自の分け方である。

第I期の特徴は次のとおりである。

わが国の少子化対策は、九四年「今後の子育て支援のための施策の基本的方向について」(エンゼルプラン)からはじまった。このプランには、少子化の背景要因として、女性の職場進出と子育てと仕事の両立の難しさ、育児の心理的・肉体的負担、住宅事情と出生動向、教育費等の子育てコストの増大があるという認識が示されている。その上で、子育て支援のために、「子育てと仕事の両立支援の推進」

「家庭における子育て支援」「子育てのための住宅及び生活環境の整備」「ゆとりある教育の実現と健全育成の推進」「子育てコストの軽減」をすすめる基本的方向が示された。

エンゼルプランを実施するために、同じ年に「緊急保育対策等五か年事業」が策定されて、九九年を目標年次にして低年齢児保育、延長保育、地域子育て支援センターの整備等がすすめられた。

九九年にエンゼルプランと緊急保育対策等五か年事業が見直され、「少子化対策をすすめるための基本方針」(少子化対策推進基本方針)と「重点的に推進すべき少子化対策の具体的実施計画について」(新エンゼルプラン)が新たに策定された。達成すべき目標値の項目には、従来の保育関係に雇用・母子保健・相談・教育等も加えられたが、対策の中心は保育であった。この頃に、保育所の待機児童ゼロ作戦も行われていた。

つまり、少子化対策の検討をはじめた当初、政府は少子化の要因を多面的に捉えており、それらに対処するための総合的な対策が必要であることが政策担当者の間で認識されていた。しかしながら、この時期の少子化対策は保育対策が中心であった。

出生率低下の速度をみると、わが国が少子化対策を開始した時期は遅かった。前章のとおり、ほかの東アジア諸国も、出生率が低下していることがわかっても、少子化対策を開始するまでには時間がかかっていた。人口にかかわる政策を、俊敏に動かすことは難しいのである。加えて、わが国の場合、戦前の「産めよ増やせよ」の政策に対する批判があったために、政府が少子化対策を開始することに慎重にもなっていたとみられる[2]。

2-2. 第Ⅱ期――二〇〇〇年代～二〇一〇年代前半：保育と両立支援を両輪

少子化対策が明確に保育と仕事と子育ての両立支援の二本柱になったのは、二〇〇三年の少子化社会対策基本法と次世代育成支援対策推進法からだ。

一つ目の柱は、保育サービスの拡充である。

関連施策の基本理念を示した「少子化社会対策基本法」（以下基本法）は、基本的施策として雇用環境の整備や保育サービス等の充実などを示した。翌年、基本法に基づいて少子化に対処するための施策の指針である「少子化社会対策大綱」（以下大綱）が閣議決定された。

基本法や大綱をみると、次の三点が注目される。(3) 第一に、基本法の基本的施策および大綱の重点課題の中で、保育は主要施策として位置づけられている。第二は、少子化対策として母親の就業支援を行うという方向である。第三に、若者の経済的自立への視点は、基本法にはないが、大綱には記述されている（ただし、若者の経済的自立の困難と未婚化の問題は、強く関連づけられてはいない）。

この後、大綱に盛り込まれた施策の推進を図る「子ども・子育て応援プラン」（二〇〇四年）、「新しい少子化対策について」（二〇〇六年）、「新待機児童ゼロ作戦」（二〇〇八年）、「子ども・子育てビジョン」（二〇一〇年）などと続く。これらを通底する中核的施策は保育サービスの拡充であった。

二〇一二年に成立した「子ども・子育て関連三法」により、二〇一五年度に子ども・子育て支援新制度が開始された。従来未就学児をもつ家庭が保育所を利用するためにはその家庭が「保育に欠ける」

事由に該当する必要があったが、新制度では客観的な基準によって「保育の必要性」があると認定されれば、認可保育所や認定こども園を利用できるようになった[4]。これにより、例えば、親が求職活動中の人やパートタイムの人等も、保育の必要性があるために認可保育所等を利用しやすくなった。認可保育所等の施設数と定員は大幅に拡充されて、従来よりも多くの家庭がそれらを利用できるようになった。

もう一つの柱は、仕事と子育ての両立支援の推進である。

少子化対策プラスワン（二〇〇二年）では、「男性を含めた働き方の見直し」「地域における子育て支援」などへ取り組みの幅を広げる方向性が打ち出されている。この流れをくみ、次世代育成支援対策推進法が施行された。同法は、企業と自治体に従業員の仕事と子育ての両立支援のための行動計画の策定を定めた。同法に基づき、行動計画を策定した企業のうち行動計画に定めた目標を達成して一定の基準を満たした企業は、「子育てサポート企業」として厚生労働大臣の認定（くるみんマーク）を取得して、取得・新築・増改築等した建物等について割増償却など税制優遇措置を受けることができた。

二〇〇七年に少子化社会対策会議において「子どもと家族を応援する日本」重点戦略が取りまとめられ、就労と出産・子育ての二者択一構造を解決するために、「働き方の見直しによる仕事と生活の調和（WLB）の実現」とともに、その社会的基盤となる「包括的な次世代育成支援の枠組みの構築」を同時並行的に取り組んでいくことが不可欠と記された。同じ年、「仕事と生活の調和憲章」と「仕事と生活の調和推進のための行動指針」が政労使の代表から構成された仕事と生活の調和推進官民トップ会議において決定された。

以上のように、この時期の少子化対策は、保育と仕事の両立支援を両輪としてすすめられてきた。保育は働きながら子育てをする人向けの施策であるため、広い意味での両立支援がわが国の少子化対策を通底してきたといえる。対策がなされてきた地域をみると、保育所が不足していたのはもっぱら大都市であり、両立支援の取り組みを牽引してきた大企業の大半も大都市に立地している。ここから、従来の対策は、実質的に大都市に重点が置かれたものであった。

この間、出生率は危機的水準まで低下したが、ここまでの政策の中に、わが国の少子化対策には出生率をいつまでにどの程度に回復させるという目標値のことは登場しない。

当時、子育て・教育にかかる経済的負担の重さは、夫婦が希望する数だけ子どもをもてない理由であることは認識されていた。子育てに対する経済的支援は、前進はしたが、残念ながら大幅なものではなかった。子育てに対する経済的支援の中心である児童手当について、その経緯をみよう[(5)]。九一年時点において、三歳未満の子どもを対象に、一人あたり月額で第一子・二子五千円、第三子以降一万円が支給されていた。

その後、所得税の年少扶養控除の加算廃止や配偶者特別控除の上乗せ部分の廃止を財源とするなどして、児童手当の支給期間は段階的に拡充されて、二〇〇六年に支給対象年齢が小学校修了まで引き上げられた。二〇〇九年には、三歳未満の児童に係る児童手当額は第一子から一律に月額一万円になった。

民主党政権時の子ども手当をへて、児童手当は金額も支給対象も拡充された。具体的には、三歳未満は一万五千円、三歳以上小学校修了前の第一子・二子は一万円、三歳以上小学校修了前の第三子以降は一万五千円、小学校修了後中学校修了前の児童は一万円になった。児童手当を受給するには所得制限があり、所得制限を超える世帯には、当分の間、特例給付として児童一人あたり五千円が支給されている(6)。

以前に比べて大幅に拡充された児童手当であるが、その財源に子ども手当をつくったときに行われた年少扶養控除と特定扶養控除上乗せ部分を廃止した分が充てられている。このため、残念だが、子育て世代全体でみたときの手当の〈純増〉は、児童手当の増額全体の一部にとどまった(7)。見方を変えれば、この間の児童手当の拡充の多くは、所得が高い世帯から低所得層への経済的支援の移転によってなされたといえる。

前章のとおり、イギリスとフランスでは、児童手当のほかに、子ども数が多くなるほど所得税が軽減される税制がある(子ども数による税額控除、N分N乗方式)。子育て世代の平均所得に比べた児童手当の水準をみると、日本の手当額よりも欧州諸国のそれの方が高い。それら諸国と比較すると、日本は児童手当の額が少ないだけでなく、所得税の軽減措置も含めた子育てに対する経済的支援が非常に少ない。

2-3. 第Ⅲ期――二〇一〇年代半ば以降：対策の幅を拡大

二〇一〇年代半ば以降、新しい視点を含みながら、少子化対策が拡充されてきた。従来の保育と両立支援を両輪とした少子化対策によって出生率を回復軌道にのせることができていなかったことが、この動きの背景にある。

第Ⅲ期の特徴は次のとおりである。

まず、保育と両立支援は依然として主要な政策として継続されている。具体的には、子ども・子育て支援新制度が本格的に動き出して、保育サービスの量は大幅に増やされている(8)。

従来と異なることは、次のような新しい視点の対策が加えられたことである。まず、少子化危機突破のための緊急対策（二〇一三年）において、保育と両立支援をより一層強化するとともに、「結婚・妊娠・出産支援」が新たな対策の柱として打ち出された(9)。具体的な施策として、結婚支援（ただし、国は直接結婚支援を実施していない）、妊娠・出産の支援サービスである「ネウボラ」の整備、出産育児一時金の増額等がなされた。

二〇一四年にはじまった地方創生は、人口急減・超高齢化という課題に対して、①「東京一極集中」の是正、②若い世代の就労・結婚・子育ての希望の実現、③地域の特性に即した地域課題の解決、を行うための取り組みが開始された。担当部局は少子化対策と別だが、その内容は地方に重点を置いた少子化対策といえる。

二〇一五年に、新たな少子化社会対策大綱が閣議決定された。新たな大綱では、結婚の支援を加え、子育て支援策の一層の充実、若い年齢での結婚・出産の希望の実現、多子世帯への一層の配慮、男女の働き方改革、地域の実情に即した取組強化の五つの重点課題が設けられている。

二〇一六年には「ニッポン一億総活躍プラン」が閣議決定されて、関連する取り組みが実施されることになった。一億総活躍社会とは、「女性も男性も、お年寄りも若者も、一度失敗を経験した方も、障害や難病のある方も、家庭で、職場で、地域で、あらゆる場で、誰もが活躍できる、いわば全員参加型の社会である。」とされる。このプランにおいて、はじめて政府が、希望出生率という言葉であるが、出生率の目標を掲げた[10]。その実現のために、働き方改革（同一労働・同一賃金の実現、仕事と子育ての両立や女性のキャリア形成を阻む要因である長時間労働の是正等）、子育て環境の整備（保育の受け皿整備等）、すべての子どもが希望する教育を受けられる環境の整備がすすめられることになった。その他の取り組みとして、女性活躍等があげられている。

以上の取り組みは、保育と両立支援よりも前のライフステージに対してアプローチして、都市に焦点が当たってきた少子化対策を地方にも広げることになった。少子化社会対策大綱や一億総活躍プランに加わった新たな視点もある。ただし、筆者が具体的な施策をみるところ、いずれも共働き世帯――特に正規雇用者同士の共働き世帯――に対する支援に主眼がおかれていた[11]。

それと一線を画した政策が、二〇一九年から実施された幼児教育無償化である。その目的は、若い世代が理想の子ども数をもつことができない最大の理由である子育てや教育にかかる経済的負担を軽減することと、子どもたちに質の高い幼児教育――それは人格形成の基礎を培うものである――の機会を保障することであった。これによって、幼稚園・保育所・認定こども園等を利用する三〜五歳児クラスの子どもと、住民税非課税世帯の〇〜二歳児クラスの子どもたちの利用料が無償化された。この政策の対象は、三〜五歳児についてはすべての世帯――共働き世帯、専業主婦世帯、ひとり親世帯等のすべて――が含まれる。これは、従来路線とは異なる。(12)

二〇二〇年に閣議決定された新しい少子化社会対策大綱の基本的な考え方には、これらは、従来路線を引き継いで、「結婚・子育て世代が将来にわたる展望を描ける環境をつくる」として、雇用環境等の整備、結婚を希望する者への支援、仕事と子育ての両立、再就職支援、男性の家事・育児参画、働き方改革等が記述されている。それに加えて、「多様化する子育て家庭の様々なニーズに応える」こととして、子育てに関する経済的支援、心理的・肉体的負担の軽減、在宅子育て家庭への支援、多子世帯・多胎児を育てる家庭に対する支援等が記述されている(傍点は筆者)。従来弱かった経済的支援、あまり差し伸べられてこなかった在宅子育て家庭に対する支援の政策順位が上昇している。

近年少子化対策が大幅に拡充された背景には、消費増税の一部が少子化対策に充当されるようになったことも関係している。消費税が五%のとき、その国税分は高齢者三経費(基礎年金、老人医療、介護)に充てられていた。消費税一〇%になり、国税分は社会保障四経費(制度として確立された年金・医療・介護・少子化対策)に充当されるようになった。そのうち少子化対策としては、待機児童対策や幼児教育無償化等に使われている。

3. 少子化対策の効果と従来の対策の問題点

それでは、これまでの対策でどのような成果がえられたのだろうか。

3-1. 少子化対策の効果は?

総務省(二〇〇四)は、本書の区分でいう第Ⅰ期にあたる「新エンゼルプラン」の政策評価を行っている。それによると、①仕事と子育ての両立の負担感については十分とはいえないものの総じて緩和されてきている。だが、②子育てそのものの負担感は緩和されなかったという。原因は、子育ての経済的負担感の増大などであり、特に専業主婦世帯において子育てそのものの負担が大きかった。そして、③当時の対策によって出生数・出生率が回復する効果はあらわれていない、と評価した。これ以後、管見の限り、総務省が実施したような政府自身による少子化対策の政策評価はなされていない。

総務省が政策評価をした観点をふまえると、二〇〇〇年代以降の少子化対策の効果は次のように評価できる。

第一に、保育と両立支援は明らかに前進した。保育所利用児数は大幅に増えた。保育所の一日の開所時間はかなり長くなった――これに対して保育関係者から強い批判がなされているが。待機児童がいるのはもっぱら首都圏など一部の大都市であり、地方にはほとんどいなくなっている(詳しくは第四章参照)。

両立支援についていえば、公的な育休、育児短時間勤務、子どもの看護休暇等も整備された。次世代育成支援対策推進法により、企業が自社の従業員に対して独自の子育て支援や両立支援を行う取り組みも広がった。

これらは、主に未就学児をもつ正社員の女性とその家族、特に出産・育児にかかわらずに継続就業する正規雇用の女性に対して恩恵があった。

第二に、それ以外の対象者に対する対策は、あまり前進したとはいえない。まず、総務省の政策評価が問題にした専業主婦世帯に対する支援はあまり拡充されてこなかった。例えば、〇～二歳児をもつ家庭のうち、共働き世帯は日中子どもを保育所に預けてそこに多額の公費による支援を受けられているのに対して、在宅で子育てする専業主婦世帯は日中の育児に対してほとんど支援らしい支援はなされていない。地域子育て支援拠点事業が実施されているが、それが専業主婦世帯の子育てをどれほど支援できているだろうか。これら世帯が少子化対策として量的に充実した支援を受けたのは、二〇一九年からの幼児教育無償化がはじめてだった。

妻非正規雇用世帯に対する支援は、正規雇用者同士の世帯に対してなされてきた支援よりも、薄かった。かつて非正規雇用者が低年齢児を保育所に預けることが難しかった。この状況が明確に変わったのは、子ども・子育て支援新制度が施行されてからである。両立支援についていえば、出産前に非正規雇用であった女性は育休をほとんど取得することができていない。企業が独自に実施する両立支援は、もっぱら正規雇用者が対象であった。

若者についてみれば、バブル崩壊後に社会に出た氷河期世代以降、非正規雇用や正規雇用者でも低収入である若者が増えたことが未婚化の強い要因である。この認識が少子化対策の担当者間に広がったのは、二〇〇〇年代後半になってからである。政府は若者に対する就業支援を実施してきたものの、難しい政策であることもあり、彼らの雇用状況はあまり変わらなかった。若者の雇用状況が目に見えて改善されたのは、二〇一三年から二〇一九年まで続いた好景気であった――これをもたらしたのは経済政策である。非正規雇用者の処遇改善につながると期待される同一労働・同一賃金の政策が施行されたのは、二〇一九年だ。結婚支援は、第Ⅲ期からである。少子化対策として雇用と結婚支援のほかに、未婚者に対するアプローチ――例えば住宅支援や結婚に対する経済的支援――は、従来ほとんどなされていなかった。

第三に、従来の少子化対策は、少なくても地方創生の取り組み以前は、大都市型であった。地域別に保育と両立支援をみると、首都圏をはじめとする大都市において保育所が大幅に拡充された。育休の期間や育児短時間勤務の対象年齢を拡充するなどの企業独自の両立支援は、大都市に拠点を構える大企業ほど実施されてきた。以上から、これまでの少子化対策は、地方よりも大都市の共働き夫婦の子育て環境を相対的に多く改善したといえる。九〇年時点では地方の出生率は比較的高かったが、その後東日本を中心に地方の出生率は大きく低下したことは、従来の少子化対策が地方の出生率の維持と回復につながらなかったことを示す（詳細は第四章参照）。地方創生の取り組みは二〇一四年からはじまったが、若者の転出と出生率回復をみると大半の地方自治体においてまだ明確な効果があらわれているとはいえない。

第四に、何よりも、これまでの少子化対策は、出生率を回復させることができなかった。本来、少子化対策に取り組む前よりも対策後の出生率の方が、高くなるはずである。だが、出生率は、わが国が少子化を問題として認識した時点よりも、その後の方が低い。この間、出生数は相当減少した。

3-2. なぜ対策をしても出生率が回復しなかったのか

なぜ過去二五年以上少子化対策を実施しているにもかかわらず、わが国の出生率が回復しない――正確にいえばこの間に出生率は低くなっている――のだろうか。

わが国の結婚・出生のパターンを念頭におくと、ある少子化対策が実施されてからそれが人々の結婚や出生に影響を及ぼすまでに、政策によっては、およそ五年程度のタイムラグはあるとみておく必要がある。[13] これをふまえると、第Ⅲ期の少子化対策が出生率に対して効果を発揮するとしたら、それがあらわれるのはこれからだろう。したがって、ここでは、第Ⅰ期と第Ⅱ期に実施された少子化対策の効果を考える。

前章までの知見も総合すると、従来の少子化対策が出生率を回復させることができなかった理由は次のとおりである。

まず、従来の少子化対策の両輪としてすすめられてきた保育と両立支援のメインターゲットは、主に出産・育児期に継続就業する正規雇用者同士の共働き夫婦であった。例えば、保育所の待機児童はもっぱら〇～二歳児であり、特にこの年齢の保育サービスが拡充されてきた。この年齢層、特に〇歳児は、親が正規雇用者である家庭が保育所を利用することが多かった。育休や育児短時間勤務は、もっぱら正規雇用者が利用している。

では、この層は、少子化の全体像の中でどの程度を占めていただろうか。出生率低下のほとんどは未婚化によってもたらされてきた。未婚化の主要因は、保育や育休でなく、若年雇用、出会い、そして価値観や規範意識の問題であった（第一章参照）。結婚後、第一子出産前後の女性の就業状況をみると、二〇〇九年までは継続就業した女性はおよそ四人に一人であった。残りの女性は、少なくても出産後の一時期は専業主婦、すなわち在宅で子育てをする人たちであった。つまり、従来の少子化対策の実質的なメインターゲットと若者や家族の実態とがミスマッチであったのだ。一部の層を重点的に支援しているだけでは、その層は結婚・出生しやすくなるが、全体の出生率が回復しないのは当然である。従来の政策は、そうした一部の層に対して重点的に多額の公費を投入してきた面がある。[14]

残念なことに、これまで最も力が入れられてきた保育と両立支援も、わが国全体の出生率を上昇させることができなかった。それらが、実質的なメインターゲットになっていた正規雇用者同士の共働き夫婦の出生率を上昇させたともいえない（詳しくは第二、四、五章参照）。

つまり、第Ⅰ期と第Ⅱ期の少子化対策のメインターゲットは未婚者と育児期の人たち全体のうちの一部であった。保育と両立支援は、そのメインターゲットの出生率も明確に上昇させられなかった。

3-3. 出生率回復の目標値をなかなか設定できなかった

少子化対策を開始してから二〇一〇年代半ばまで、政府は少子化対策によっていつまでに出生率をどの程度まで回復させるかという目標を打ち出していなかった。政府に少子化対策を提言する有識者会議等も、出生率の目標に関する議論を避けてきた。

その目標を立てていなかったことが、少子化対策について行政に不作為を生じさせてきた面があろう。出生率目標がなければ、政府は国民にわが国が目指す将来像を示して、そのために必要な少子化対策を説得的に提示することは難しい。政策のＰＤＣＡ(Plan, Do, Check, Action)サイクルを回すことはできず、どのような政策がなされてもそれが出生率にもたらした効果も検証されることはない。

当時、出生率を回復させる目標を定めることに対して、戦前の「産めよ増やせよ」の政策を思い起こさせるという批判がなされていた。だが、戦前といまでは、時代と社会状況が異なる――戦前は産みたくない人にも産ませようとしたのに対して、現在は結婚や出産を望む人たちが社会経済的な阻害要因によりそれをできず、その障害を取り除くことが必要な時代である。二〇一三年に行われた政府の少子化対策の有識者会議において、委員が出生率目標をめぐって肯定派と否定派で激しい議論がなされたことがある。筆者の憶えている限り、これが出生率目標について、政府関係の会議ではじめて公に議論されたものである。だが、最終的にこのときには出生率目標は提言されず、政府の少子化対策にも盛り込まれることはなかった。(15)

それから間もなく、少子化対策とは別のところから、出生率目標が打ち出されることになった。二〇一四年末に閣議決定された「まち・ひと・しごと創生長期ビジョン」と「まち・ひと・しごと創生総合戦略」において、「二〇六〇年に一億人程度の人口を確保する」という人口の中長期展望が提示された。その中で、目指すべき将来の方向性として、「若い世代の希望が実現すると、出生率は一・八程度に向上する」ことが記述された。二〇一五年に政府は、一億総活躍社会の実現に向けて取り組むとして、「新・三本の矢」を打ち出した。この中に「希望出生率一・八」の実現が打ち出された。この方針にそって作成された「ニッポン一億総活躍プラン」に、二〇二五年度をめどに「希望出生率一・八の実現」という目標が明記された。その目標は、二〇二〇年の新しい少子化社会対策大綱にも明記された。

4. 追加出生に効果がある施策――ヴィネット調査を用いた研究

4-1. ヴィネット調査

それでは、どのような施策に出生率を上昇させる効果を見込めるだろうか。

出生率回復に有効とみられる施策を探るために、今日用いられている主な研究方法は次の三つである。第一は、人々の実際の出生行動のデータを分析することによって少子化をすすめてきた要因を特定して、その要因に対処する政策を導き出す方法である（本書でいえば、これは第一～四章で行ってきたことである）。第二は、国内の自治体を比較して、出生率が低い地域よりも高い地域において実施されている施策からヒントをえようとするものである（第四章参照）。第三は、他国で出生率回復に効果をあげた子育て支援からヒントをえるものである（第五章参照）。

以上のほかに、本節で紹介する「ヴィネット調査」を用いる方法がある。それは、従来にない施策が導入された架空の状況を回答者に提示して、それに対する回答者の出生行動の反応を測定するものである[16]。

筆者は、これまでに二度、ヴィネット調査を用いて、調査時点において行われていない少子化対策が実施された場合、それが人々の出生行動にどのような影響を与えるかを研究した。この方法は、一つ一つの子育て支援策ではなく、複数の子育て支援策をセットで提示することによって回答者に子育てしやすくなった社会の状態をイメージさせて、その場合の彼らの出生意欲を調べるものである。そこでえられたデータをもとに、個別の子育て支援策が出生意欲に与える効果を統計的に分析する（具体的な研究方法は拙稿を参照）。以下、この研究からえられた知見を紹介しよう。

およそ一〇年前に行った一つ目のヴィネット調査は、東京都の子ども一～二人をもつ女性を対象に実施したものである（松田 二〇〇九a）[17]。その結果、調査した六つの施策のうち、追加出生を促す効果が最も大きかったのは児童手当の増額であった。これに、幼稚園月謝の軽減、希望する保育所への入園[18]が続いた。

それから一〇年後に実施したヴィネット調査（松田 二〇一九）は、全国の子ども一～二人をもつ有配偶者を対象にｗｅｂ調査を行ったものである。ヴィネットに使用した施策は、調査時点において新規に実施・拡充する子育て支援策の候補と想定された次の五つである。① 児童手当の増額（現行水準／一・五倍／二倍）、② 育児休業の期間の延長（一年／二年／三年）、③ 幼児教育費の無償化（全額自己負担／半額自己負担／全額無償化）、④ 同一労働・同一賃金（現状／同一労働・同一賃金）、⑤ 残業規制（現状／月平均六〇時間未満／月平均三〇時間未満）[19]。なお、調査時点において、幼児教育無償化は行われていなかった。これらの施策が実行された場合、対象者の出生意欲がどの程度増えるかを分析した結果が図6‐1である[20]。

4‐2. 追加出生意欲を高める政策

有配偶女性の追加出生意欲を最も高めるものは、児童手当の増額である。次いで、幼児教育費の無償化、同一労働・同一賃金の順だ。有配偶男性でも、児童手当の増額と幼児教育費の無償化は、子どもが一人の人の追加出生意欲を高める。想定と異なり、残業規制が実施されると、子どもが一人いる有配偶女性の追加出生意欲が大幅に低下する。

この研究からの示唆は次のとおりである。まず、さまざまな施策の中で、子育ての経済的負担を軽減する施策が、出生率を回復させる強い効果をもつ。最も効果が高い施策は、児童手当の拡充である。幼児教育無償化も、出生意欲を高める効果を期待できる。出生率回復のために、優先して取り組むことが必要であった施策は、これら経済的支援である。

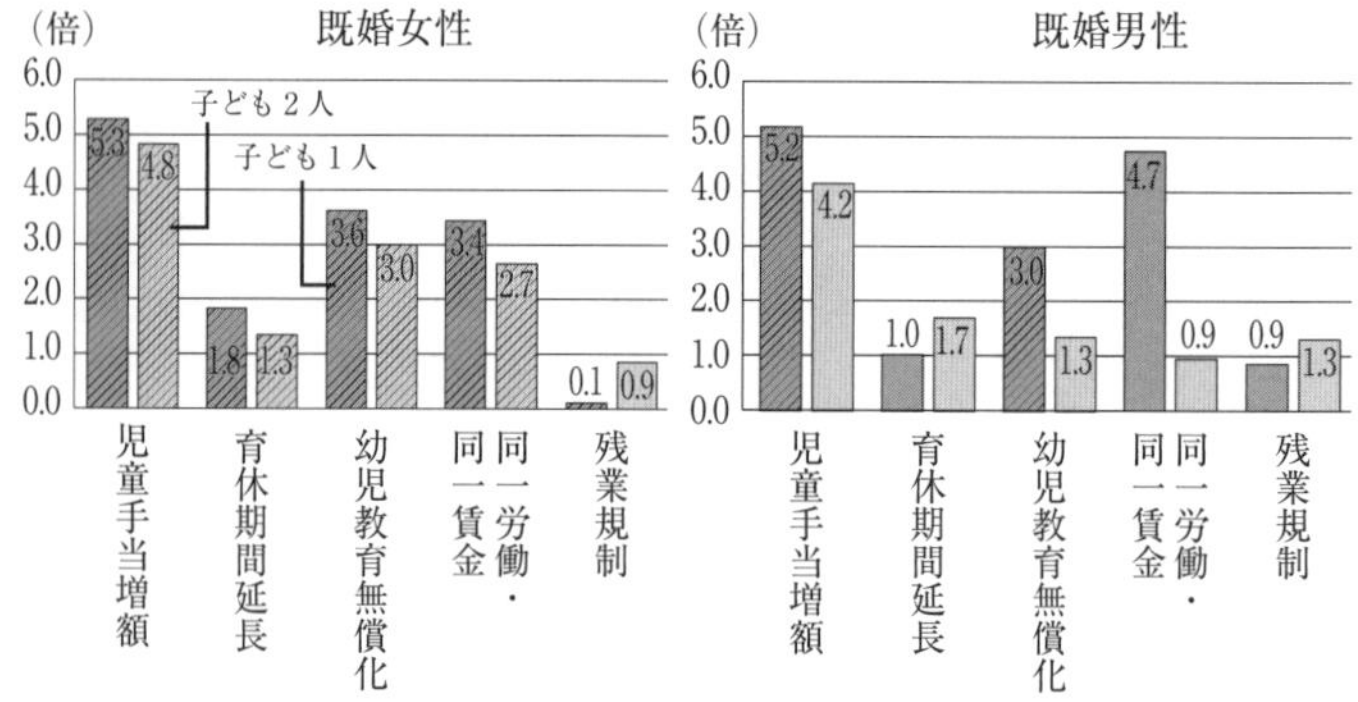

注：斜線をつけた棒グラフが、統計的に有意である箇所。
資料：松田（2019）から作成。

図 6-1　ヴィネット調査による少子化対策が有配偶男女の追加出生意欲に与える効果（オッズ比）

同一労働・同一賃金の推進は、女性の追加出生意欲を高める。以上の効果よりも弱いが、育休の期間の延長も、第二子の出生率を高める効果を期待できる。

夫と妻の就労形態や労働時間の実態をふまえると、残業の上限規制は、妻ではなく夫の労働時間の長さをもっぱら短くする。残業規制は労働者のワーク・ライフ・バランスを向上させるために必要なものであるが、それを厳しくしすぎると、残業時間の短縮によって夫の収入は低下する。妻は、それを懸念しているようだ。

5. 諸外国の少子化対策との比較

日本と諸外国の少子化対策（第五章参照）を比べることからも、わが国の少子化対策の特徴と課題を知ることができる。

まず、日本の第Ⅰ期と第Ⅱ期の少子化対策は、保育と両立支援を両輪に実施してきた。これと、韓国が行ってきた少子化対策は類似している。韓国も保育と両立支援、つまり共働き世帯に対する支援を中心に対策を行ってきた。これらの政策によって出生率が回復しなかったことも、似ている。日本の第Ⅲ期の少子化対策は、韓国やシンガポールのそれよりも幅広く、強力なものになった。

また、韓国やシンガポールの出生率が回復していない理由は、両国が実施している少子化対策とその国における少子化の背景要因にミスマッチがあったからでもあった。同じことは、日本についてもいえる。少子化対策はその国における少子化の背景要因に対して総合的にアプローチしてこそ、効果をあげるものである。

さらに、前章でも述べたとおり、諸外国の取り組みの中でフランスが行ってきた、①多くの子どもを産み育てる家庭を経済的に手厚く支援する施策、②就業と子育ての「自由選択」という考え方と制度は、それを日本流にアレンジすることが必要であるとして、わが国の少子化対策の参考になりそうだ。なぜなら、わが国では、親が欲しい数だけの子どもをもつことができない最大の理由は子育てや教育にかかる家庭の経済的負担であるからである。子どもが多い家庭ほど、その負担は重い。育児期には、正規雇用者同士の共働き世帯ばかりでなく、妻がパート等の非正規雇用者である世帯や専業主婦世帯がいる。これらの世帯を幅広く支えることが、わが国全体の出生率を回復させるには必要である。

イギリスとフランスは、日本よりも手厚い児童手当のほかに、子ども数が多くなるほど所得税が軽減される税制を導入している。家庭にとっての子育ての経済的負担を軽減するためには、児童手当と税制のトータルによる経済的支援を手厚くする必要があるだろう。

最後に、わが国は少子化対策を拡充してきたが、家族関係社会支出の対GDP比は現時点でも欧州三カ国のそれよりもまだ低い。

6. 出生率回復のために必要な視点

6-1. 少子化対策のあり方

本章では、これまでのわが国の少子化対策の経緯、特徴、課題を述べてきた。前章までの知見も総合して、出生率を回復させるために、今後わが国の少子化対策に必要な視点を述べよう。

まず必要なことは、わが国の少子化対策のあり方を見直すことだ。具体的には、正規雇用者同士の共働き世帯が実質的なメインターゲットであった従来の路線から、未婚者、妻が非正規雇用者等である世帯、在宅で子育てをすることが多い専業主婦世帯も（もちろん夫が非正規雇用者である世帯や専業主夫世帯も）同等に支援する施策にすることである。

少子化の背景要因になっていることがらに対して、総合的に対処することも必要である。これまでの政策で、保育と両立支援の取り組みは拡充されてきており、それらを後退させることはない。今後は、相対的に手薄であった、未婚者、妻非正規雇用者世帯、専業主婦世帯等も、結婚・子育て支援を十分に受けることができるようにするような施策の実施・拡充が求められる。

筆者のみるところ、わが国の少子化対策のあり方は、二〇一〇年代後半から、この方向へと変容してきている。具体的なコンセプトおよび施策は、終章で提言する。

6‐2. 経済的支援を拡充すること

優先的に拡充すべき具体的な施策は、子育てへの経済的支援である。夫婦の子ども数を抑制している最大の理由は、子育てや教育にかかる経済的負担である。このことは少子化対策を開始した当時から現在まで続いているが、これまでに行ってきた少子化対策で最も手薄であったのもこの経済面に対する支援であった。そのための具体的な施策として、児童手当の拡充や教育費の軽減措置等があげられる。これらには、子どもをもつ親の追加出生意欲を有意に高める効果が期待される。

子育てへの経済的支援のうち児童手当を拡充する場合、子どもを多く育てる家庭ほど手当が多くなるように設計することが大切である。多くの子どもを育てる家庭ほど、子育てのために経済的な負担をしている。彼らは、少子化が深刻なわが国において、人口面で社会を持続することにより貢献している。そうした家庭の努力に対して、社会は経済的に報いるべきだろう。諸外国をみれば、フランスはそのような制度設計をしている。

このほかに、わが国ではまだ検討されてきていないが、これから結婚をする若い夫婦が、安心して結婚生活をスタートできるように応援する経済的支援が拡充されることも求められる。

6-3. 家族関係社会支出を増やすこととその捻出について

これまでわが国は少子化対策を拡充してきたが、おおむね少子化対策にかける総支出に相当する家族関係社会支出は、対GDP比で二〇二〇年現在一・九％程度である。これを、欧州三カ国の三％を参考にして、増やすことが必要である。

問題はそれをどのように捻出するかだ。国際比較をすると、家族関係社会支出が多い国は、その国民の税と社会保険の負担も多い。国民が税・社会保険料を負担しなければ、少子化対策を拡充させることは難しいのである。わが国が家族関係社会支出を増やすには、国民負担率、すなわち国民が払う税・社会保険料をある程度増やす必要があるだろう。

〈注〉

（1）本章におけるわが国の少子化対策の流れは、松田（二〇一三、二〇一五b）および各種施策の資料をもとに記述している。

（2）当時、団塊ジュニアの出産期を迎えて第三次ベビーブームが到来するという人口推計があったことが、政府が少子化対策を開始するタイミングを遅らせてしまったという意見もある。だが、筆者は、その人口推計がわが国の少子化対策の開始が遅くなった根本的原因であるとは思わない。

（3）具体的には、第一に、大綱には「待機児童ゼロ作戦の実施により、待機児童の多い都市を中心に、計画的に保育所等の受入児童数の増大による待機児童の解消のための取組を進める」とある。第二に、基本法の基本的施策にある雇用環境の整備については、「子どもを生み、育てる者が充実した職業生活を営みつつ豊かな家庭生活を享受することができるよう、育児休業制度等子どもを生み、育てる者の雇用の継続を図るための制度の充実」（第十条）とされており、文面から若者の経済的自立よりも母親の就業支援に重きを置いていることがわかる。第三に、若年失業者やフリーターの増大などによって若者が社会的に自立することが難しい社会経済状況があることや、「パラサイト・シングル」論（山田 一九九九）をふまえて「親元に同居し基礎的生活コストを親に支援してもらっている未婚者も増加している」ことが言及されている。

（4）詳しくは、内閣府のよくわかる「子ども・子育て支援新制度」（https://www8.cao.go.jp/shoushi/shinseido/sukusuku.html 二〇二〇年五月一〇日取得）を参照のこと。

（5）児童手当の経緯は、守泉（二〇一八）から。

（6）本書執筆時点のことであるが、高所得者の特例給付は廃止されることになった。

（7）筆者が現在の児童手当の前身となった子ども手当について粗い試算をすると、手当の増加分と年少扶養控除・特定扶養控除上乗せ部分の廃止を相殺すると、子育て世代全体における手当の純増は一部にとどまっていた（松田二〇一一）。

（8）時限立法であった次世代育成支援対策推進法はさらに一〇年間延長されることになった。「ニッポン一億総活躍プラン」（二〇一六年）でも、保育の受け皿整備や働き方改革の取り組みが含まれている。

（9）近年の『少子化社会対策白書』では、これらは「子育て支援」と「働き方改革」と呼ばれている。本書は、前述との一貫性をもたせるために保育と両立支援という用語を用いている。

（10）これよりも前に、地方創生の「まち・ひと・しごと創生長期ビジョン」の中に、若い世代の結婚・子育ての希望が実現すれば出生率は一・八程度に向上するという認識が記述されている。詳しくは後述する内容を参照。

(11)「まち・ひと・しごと創生長期ビジョン」(二〇一四年)には、若い世代の子育ての希望を実現する観点からは、「子育て支援」は喫緊の課題であるとして、「共働き世帯のみならず、近くに親族など支援者がいない専業主婦等に対してもますます重要となっている。」(傍点は筆者)と記述されている。しかしながら、実際には、専業主婦世帯に対する支援は、手薄なままであった。二〇一五年の少子化社会対策大綱の重点課題やきめ細かな少子化対策の推進には、在宅で子育てをする世帯をあらわす用語は出てこない。

(12)このとき、国会やマスコミ等において、幼児教育無償化ではなく保育所の待機児童対策を優先すべきという主張はあった。もし幼児教育無償化の代わりに保育所の待機児童対策が実施された場合、在宅で子育てをしている専業主婦世帯等は、その政策の恩恵を何ら受けることができなかっただろう。

(13)例えば、ある年(一年目)に若年雇用を改善する政策が実施されたとしよう。その政策が効果をあげて若者が安定雇用の職をえて(二年目)、そこから恋人をみつけて(三年目)、結婚して(四年目)、第一子誕生(五年目)などとライフステージが変わっていくことが想定される。

(14)共働き家庭という特定の家族形態を優遇して、多額の子育て支援を行うことに対しては、それは公平ではないという批判がなされている(赤川 二〇〇四、二〇〇九)。保育サービス、特に低年齢児の保育サービスのコストは膨大であり、例えば都内公立保育所の〇歳児保育は月五〇万円以上のコストがかかっているという試算もある(鈴木 二〇〇九)。一方、在宅で子育てする世帯には在宅育児手当(一部自治体には類似した手当がある)はなく、公費の投入は少ない。

(15)「少子化危機突破タスクフォース」(第1期)における議論。

(16)わが国におけるヴィネット調査を用いた子育て支援策の研究の嚆矢に、織田(一九九四)と塚原(一九九四)がある。

(17)この調査は、当時拡充される少子化対策の候補と目された、①児童手当の増額、②育児休業期間の延長、③育児休業中の所得保障率の充実、④希望する保育所への入園、⑤幼稚園の月謝の軽減、⑥有給休暇の取得率の上昇、の六つの子育て支援策が追加出生意欲に与える効果を調べた。

（18）希望する保育所に入れるということは、待機児童が解消されることよりも、政策としてのハードルは高い。交通の便がよい場所にあることや特徴的な保育を行っている施設は、親に人気が高い。そうした保育所に希望者全員が入れるようにするということは、福祉政策の主旨とは異なる。

（19）地域によって需給に大きな違いがある保育所については、この調査では調べていない。

（20）この分析には、マルチレベル二項ロジット分析（第一水準：子育て支援策、第二水準：個人）を用いている。本人の年齢、教育年数、職業、本人年収を統制している。

終章　総域的な少子化対策

——出生率回復と〈自由な社会〉

1. 出生率を回復させるための少子化対策の基本的な考え方

1-1. 少子化対策を定義し直す

本書が提示した結果が、日本の少子化の全体像である。ここで述べた知見には、わが国で流布している少子化の現状や要因に対する見解と相当異なるものがあったことだろう。これが、実像だ。

終章では、ここまでにえられた知見を総合して、今後わが国の少子化対策に求められる基本的な考え方を述べた後、具体的な政策を提案したい。

基本的な考え方として、まず、少子化対策を「人々の結婚と子どもを産み育てる希望を応援するとともに、そこに至る阻害要因を取り除くことで、出生率の回復をめざす政策」と定義する。

このように定義する理由を説明しよう。少子化対策の目的は、出生率を回復させることである。少子化は日本の社会・経済の持続を困難にする。わが国社会が永遠に続く少子化に適応できる方法はない。少子化が社会にもたらすさまざまな負の影響を根本的に解決できる方法は、唯一、出生率を回復させることしかない。政府はさまざまな政策を行っており、それぞれの政策にそれ固有の目的がある。例えば、両立支援策の目的は両立をしやすくすることである。少子化対策の固有の目的は、出生率を回復させることだ。

出生率回復をめざす政策ゆえに、後述するように、出生率回復の目標値は必要になる。目標値のない政策では、行政は動かない。従来、わが国では、少子化対策は出生率を回復させることが目的であると記述することがためらわれてきた。このために、少子化対策の目的と目標は曖昧になり、政策のＰＤＣＡ(Plan, Do, Check, Action)サイクルをしっかり回すことができなかった。政府が希望出生率一・八を掲げたのは二〇一六年以降である。これ以後、政府の少子化対策に、出生率の回復をめざすことおよび出生率目標を明記していくことが求められる。なお、将来の出生率、出生数、人口の三変数はいずれか一つの値が決まれば他が決まるため、出生率に代えて出生数や将来人口の回復を目標としても、それが意味することの本質は同じである。

出生率を回復させるために、少子化対策においては、人々の結婚と子どもを産み育てる希望を応援するとともに、そこに至る阻害要因を取り除くことが求められる。このうち、「阻害要因」を取り除くことについては、従来からわが国の少子化対策の文言には入っていることであり、異論はほぼないだろう[1]。筆者は、そこに「人々の結婚と子どもを産み育てる希望を応援する」ことも、含めることを提案する。

なぜなら、阻害要因を取り除くというだけでは、人々の結婚や子どもを多く持ちたいという希望が維持され、それがさらに高まることはなくなる。政策的にも、阻害要因を取り除くというだけでは、子育てのポジティブな面をアピールするような政策を行うことは難しい。子育てによって生じる経済的損失をマイナスからゼロにする（例えば、同じ所得で子どもを育てていない人と同等の経済状態にする）という施策はしやすいが、多くの子どもを欲しいという希望を叶えるために諸外国のような多子世帯ほど多くの経済的便益を受けられる施策を実施しにくい。これでは、出生率を回復させることは難しい。

1-2. 社会として個人の結婚・出生における選択の自由を尊重すること、ただし、それは社会が人口面で持続できることが前提となる

結婚や出生の自由は、近代社会になって個人が獲得したさまざまな権利のうちの一つである。近代以前の社会に、それらの自由はあまりなかった。親が子の結婚を決めることがあれば、個人・家族・地域集団が生存するために子ども——働き手、家業の跡継ぎ、老親の支え手等として——をもうけることが必要とされることもあった。日本で個人の結婚や出生の自由、特に結婚せず子どもをもたない自由が多くの個人にとってのものになったのは、高度経済成長を終えて以降だろう。結婚・出生の選択自由を尊重することは、現在のわが国も属する自由主義社会の根本原理の一つである。この社会に

おいて、個人には結婚・出生における選択の自由は最大限認められるものである。

当然、少子化対策も、個人の結婚・出生の選択の自由を尊重して、行われるものである。結婚するかしないか、どのような相手と結婚するか、子どもをもつかもたないか、何人もつか、それらは個人や個々の夫婦が主体的に決めるものだ。結婚しないことや子どもをもたないことが、社会的にとがめられるものではない。それは、人々が、少なくてもある程度、多様な人生を送ることができるようにすることでもある。それは個人の福祉の向上にもなることが期待される。

ただし、本書の分析から、例えば、不安定雇用や収入が十分ない若者は、結婚意欲が低いという結果がえられている(分析はなされていないが、出生意欲も高くはもてていないだろう)。彼らのように自分の経済的制約等によって家族形成の希望がもてないことを、個人の自由であるというのは適切ではない、と筆者は考える。地域環境や育児支援の欠如によって孤立して育児をしている家庭が二人目の子どもを望まないとき、彼らは希望の子ども数をもてているのだからそれでよい、とは思えない。彼らは、結婚・出生の希望をもてるように支援・応援されるべきだろう。これらは、個人の結婚・出生の選択の自由を尊重する際の注意点である。

ところで、この権利を尊重する際、忘れてならないことがある。それは、わが国社会の仕組みゆえに、少なくても人口面でわが国社会が持続できてこそ、そこに生きる個人が主体的に結婚(事実婚を含む)せず、子どもを産み育てないことを選択する自由を安心して享受できていることである(不妊等により子どもを欲しくてももつことがかなわない男女は、この話の対象ではない。彼らは、子どもを欲しいと思う希望を、不妊治療の助成等で社会的に支援されるべき存在である）。個人が子ども（養子等を含む）を産み育てないで生涯安心して暮らせるのは、国が安全で、経済が強力で、年金・医療・介護をはじめとする自分の老後等を支える社会保障制度が維持されているからだ。国民全体にとって必要なそれらの仕組みは、次世代の人口が再生産されなければ維持していくことができない。

その次世代の人口を再生産しているのは、子どもを産み育てる人とその家族である。個人が子どもを産み育てない自由を享受するとき、そうした人は子どもを産み育てる人とその家族が使った経済的・時間的・精神的なコストに依存してしまっているという構図になる。少子化がすすみ、次世代の人口再生産が困難になっているときに、この社会は、個人が子どもを産み育てない自由を享受する選択を尊重しつづけることはできなくなっていくだろう。なぜなら、子どもを産み育てない選択をする人たちのために、国民全員にとって必要な国の安全、経済、社会保障制度のすべてが維持できなくなってしまうからである。個人が子どもを産み育てない選択を尊重することは、この社会が人口面で持続できることが前提になる。

現在のわが国は、自由な社会を維持する資源が持続できない状態であるにもかかわらず、それら資源を消費しながら、結婚・出生を選択しない自由が享受されている状態である。残念ながら、これでは自由な社会は永く続かない。

だが、逆にいえば、出生率が回復して人口面で社会が持続可能であれば、個人が子どもを産み育てない自由を享受することを、社会として尊重し続けられるだろう。

個人の選択の自由を尊重しながら、出生率が回復できるような少子化対策を実施するには、少子化対策として子どもを産み育てる人・ことを強く応援・支援することと、彼らに対して子どもを産み育てない選択をする人が依存しない（少なくともフリーライドしない）ように制度設計をすることである。なお、ここで、ほとんどの若者はいずれ結婚したい、子どもを〈二人〉もうけたいと考えており、彼らの結婚・出生の阻害要因さえ取り除けば出生率は回復するのだ、と主張する研究もあることだろう。世の中には、主体的に結婚・出生しないような若者はほとんど存在しないとみているような研究もある。だが、本書の分析からわかるように、主体的に結婚しない人や結婚しても子どもを〈二人以上〉望まない人たちはおり、それが出生率に与える影響は決して無視できるものではなくなってきている。この現実から目をそらさず、〈個人の結婚・出生における選択の自由〉と〈社会が人口面で持続する〉ことの問題に対して、わが国の少子化研究および少子化対策はいま真正面から向き合うときである。

1-3. 個人の結婚・出生における選択の自由を尊重しながら、出生率が回復したときの結婚・出生のイメージを提示して、そのために必要なことを示すこと

少子化対策によって出生率回復を目指すには、既婚率と夫婦の子ども数がどうなればそれを達成できるかを国民に示すことが必要である。序章において、既婚率、夫婦の子ども数、出生率の関係を述べた。出生率がおよそ二・〇を回復するためには、大きく分けて以下にあげる二つの方向性があった（図

終-1）。この議論の細かな条件は、序章で述べたことと同じである。なお、以下にあげる二つ以外にも出生率が二・〇になる既婚率と夫婦の子ども数のパターンはありえるが、いずれもここにあげる二つの方向性のバリエーションである。

方向性1は、全員が結婚して二人の子どもをもうけるようにすることだ（図中の①）。この条件が極端であれば、ほぼ全員が結婚して、夫婦はおよそ二人の子どもをもつようにする、と条件を緩めてもよい。これを目指すならば、少子化対策は、ほぼすべての若者が結婚するように、結婚した夫婦は子どもをおよそ二人もつように、支援を行うことになる。

この方向性は一見極端にみえるが、実はわが国はかつて経験している。近代家族が全盛であった一九七〇年代前半は、ほぼ全員が結婚して、多くの夫婦が子どもを二人もうけた時代だった。そのような社会は、人々の結婚・出生の結果が平等である。ただし、いわゆる同調圧力も強く、個人に結婚・出生の選択の自由はあまりない。すべての人が結婚して子どもを二人もつことを望んでいれば話は別だが、そうなるには強い社会規範が必要になる。

一方、方向性2は、結婚する人としない人、子どもを多くもうける人とそうでない人がいながら、全体の出生率をおよそ二・〇に回復させるものである。日本の歴史上、このような結婚・出生パターンであった時代はないだろう。強いていえば、人口増加が停滞した江戸時代後期の既婚率と夫婦の子どもも数はこのイメージ図に近いかもしれないが、当時の結婚・出生は現代のそれとは大きく異なる。

以上のうち、筆者は、わが国が方向性2を目指すことを提案する。その理由は次の二つである。ま

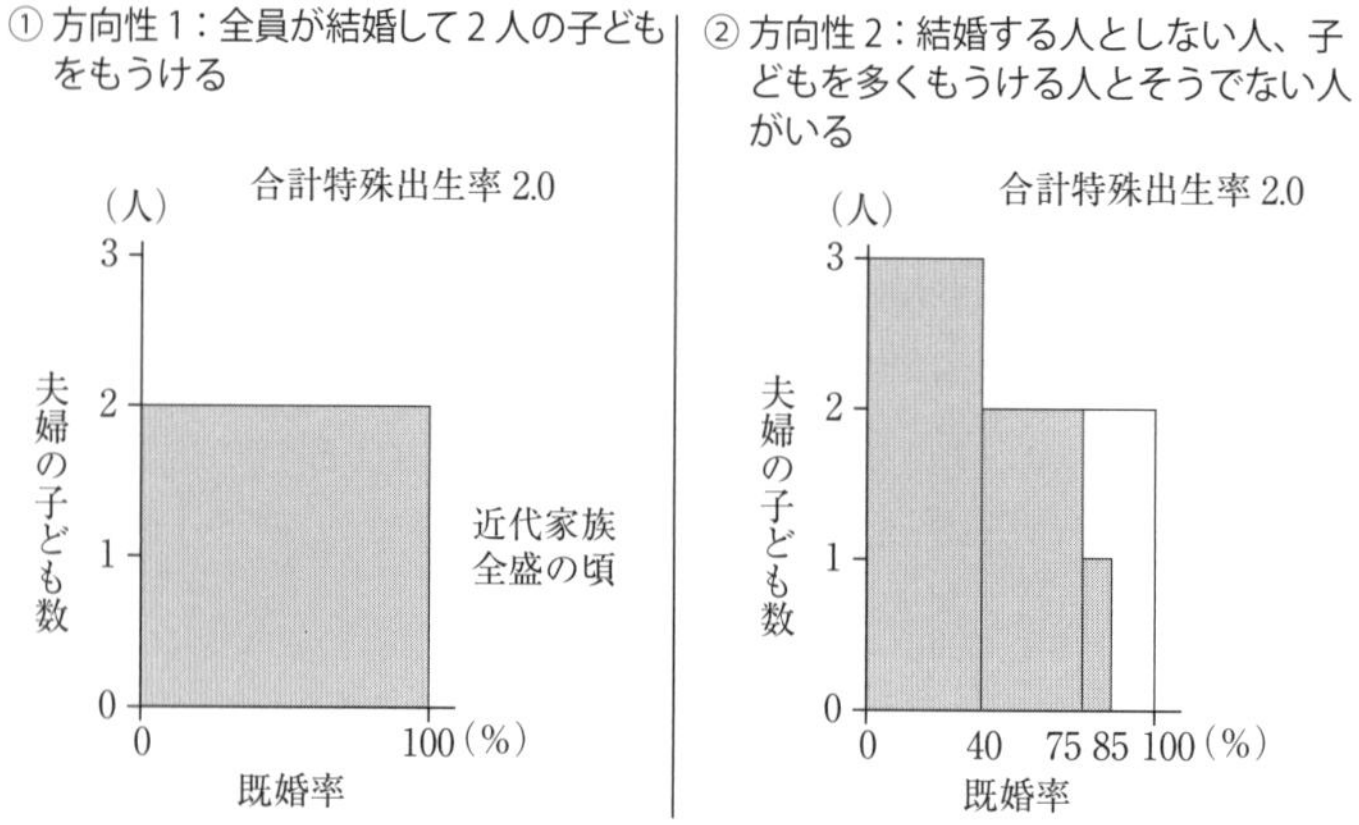

図終 -1　合計特殊出生率が人口置換水準まで回復したときの既婚率と夫婦の子ども数のイメージ

注：序章の図の一部を再掲。

ず、このような社会は、人々の結婚・出生に関して〈多様〉である。個人が結婚・出生するか否かが〈自由な社会〉でもある。そう、これが、個人の結婚・出生における選択の自由を尊重した上で、社会が人口面で持続するときの社会の姿なのだ。また、この方向性を実現しうる要素を、既にわが国はもっている。アジア諸国の中で日本の出生率が比較的高いのは、日本女性の出産・学歴・就業のパターンが多様で、未婚者がいる一方、子どもを第二子、第三子以上育てる女性の数が大きく減っていないからである（第五章参照）。

　方向性2で出生率を人口置換水準まで回復させるためには、少子化対策を拡充して、結婚せず、子どもを産み育てることがない人の分の子ども数を、子どもを産み育てる人が多くもうけることができるようにしないといけない。そのためには、まず、できるだけ幅広い人が結婚・出生の希望をもてるように応援して、その希望をかなえられるように十分な支援を受けることができるようにすることだ。また、若い人たちが経済的・生活的に自立して、結婚生活を開始しやすいようにすることである。多子世帯の数は、現在よりも相当増えることが必要になる。その際、子どもを産み育てない人・家庭は子どもを産み育てる人・家庭に、社会保障をはじめとする社会を支える仕組みを維持することについて、依存しないようにしないといけない。

1-4. 少子化対策に、個人・家庭の選択の自由を尊重した、〈総域的アプローチ〉を導入すること

できるだけ幅広い人が、結婚・出生の希望をもち、その希望をかなえられるようにすることは、結婚・出生をしない自由を尊重した上で出生率を回復させるために必要な条件の一つである。結婚して子どもを欲しいという人たちも、その年齢、就業状態、経済状態から家庭生活と仕事生活についての志向に至るまで多様である。本書の分析でも、未婚者にも既婚者にも、仕事生活を重視する男女と家庭生活を重視する男女の両方がいることがわかっている。育児期には、さまざまな就業状態の家庭があり、かつその就業状態は時間とともに変わる。祖父母が同居・近居する夫婦がいれば、そうでない夫婦もいる。主体的に結婚・出生しない人が一定割合いる場合、これら多様な属性や志向をもつ人たちが一人でも多く結婚・出生できるようにならなければ、わが国の出生率全体は回復しない。

そのために、筆者は、個人・家庭の選択の自由を尊重した、〈総域的アプローチ〉による少子化対策を提案する。(2)総域的という言葉は、筆者による造語である。その具体的内容は、次の三点である。第一に、結婚前、結婚、妊娠、出産、子育て、教育、子どもの自立までのライフステージを支援する。第二に、すべての家庭の子育てを支援することである。具体的には、正規雇用者同士の共働き夫婦、夫が正規雇用者で妻が非正規雇用の夫婦（その逆も）、専業主婦（専業主夫）家庭等のいずれの家庭も、その家庭に合った子育て支援を受けることができるようにする。子どもの成長とともに共働き夫婦が専業主婦家庭に変わることや、その逆もあるが、どのような家庭になったとしても、子育てを支えられるようにする。第三に、そのための支援方法には、経済的支援、保育や物理的な子育ての支援、教育支援、精神的支援等、必要な方法を幅広く用いる。具体的な制度設計は、後述する。

ここで提案する総域的アプローチは、第五章で述べたフランスにおける就業と子育ての「自由選択」という考え方に近い。フランスのその制度は、女性が就業と子育てを自由選択できることを尊重する。政府は、子育てをするために家庭内に留まるか労働市場に参加するかの選択を個人の判断に委ねて、どちらの選択にも不都合にならない多様な施策を提供する。日本についてみると、女性とその家庭の出産・学歴・就業のパターンも多様であるため、この制度設計はわが国の家庭に親和的である。なお、フランスの自由選択は左派が政治的に自分たちの主張を広げるための戦略であったともされるが、筆者の提案に政治的な動機はない。

この総域的アプローチは、わが国の従来の少子化対策と大きく異なる点がある。従来の対策は、一見すると幅広いようで、実は継続就業する共働き世帯、中でも正規雇用者同士の共働き世帯が実質的なメインターゲットになってきた（第六章参照）。従来の少子化対策が出生率全体を回復させることができなかったのは、全体に占める割合が一部の世帯を手厚く支えていたからである。それに対して、筆者は、ここで、子育てをする家庭全体を総域的に支えることを提案している。従来相対的に手厚く少子化対策がなされてきた正規雇用者同士の共働き夫婦のほかに、夫が正規雇用者で妻が非正規雇用の夫婦、専業主婦（専業主夫）家庭等のいずれの家庭も（それら家庭の就業形態が変わったとしても）、家庭生活を重視する人と家庭も、子どもをもつ希望を応援・支援されることが全体の出生率を引き上げることになる（前掲図の方向性2でいえば、図を横方向と縦方向に延ばして、総面積を増やすことになる）。父親にとっての労働と育児のバランスについても、追加出生につながる一つの最適解はなかった（第三章参照）。すべての男女・夫婦が望むものにするには、彼らが育児と労働のさまざまなパターンの中から自分たちに合うものを選択できて、それぞれの夫婦がもう一人希望すれば子どもをもつことができるように応援することが大切である。

幅広い支援策を用いることは、幅広い個人・家庭の結婚や子育てを支援できることにもなる。第四章で述べたとおり、自治体が結婚・妊娠・出産・子育て支援について〈幅広い施策〉を実施することが、出生率回復、転出率の減少、総人口増加に有意な効果がある。地域住民のバリエーションに合わせた幅広いメニューの少子化対策を実施することが、幅広い住民の結婚・出生を促し、出生率全体が回復するのである。

1-5. 保育と仕事の両立支援は必要である、だが、これからは在宅で子育てする家庭も等しく支援がなされるべきである

筆者が提案する総域的アプローチと異なるのが、保育と両立支援を両輪とする従来型のアプローチである。保育と両立支援は、それらが困っている人たちの子育て環境を改善するための、必要な政策であった。しかしながら、そのアプローチでは、残念ながら出生率は過去およそ二五年間に回復しなかった。その理由は主に次の二つである。まず、この対策の実質的なメインターゲットが、前述のように一部の層に限定されていたからである。一部の層のみが結婚して、子どもを産み育てやすくなっても、出生率全体が回復するものではない（第六章参照）。また、保育と両立支援による少子化対策をすすめたことが、はからずも、出生率を抑制する効果もっていたのであった（第二章参照）。

では、どうしたらよいだろうか？　これについても、筆者が提案することは、前述したように少子化対策を総域的アプローチに転換することである。この転換によって、保育や両立支援をなくすということではない。行われるべきことは、すべての家庭を幅広く支援するように、少子化対策をデザインし直すことである。前述したことを繰り返すと、正規雇用者同士の共働き夫婦、夫が正規雇用者で妻が非正規雇用の夫婦、専業主婦（専業主夫）家庭等のいずれの家庭も、仕事生活を重視する家庭も家庭生活を重視する家庭も、その家庭に合った子育て支援を十分に受けることができるようにすることである。現にそれらの家庭がいるのだから、いずれの家庭も必要な子育て支援を受けることができる

ようにする。中でも、現在の制度で穴になっている（または脆弱である）ものは、決して数が少なくない、在宅で〇～二歳児を子育てする家庭に対する育児の支援や、家庭生活を重視する人・家庭も安心して子どもを産み育てられるようにするための支援である。それらの支援を、現在の対策に加えることが求められる。

わが国に限らず、欧米主要国でも、夫婦の就労形態にはバリエーションがある。本書で取り上げた国やアメリカにも、育児期に共働き夫婦もいれば、専業主婦（主夫）家庭も少なからずいる。それは、一定の世帯所得がある家庭において、夫または妻が就業するかしないかを主体的に決める自由があるからだ。合意すれば、その夫婦が家庭内でどのような分業をするかを主体的に決める自由もある。子どもが幼いときに、自分が家で子どもとふれあう時間を多くもちたいという人がいる。そうした家庭の中には、もう一人子どもを欲しいと思っていても、何らかの阻害要因があってそれをかなえることができない人がいる。総域的アプローチは、そうした家庭も、追加で子どもをもうけることを応援・支援することを目指すものである。

1-6．若い人たちが経済的・生活的に早く自立できるようにして、二〇代から結婚生活を開始しやすいようにすること

わが国の出生率低下の多くは、未婚化（晩婚化と非婚化）によってもたらされている。晩婚化は、人々

の欲しい数だけの子どもをもうけることを難しくもしている。出生率回復のためには、希望すれば、若いうちから、具体的には二〇代から、結婚生活を開始可能しやすいように環境を整えることである。その上で、仕事や私生活のために、個人がそれよりも遅く結婚することを望むのであれば、その選択は尊重されるものである。

不安定雇用と低い収入、出会いの場の不足は、若者の結婚を難しくする要因である（第一章参照）。これをふまえると、若い人たちが二〇代のうちに経済的・生活的に自立できるようにすることが求められる。特に若者たちの初期キャリア（キャリアは生涯に何度も変わりうるものではある）は大切である。自治体等によって取り組まれている出会いの支援も必要である。

生活にかかるコストは上昇しているが、若い世代の収入は伸び悩んでいる。安定雇用を手に入れても、住宅費や生活費の問題によって、二〇代で結婚生活を開始することが難しいという若者たちはいるだろう。諸外国に目を向けると、スウェーデンは、子育て家族の生活支援施策の中核に住宅手当を位置づけており、若年世帯もその手当を受給することができる。シンガポールでは、婚約したカップルは公団住宅に優先的に入居することができる（第五章参照）。これらの事例も参考にして、若者の結婚生活の開始を応援する住宅支援が求められる[3]。

本書の分析の結果、仕事生活を重視して、性別役割分業意識がリベラルな若者は初婚ハザード率が低く、家庭生活を重視して、性別役割分業意識が保守的な若者は初婚ハザード率が高かった。仕事生活を重視して、結婚をしないまたは先に延ばすことは、個人の選択の自由として尊重されるものである。その一方で、出生率を回復させるには、家庭生活を重視する若者たちが、安心して結婚生活を開始できるように応援・支援ことが大切である。

1-7. 子育てへの経済的支援を優先的に拡充すべきである——多くの子どもを育てる世帯ほど手厚くなるように

夫婦が欲しい数の子どもをもうけることができない最大の理由は、子育てや教育にかかる経済的負担であった（第二章参照）。総域的なアプローチをすすめる際、優先的に拡充する必要がある施策は、子育てへの経済的支援である。

また、前掲図の方向性2で出生率を人口置換水準まで回復するには、多子世帯が現在よりも相当増えることが必要になる。このため、子どもを多く育てる家庭ほど手当が多くなるような経済的支援を行うことが求められる。方向性2で出生率を回復させる場合、主体的に結婚・出生をしない個人・家庭の分の子ども数を、多くの子どもを育てる家庭が埋め合わせていることになる。それにかかる経済的負担は相当なものだろう。人口面において社会を持続することにより貢献している多子世帯に対して、社会は子育てへ経済的支援で報いる必要がある。

さらに、本書で紹介したイギリスとフランスは、日本よりも手厚い児童手当のほかに、子ども数が多くなるほど所得税が軽減される税制も実施していた。家庭にとっての子育ての経済的負担を軽減するためには、児童手当と税制のトータルによって経済的支援を手厚くする方法も用いられるべきだろう。

多子世帯は、家族が多いゆえに、家を購入・賃貸する負担も大きい。それを軽減する措置を実施することも期待される。

1-8. 大都市への過度な人口集中を是正すること、各自治体に合った対策を実施できるようにすること

地方から大都市、特に首都圏へ、かなりの数の若者が進学・就職等のために移動している。この人口移動が続いては、地方は存続できない。そうなれば、若年人口を地方に依存する首都圏等も存続することができなくなる。この問題を解決するには、地方から大都市への若年人口の移動を少なくするとともに、都市と地方の両方において出生率が回復していくことが必要になる。

地方から大都市への若年層の流出を少なくするためには、〈広義の少子化対策〉をすすめることである（第四章参照）。具体的には、各地域における産業、特に工業を振興して、地方に若者の雇用を創出する。希望する若者が地方に住んで家族形成できるように、UIJターンや住宅支援等の取り組みも大切になる。

地域によって少子化の現状、要因、活用できる資源は異なるため、各自治体に合った少子化対策を

行うことが、当該自治体の出生率回復に効果的である。それを可能にするような、少子化対策の制度設計と予算措置が求められる。

1-9. 少子化対策にかける総支出の増額と国民負担率の引き上げ――少子化対策のために必要な国民負担をすること、フリーライドをなくす制度設計をすること

少子化対策を拡充することは、当然それにかかる総支出を増やすことになる。その総支出に相当する家族関係社会支出の対GDP比は、二〇二〇年現在一・九％程度である。この割合を、手厚い少子化対策を実施してきた欧州諸国を目標にして、引き上げる必要がある。そのための追加予算を、税・社会保険料の国民負担を増やすことによって捻出する。

そのときに、出生率を回復させるために、子どもを産み育てていない個人・家庭は負担を大きくして、子どもを産み育てる家庭のそれは追加負担が生じないように制度設計をすることがポイントになる。なおかつ、子どもを多く産み育てる家庭ほど、子育ての経済的・非経済的支援を多く受けることができるようにする。わが国の人口構造を考慮すると、子育てを終えた人たちも追加負担をして、その分もこれから／いま子どもを産み育てる家庭に対する経済的・非経済的支援にする。

これをお金の流れでみると、子育てにかかる経済的負担を（時間的・精神的負担も）していない人および子育てを終えた人たちに多くの税・社会保険料を支払ってもらい、それを人口再生産が可能にな

るまで出生率が回復するように、子どもを産み育てる人〈特に多子世帯の人〉に対して配分することになる。主体的に結婚・出生しないことを選択する人がいる一方、そこで減る出生率以上に、社会的・経済的に応援されている多子世帯がいる状態、これが社会の人口を持続させながら個人の結婚・出生における自由な選択を維持することができる〈自由な社会〉の姿である。

本書では、個人の結婚・出生の選択の自由を尊重しながら、出生率を回復させるにはどうしたらよいかという問題の解を探ってきた。主体的に結婚・出生しない人は、この社会にいる。世の中には、彼らをとがめる空気もあるだろう。だが、彼らが、子どもを育てている人たちを支援するために十分に（ここが大事だが）割高な税・社会保険料を負担するのであれば、彼らは子どもを産み育てる人・家庭にフリーライドする存在とはいえない。ここに、個人の自由の尊重と社会の出生率回復の取り組みをバランスできる均衡点がある。これが、この問いへの解だ。

2. 具体的な施策の提案

前述した少子化対策の基本的な考え方のもとで、具体的な施策を提案したい。本節で提案する施策の中には既に実施されているものもあるが、それらは現状の施策を強化することが求められるものとしてあげている。なお、ここで提言する政策は、本書の分析から導き出した範囲のものであるため、少子化対策の全てを網羅してはいない。

2-1. 若者の雇用環境の向上

①企業には若い社員を正規雇用者として積極的に採用して、彼らを中心に賃上げを積極的に行うことが期待される。政府は、そうした企業の取り組みを後押しする政策を行う。特に、若者がしっかりした初期キャリアを築けるように応援・支援する。

②正規雇用者と非正規雇用者の同一労働・同一賃金を、確実に実施する。

③若年の非正規雇用者が、正規雇用者の職をえられるように職業紹介を拡充する。特に人手不足とされる中小企業や福祉系の職場等への職業紹介を充実させる。若者が自らに合った仕事をみつけることができるように、セカンドチャンス、サードチャンスを積極的に与える。

若い人たちが経済的・生活的に早く自立して、希望する人が結婚生活を開始できるようにするには、何よりも若者が初期キャリアをしっかり築けるようになることが大切である。一人でも多くの若者が、正規雇用の職につくことができるよう、企業には若い社員を継続して採用することが期待される。政府は、企業が若者を積極的に採用することを応援・支援する取り組みをする。政府の取り組みは、何も制度的なものばかりではない。国の代表者が若者の積極雇用を訴えることも、若年雇用の改善に効果を発揮する。政府の取り組みは、景気後退期に特に必要になる。

産業構造や企業競争力の問題から、若者全員が正規雇用者になることは難しいところもある。不本意にも、非正規雇用の職につかざるをえない若者がいるだろう。彼らの所得を上げるためには、同一労働・同一賃金の政策を着実に実行することが必要になる。

中小企業や福祉系の職場などは人手不足で、正規雇用者を必要としている職場も多い。非正規雇用の若者が正規雇用につくことができるよう、職業紹介を充実させることも求められる。

2-2. 若者の結婚支援

①国は自治体等が行う出会いの機会づくりを財政的にしっかり支援する。自治体は、自らに合った方法で出会いの支援を充実させる。

②若者が結婚生活を開始することを住宅支援またはそれに相当する資金面での支援をする。

既に自治体や地元商工会等は、若者に対して出会いの支援（いわゆる婚活支援）を行っている。出会いの支援はなかなか成果が上がりにくいものだが、この取り組みは結婚を希望する若者たちにとって必要なものである。現在、自治体は国の交付金を活用してこれらの事業を実施している。各自治体が腰を据えて出会いの支援を継続できるように、国はこの事業に対する安定的な財政支援を実施した方がよいだろう。

一九九四年のエンゼルプランには住宅支援に関する記述がなされていたが、その後の少子化対策においては住宅支援はあまりなされてこなかった。諸外国に目を向けると、若者の経済的自立を応援する住宅支援を実施している国がある。わが国も、若者が結婚生活を開始することを住宅支援またはそれに相当する資金面での支援を充実させることが望まれる。具体的には、自治体が高齢化と人口減少によって増加する空き家を改修して若い夫婦に低額で貸与したり、結婚生活を開始する若い夫婦に対して数年間住宅費補助をするような方法等があげられる（本書執筆中に、政府の「結婚新生活支援事業」は拡充された）。

2-3. 多くの子どもを育てる世帯ほど手厚くなるように、子育てと教育の経済的支援を行う

①児童手当を、子どもが多い世帯ほど——特に多子世帯が——手厚くなるようにして、大幅に増額する。その後、支給対象年齢の上限を、中学生から高校生までに延長する。

②ひとり親世帯に対する児童扶養手当等の経済的支援を拡充する。

③国共通の子育て応援パスポート（電子マネー型）をつくる。これを持つ家族、特に多子世帯が、加盟店で多くの割引を受けられるようにする。

④中学生までの子ども数に応じた所得税の控除を復活させる。子ども数が多い夫婦ほど所得税の控除を増やすことによって、子どもをもつ家庭の税負担を引き下げる。必要な財源は、子どもがいない個人または夫婦の所得税の基礎控除を縮小させることによって捻出する。

⑤多子世帯が住宅を取得しやすいように、住宅ローンの利率軽減や住宅費取得の補助を行う。

子育ての経済的支援の核になるのは、児童手当である。これを、子どもが多い世帯ほど手厚くなるように増額する。具体的な方向性は、大きく分けて次の二つがある。一つめは、子ども数が多いほど児童手当額を増やすことである。例えば、その月額を、第一子を据え置いた上で、第二子と第三子を月額一万円増額することだ。僅か月一万円と思う人がいるかもしれないが、それは一年間で一二万円、一五年間で一八〇万円になる。もう一つは、多子世帯を特に応援するものとして、第一子と第二子の児童手当額を据え置いて、第三子以降分を月四万円に引き上げるなどすることである。この場合、第三子は一五年間で約七〇〇万円を受給できる。この金額は子ども一人を一五年間育てるためにかかる費用には足りないかもしれないが、それでも多子世帯の家計を応援することになる。このための必要な追加予算額は、所得制限等にもよるが、いずれの場合も幼児教育無償化級かそれ以上に相当するものである。相当な予算が必要になるが、出生率を回復させるには思い切った経済的支援の拡充が必要になる。児童手当の拡充は、筆者が長年訴えつづけてきたことだ。フランスやスウェーデンなどでは、子どもが学生であればおおむね二〇歳まで児童手当が支給される。現在日本では子どもの大半は高校卒業後に大学・短大・専門学校等へ進学するために、子どもが二〇歳時点までほとんど親が子どもの生活費・教育費を負担している。必要な追加予算額はさらに増えるが、子育ての経済的負担を軽減するためには、わが国も支給対象年齢の上限を中学生から高校生（やや控えめだが）まで延長することを検討した方がよい。

ひとり親世帯を支援することは、彼ら親子が経済的困窮に陥ることを防ぐとともに、若者が安心して結婚・出生できるようにするためにも必要である。ひとり親世帯にも就労所得が高い親から低い親までいるため、ここでの経済的支援は各世帯の所得水準に応じて行われるものであろう。

多くの自治体が、子育て応援パスポートを発行している。これを持つ家庭が全国どこでもパスポートを使用しやすいように、全国共通・電子マネー型にしてはどうだろうか。また、フランスの大家族カードを参考にして、特に多子世帯がこのパスポートでこの制度の加盟店等において多くの割引を受けられるようにすることを提案する。これは、多子世帯を気持ち的にも応援することにもなる。

わが国は子ども数に応じた所得税の控除を廃止して、その財源をこれまでの児童手当の拡充にあててきた。それは日本人には当たり前のことに思うかもしれないが、イギリスとフランスでは、児童手当のほかに、子ども数が多くなるほど所得税が軽減される税制がなされている。これに倣い、わが国も子ども数に応じた所得控除を復活させることを提案する。必要な財源を子どもがいない個人または夫婦の所得税の基礎控除を縮小させることによって捻出することにより、現在子どもを育てていない家庭から子どもを育てている家庭に対して所得移転をすることになる。

一部の自治体では、多子世帯向けに住宅ローンの金利優遇等、住宅取得の負担軽減策が行われている。これが多くの地域に広がり、かつ拡充されることを期待したい。

2-4．保育・幼児教育・地域子育て支援

①全国を、A：待機児童が非常に多いところ、B：待機児童はいるもののその数が少ないところ、C：保育所が定員割れしはじめているところ、のカテゴリーに分類して、それぞれの地域に合った保育対策をすすめる。各自治体は、保育園の年齢別定員の空いている数も公表して、効果的・持続的な保育対策をすすめる。

〈1〉カテゴリーAに該当する自治体は、保育については待機児童対策を優先課題として、保育対策を実施する。待機児童が特に集中する首都圏等は、当該自治体が責任をもち、主導して、保育対策を行う。

〈2〉カテゴリーBに該当する自治体は、既存の保育資源を有効活用して待機児童対策にあたるとともに、保育の質を向上させる取り組みに軸足を移していく。

〈3〉カテゴリーCに該当する自治体は、地域の保育環境の持続につとめる。

②すべてのカテゴリーに共通して、保育施設と育休を有効活用する。新たなハードをつくる前に、まずは空きのある保育施設、幼稚園、それ以外の施設・サービスの有効活用をすすめる。

③〇歳児保育をなくして育休で代替している国の取り組みを参考にして、わが国も段階的に〇歳児保育を削減して、育休で代替させていく。削減する〇歳児保育分を一、二歳児保育や一時保育に配分する。

④在宅で子育てをする親の心身の負担を軽減するために、保育所・幼稚園・その他子育て支援施設において、安価に（例えば、ワンコインで）利用できる一時保育を拡充する。

⑤子どもを望む人が安心して不妊治療を受けることができるように、不妊治療にかかる経済的負担を軽減する。

保育需要と待機児童数は、自治体による差が非常に大きい。保育における課題は、待機児童対策のみではなく、保育の質の向上、子ども数が減る地域において保育・幼児教育施設をいかに持続していくかなど、さまざまである。これをふまえると、全国を保育需要によって区分して、各カテゴリーで優先される保育課題に対処していくことが効果的である。問題は異なるが、地域を区分して各自治体主導で対策にあたる方法は、二〇二〇年に新型コロナウイルスの感染拡大防止のときもなされたことがある。

人口減少が進んでいくので、いずれのカテゴリーの自治体も、新しい施設（ハード）をつくること以外に、まずは空きのある保育施設・幼稚園・それ以外の施設やサービスの有効活用をすすめることが求められる。保護者には育休の活用も推奨する。ハードを新設することを抑制しなければ人口減少によって施設は過剰になっていくため、それはやがて自治体の財政負担を増やし、将来保育・幼児教育施設を数多く閉鎖するような事態を招きかねない。

ハードの新設を抑制して保育対策を行う一つの方法は、北欧で行われているように、〇歳児保育を育休で代替することである。わが国も、新規施設をつくらずに、段階的に〇歳児保育を育休で代替して、その〇歳児保育分を一～二歳児保育等に配分することによって、新規施設の増設を抑えて保育量を拡大する方法を検討してはどうだろうか。

在宅で子育てをしている専業主婦世帯等に対する育児支援の拡充も必要である。具体的な方法としては、まず、財政支援をした上で、保育所・幼稚園・その他子育て支援施設において安価な一時保育を実施することである。定員に余裕のある施設・人員を、この一時保育に振り向けていく。これらによって、在宅で子育てをする親の心身の負担を軽減するとともに、その子どもたちの心身の発達を促すことが期待される。児童虐待を予防することにもつながる。

子育て支援とは異なるが、不妊治療への支援も大切である。夫婦が理想の子ども数をもたない（もてない）理由の第三位は、不妊にかかわるものであった。本書執筆時点において、政府は不妊治療への保険適用を検討している。それが実現されることを期待したい。

2-5. 両立支援・働き方

①出生と安定雇用への影響をふまえて、労働者全員の残業時間をゼロにすることを目指すことはしない。労働者に対して残業時間が長い働き方から短い働き方までの選択肢を広げて、人々が自らに合った働き方を、ライフステージの中で、できる限り選べるようにする。過労死ラインを超え

る長時間労働については、これを是正する。

②増加しつつある非典型時間帯労働に従事する人の両立の課題を調べて、必要な対策を講じる。

③父親が、家庭の状況に合わせて、母親同等型、母親補助型、週末型、遠隔型など多様なスタイルで育児に関わるようにする。

④希望する人がみな育休を取得できるようにする。そのために、育休法（育児・介護休業法）を改正して、非正規雇用者も育休を取得して、休業中の所得補償を受けることができるようにする。ある程度長めの育休を取得したいという希望もかなえるために、公的な育休の取得期間を、希望者が〇歳児のうちは在宅で子どもを育てやすいように、最長二年程度まで延長する措置を恒久化する。男性の育休取得を容易にするために、育休のうち最初の一～二週間程度の完全所得保障にする。

⑤在宅で子育てをしてきた母親に対するスキルアップ支援と再就職支援をする。

日本は、正規雇用者の労働時間が長い社会である。それが、母親の就業を難しくして、父親を育児から遠ざける背景要因でもある。

だが、残業は別の側面ももっている。不況や企業業績が多少悪化しても正規雇用者の雇用安定のためには、日頃からある程度の残業時間が長いことが必要であった。一般労働者家庭の親子が階層上昇しようとするときに、残業によって所得を増やすことが必要になる場合もある。(4) 高い質の仕事をするために、残業が必要になるときもある。残業をする人は、社会的に、企業にも、必要である。父親の残業時間が短くなると、夫婦の追加出生が減ることにもなる。

これらを考慮すると、わが国は労働者全員の残業をゼロにする社会を目指すのではなく、労働者に対して残業時間が長い働き方から短い働き方までの選択肢を広げることである。そうして、個別労働者が自らに合った働き方を各ライフステージにおいてできる限り選べるようにすることが、現実的な方向性である。これは、働き方において、多様で、選択の自由を確保することになる。

産業構造の変化等によって、早朝・深夜・土日やシフトの勤務という非典型時間帯労働に従事する人は増えているが、彼らの結婚・出生・子育て、そして両立に何らかの問題があるか否かはよくわかっていない。非典型時間帯労働者の労働と結婚生活・子育ての両立の実態把握がなされる必要がある。その上で、必要があれば、非典型時間帯労働者に対する両立支援の検討を行うことである。

夫と妻の就業の有無と働き方が多様であれば、父親の育児参加をすすめるとき、それは各家庭の状況に合わせたものになる。例えば、夫の育児参加のスタイルは、夫婦が同程度稼ぐ仕事についていれば母親同等型に、夫が長時間働き主に生計を維持しているのであれば母親補助型に、さらに長時間働く夫は週末型、単身赴任者は遠隔型など、多様なスタイルで育児にかかわるようにする。このとき、父親の育児参加を強調することが、母子家庭に辛い思いをさせないように配慮することも大切である。

現在の育休を、増加する非正規雇用者はほとんど利用することができていない。正規雇用者でも、ある程度長めに育休を取得することを希望する人は利用しにくい。これらの点を改善するために、育休法を改正して、非正規雇用者も育休を取得して、休業中の所得保障を受けることができるようにすることを提案する。また、ある程度長めの育休を取得したいという希望もかなえるために、現在最長二年間に延長された公的な育休の取得期間を恒久化する。ちなみに、以前から、小学校教員や国家公務員は、最長三年間の育休を取得できるようになっている。さらに、男性の育休取得を容易にするために、育休のうち最初の一〜二週間程度の完全所得保障にする。これを配偶者出産休暇として、新たな制度としてつくる方法もある（本書執筆時点で、政府は検討中）。こうした制度は、イギリスやフランスにもある。これによって、特に父親の所得減の影響を受けやすい父親が主に家計を支えている世帯でも、父親が育休を取得しやすくなる。

両立支援は、何も働き続ける人たちだけに対するものではないだろう。子育て期に就業していなくても、その後働くことを希望する人たちは多い。彼らも貴重な人材である。彼らに対して、スキルアップ支援と再就職支援をすることが大切である。

2-6. 教育

①子どもの教育の費用負担を軽減するために、大学までにかかる教育費を軽減する。特に多子世帯の教育費、および高等教育費を軽減する。
②国の奨学金（給付型）を給付する際、一定数を多子世帯に割り当てるようにする。

③地方の若者の教育機会を維持するために、各県に国公立大学+一つ以上の総合私立大学+一つ以上の専門技術職を養成する高等教育機関を維持する。

④小中高の各教育段階において、子どもたちがわが国の少子化の現状と少子化対策の必要性をしっかり学べるようにする。

子どもの教育にかかる親の経済的負担は大きい。幼児教育無償化が実現されたために、幼児教育期の教育費負担はほぼ解消された。次は、大学等の高等教育にかかる教育費負担を軽減することが求められる。そのための方策の一つは、給付型奨学金の拡充だろう。これを給付する際、一定数を多子世帯の学生に割り当てるようにすれば、多子世帯の教育費負担を軽減することにつながる。

地方で生まれ育つ若者にとって、地元の県で高等教育を受けられる機会があることは大切である。それは、若年人口が地方から首都圏等へ流出して、地方が縮小することを防ぐことにもなる。

少子化対策は、今後長い取り組みになるだろう。次の世代も、わが国の少子化の現状と問題をしっかりと知って欲しい。そのためにも、小中高の各教育段階において、子どもたちが少子化の現状と出生率回復の必要性をしっかり学ぶ教育が行われることを期待する。

2-7. 地方の少子化対策と地域の産業支援

①長い時間をかけて、首都圏への一極集中を抑制して、多極的な国土構造に転換させる。
②国と自治体は、地方の産業、特に製造業、を振興する取り組みを拡充する。
③若者が地元企業への就職・転職を応援する取り組みをする。
④国は、各自治体が地域に合った取り組みもしやすいように、少子化対策の制度設計と自治体への予算措置をする。

わが国全体の出生率を回復させて総人口の減少を抑制するには、地方から大都市、特に首都圏へ流出する若年人口を抑制していくことが不可欠である。そのためには、地方に若者の高等教育の機会を確保して、良質な就業機会を増やすことである。

そのための根本的な対策は、長い時間がかかっても、首都圏への一極集中を抑制して、多極的な国土構造にしていくことである。ちなみに、アジア諸国には日本よりも出生率が低い国々があるが、それらの国では首都に人口が集中しすぎていることも出生率を引き下げることにつながっている。

地方の産業を強化する取り組みも求められる。特に地方に製造業（最終製品、素材、部品、食品等）を振興する取り組みを実施する。それは、地域外からお金を稼ぐことができて、地方に良質な雇用機会を増やすことになる。地方の産業活性化とあわせて、若者が地方企業への就職・転職しやすくすることも求められる。

国には、各自治体が地域に合った取り組みもしやすいように、少子化対策の制度設計と予算措置をすることが望まれる。

2-8. 家族・意識啓発

①政府と自治体は、子育てをするさまざまな家族――共働き世帯、専業主婦/主夫世帯、ひとり親世帯等――とその生き方が社会的に尊重されるように、子どもを産み育てることを社会が応援・支援する必要性を意識啓発する。

②可能な地域においては、祖父母との同居(二世帯住宅を含む)・近居支援をすすめる――個人・家族が使える資源は使う方がよい。

子どもを産み育てる個人・家族、そして子どもを産み育てる行為は、社会で最も尊ばれるべきものである。近代化によって社会が高度・複雑になり、現代人はそのことを忘れてしまってはいないだろうか。政府は、子どもを産み育てる個人・家族によって、すべての国民が恩恵を受けている国のさまざまな制度を(当然、社会保障というセーフティネットも)維持できていることを、国民に率直に伝えた方がよい。同様に、自治体も、彼らのおかげで、自治体の機能を維持できていることを住民に伝えることが大切である。その際、①子育てをするすべての家族とその生き方が社会的に尊重されるようにすること、②子どもを産み育てることを社会が応援・支援する必要があること、の二点を意識啓発することだ。前者は、総域的アプローチにつながるものである。後者は、少子化対策を拡充するために避けて通れない、追加の国民負担を国民に要請するためにも必要になる。

祖父母が同居または近居して、子夫婦の子育てを支援するような地域は、子どもを産み育てやすい。そこでは、希望する女性が就業もしやすくなる。近代以降、家族は細分化されてきた――三世代世帯が減り、核家族が増え、最近では単身世代が急増する。この変化は、家族・親族がお互いを助け合えなくなっていくものである。家族・親族同士が助け合えるようにすることが大切である。具体的な施策としては、三世代同居または二世帯住宅の改修費の支援、団地やマンションに親世代と子世代が別個の住宅を賃貸する際にその費用を大幅に割り引く制度などがあげられる。

2-9. 少子化対策の財源

①家族関係社会支出をGDP比率三%まで増額する。そのための追加予算を消費増税（子育て支援税という目的税もありうる）と政府支出を見直して捻出する。

②中学生までの子ども数に応じた所得税の控除を復活させる。子ども数が多い夫婦ほど所得税の控除を増やすことによって、子どもをもつ家庭の税負担を引き下げる。必要な財源は、子どもがい

ない個人または夫婦の所得税の基礎控除を縮小させることによって捻出する。［再掲］
③首都圏への一極集中を是正するために、都道府県間の財政力格差を縮小させる措置をとる。

既に何度も述べてきたが、出生率を回復させるためには、少子化対策にかける総支出を増やす必要がある。具体的には、家族関係社会支出の対GDP比を現在の一・九％から欧州主要国並みの三％まで増額する必要がある。

問題は、どうやってその費用を捻出するかである。筆者は、必要な財源の半分程度は、消費税を引き上げその費用を捻出することを提案する——これを「子育て支援税」という名称の目的税にしてもよい。少子化対策は全国民のためであることから、全国民が広く薄く負担する形式の消費税を用いることが合理的である。残る分は、政府に、現在の支出を見直して少子化対策の予算を捻出することを求めたい。

首都圏への一極集中がすすむ背景には、中央官庁と大企業の本社（機能）が集まる東京都の財政力が他を圧倒しているのに対して、地方は財政的に苦しいという財政力格差の問題もある。各道府県がその地域に応じた狭義の少子化対策と広義の少子化対策を行うためには、追加予算が不可欠である。そのためにも、都道府県間の財政力格差を縮小させる措置をとることが求められる。

2-10. 少子化対策全般・推進体制

①出生率をいつまでにどの程度に回復させるかという目標値を定めて、これを定期的にアップデートする。

②少子化対策のＰＤＣＡサイクルを回す。

③内閣府の重要政策に関する会議の一つに、既存の会議を格上げまたは新設して、少子化対策を担当する会議を設置する。内閣の組織において、少子化対策を担当する部署をより上位の組織に格上げする。その組織の目的は、出生率回復のための取り組みを行うことと定める。そのために必要な広く深い見識をもつスタッフを配置する。

政府には、わが国の出生率を回復させる目標値を定めて、そのために必要な少子化対策を実施することが求められる。出生率回復の目標は、国民に対して少子化対策を拡充する必要性およびそのために国民が追加負担することも必要になることを説得的に提示するためにも、必要である。政府は希望出生率一・八という目標を立てている。これを当面の目標としつつ、定期的にアップデートすることが求められる。出生率が人口置換水準まで回復しなければ永遠に人口減少が止まらないため、将来的には出生率を人口置換水準二・〇七まで回復させる目標を立てる必要がある。

出生率目標を立てることは、政策のＰＤＣＡサイクルを回すためにも必要になる。計画・実施した施策が、出生率回復に効果があったかどうかをチェックする。もし出生率回復に効果がない施策があれば、それらを修正する。

少子化の克服をすすめるためには、強力な推進体制が必要である。だが、少子化は比較的新しい政策課題であるために、政府組織の中で少子化対策を担当する大臣、会議、および部局の位置づけ、権限、人員体制は残念ながら強いものではない。少子化はわが国最大の危機の一つであることをふまえれば、これら国の推進体制を強化することが必要である。具体的には、内閣の重要政策に関する会議（現在、経済財政諮問会議等五つある）の一つに、既存の会議を格上げまたは新設して、少子化対策を担当する会議を設置することがあげられる。少子化対策を担当する官庁の内部組織・スタッフも充実させる。

〈注〉

（1）ちなみに、以前、筆者は、少子化対策を「出産に至る阻害要因を取り除き、出生率の回復をめざす政策」（松田二〇一三、まえがきより）と定義していた。本書の定義は、筆者自身の少子化対策のそれを拡充するものである。

（2）これは、筆者が過去に提案したアプローチ（松田二〇〇九b、二〇一三）と若干異なる。

（3）このアイデアは、少子化を研究する社会学者の工藤豪氏が政府の少子化対策の会合で提案したものである。

（4）この点は、竹ノ下弘久慶應義塾大学教授から指摘されたことである。

あとがき

本書は、近年のわが国の出生率およびそれに関係する社会の変化をふまえた、新しい少子化の総合的分析と政策提言の書である。この間、少子化対策にもかかわらず出生率は低下して、総人口の減少も加速した。わが国社会の持続のためには、一にも二にも出生率を回復させることが必要である。出生率回復のために、本書は「総域的な少子化対策」というコンセプトと個々具体的な政策提言をしている。従来目を背けられてきた、結婚・出生についての〈個人の選択の自由〉と人口面での〈社会の存続〉が対立することの問題に正面から向き合い、筆者が考えるその解決のための方法を提案している。具体的に言いたかったことは本文中に述べてきた。本書が、今後の少子化対策に対して参考になることができれば幸いである。わが国の少子化対策が拡充されて、出生率が回復していくことを切に願う。

筆者は、八年前、少子化の総合的分析と政策提言を本のコンセプトにして、著書『少子化論―なぜまだ結婚・出産しやすい国にならないのか』を執筆した。文体はやわらかくても中身は学術書であったのだが、たくさんの研究者、政策関係者、マスコミ、一般読者に読んでいただいた。研究書にもかかわらず、一般の方から直接感想をいただいたこともあった。以前取材を受けた某新聞社の記者から、『少子化論』の終章で「提案されたとおりに政策がすすんでいる」といわれたことがある。実際に、同書で提案した施策案の多くが実現していった。嬉しいことであった。筆者は、少子化の一研究者であり、直接政策を動かすような力はない。そのようになった理由は、政策にかかわる人たちが出生率を回復させるためにわが国がとりうる施策を合理的に考えた結果、それらの施策と拙著で提示した少子化対策の提言がほぼ同じものになったというのが実際のところだろう。

この間、筆者は前職の民間研究所研究員から大学教員へ転職して、新しい環境で研究を行ってきた。以前よりも、研究テーマは広がった。前職ではできなかったことだが、科研費を取得して、研究仲間と共に国際比較研究を行い、年齢的には遅ればせながら片言の英語で国際学会でも研究報告を行った。それらの成果をもとに、本書の各章を執筆している。ちなみに、大学教員になって知ったことだが、いまの日本の大学教員は授業、学生指導、学生の相談、学内の事務、会議等と仕事量が多い。この中で研究を行うことは、なかなか大変である。本文中にも扱った仕事と家庭の両立というものは、良好に両立できている期間はよいが、そうでなくなったときに自分が仕事で最大限のパフォーマンスを発揮できなくなる。この間、それを身をもって知ったこともある。以上の研究と経験は本書の内容に活きている、と信じている。

本書には、筆者が研究代表者をしたＪＳＰＳ科研費（課題番号 26885094, 26285122, 18H00936）の研究成果を使用している。分析に使用した全国家族調査（NFRJ18）は、ＪＳＰＳ科研費 JP17H01006 の助成を受けて日本家族社会学会・ＮＦＲＪ18研究会（研究代表：田渕六郎氏）が企画・実施したものである。東京大学社会科学研究所附属社会調査・データアーカイブ研究センターのＳＳＪデータアーカイブから、東京大学社会科学研究所が実施した若年／壮年パネル調査（JLPS-Y/M）および日本家族社会学会全国家族調査（NFRJ）委員会が実施した「全国家族調査」（NFRJ03, NFRJ08）の個票データの提供を受けた。

本文中にも記述しているが、筆者が過去に発表した研究成果の一部を本書の各章で用いている。第一章には、学術誌 Comparative Population Studies に掲載された佐々木尚之氏との共著（Matsuda and Sasaki 2020）および内閣府経済社会総合研究所『ESRI Discussion Paper Series No.323 少子化と未婚女性の生活環境に関する分析』に収録された松田（二〇一五a）の結果を使用している。第二章には、NFRJ18研究会において行った分析結果（松田 二〇二〇a）を載せている。第三章には独立行政法人労働政策研究・研修機構の育児・介護と職業キャリアに関する共同研究に参加して分析した結果を用いている（松田 二〇一七a）。第四章には、公益財団法人日本都市センターの『都市自治体の子ども・子育て政策』に書いた論文（松田 二〇一七b）と阿部正浩編『少子化は止められるか？―政策課題と今後のあり方』（有斐閣）に収録されている拙稿（松田他 二〇一六）から分析の一部を用いている。第五章には、『中京大学現代社会学部紀要』に載せた論文（松田 二〇一七c）と津谷典子他編著『人口変動と家族の実証分析』（慶應義塾大学出版会）に収録された拙稿（松田 二〇二〇b）の結果を使用した。第六章には、『社会学評論』と『人口学研究』に掲載された拙稿（松田 二〇一五b、二〇一九）の一部を使用している。

各章の研究を行うにあたり、たくさんの方からの支援を受けている（恐縮であるが、紙幅の都合上、肩書きを省略して、すべて「氏」としている）。東アジア諸国の国際比較研究は、竹ノ下弘久氏、裵智恵氏、シム・チュン・キャット氏、菅桂太氏、佐々木尚之氏、西村純子氏、藤間公太氏、梁凌詩ナンシー氏、劉語霏氏、小川和孝氏、金鉉哲氏、申在烈氏、曺成虎氏らと行ったものである。この研究は、大学院時代の指導教授である渡辺秀樹氏が行っていた共同研究が発展したものだ。この研究会で、鈴木透氏と高橋重郷氏から貴重な講義・コメントをいただいた。大石亜紀子氏、高橋美恵子氏、西村智氏とは、少子化の国際意識調査や非典型時間帯労働に関する研究を一緒に行った。自治体の少子化対策に関する研究は、阿部正浩氏、佐々井司氏、工藤豪氏、高岡純子氏らと一緒に行ったものである。(元)同僚である埴淵知哉氏と小島康生氏とは、一緒に本書で使用した子育てに関する調査を実施した。大学院時代の副指導教授であった津谷典子氏からは、氏の最終講義で貴重な知見を教えていただき、また記念出版に参加する機会をいただいた。国立社会保障・人口問題研究所の林玲子氏、小島克久氏、竹沢純子氏、渡辺久里子氏、守泉理恵氏から、家族関係社会支出の国際データや児童手当の歴史的経緯等について情報提供をいただいた。大日向雅美氏からは、会議の場等で筆者の視野を広げる視点をいただいた。筆者が行った学会報告にコメントしてくださった研究者、投稿論文の査読者から貴重な助言や批判をいただいている。職場の同僚からは、いつも研究に関する刺激を受けている。

元少子化担当大臣である小渕優子氏、森まさこ氏、松山政司氏には、筆者に政府の少子化関係の会議等に参加する機会をいただけたことに深く感謝している。元文部科学大臣である下村博文氏には、幼児教育無償化の提言を行った際の教育再生実行会議分科会に参加する機会をいただけたことに深く感謝している。それら会議等の関係者・委員、それを担当した内閣府、内閣官房、厚生労働省、文部科学省等のスタッフの方々にも大変お世話になっている。全国知事会、全国市長会、そしていくつかの自治体の少子化関係の会議に参加させていただいたことで、少子化の地域差を深く知ることができた。

インターネットの発達も影響しているのか、近年学術書を出版することのハードルは高まっている。そうした中で、この拙著を出版することができたのは、株式会社学文社田中千津子社長のお陰である。

以上のように、本書は多くの方々からの支援や指導のもとに完成に至っている。ここに、記して謝意を示す。ただし、本書中の見解は筆者個人のものであり、いかなる瑕疵も筆者の責任である。

最後に、本書は私の家族がいてこそ執筆することができた。妻の章子、息子の悠樹、娘の未樹と咲樹、母・博子、そして猫のチャーロ（茶トラ、雄）に感謝している。

二〇二一年一月吉日

松田　茂樹

文献リスト

赤川学（2004）『子どもが減って何が悪いか！』筑摩書房。

赤川学（2009）「人口減少社会における選択の自由と負担の公平―男女共同参画と子育て支援の最適配分をめぐって」『社会学評論』56（1）：20-37。

赤川学（2017）『これが答えだ！ 少子化問題』ちくま新書。

朝日新聞「ロストジェネレーション」取材班（2007）『ロストジェネレーション―さまよう2000万人』朝日新聞社。

足立泰美・中里透（2017）「出生率の決定要因―都道府県別データによる分析」『日本経済研究』75：63-91。

阿藤誠（2000）『現代人口学―少子高齢社会の基礎知識』日本評論社。

阿藤誠（2011）「超少子化の背景と政策対応」阿藤誠・西岡八郎・津谷典子・福田亘孝編『少子化時代の家族変容―パートナーシップと出生行動』東京大学出版会、1-16。

安部由起子・大竹文雄（1995）「税制・社会保障制度とパートタイム労働者の労働供給行動」『季刊社会保障研究』31（2）：120-134。

石井クンツ昌子（2013）『「育メン」現象の社会学―育児・子育て参加への希望を叶えるために』ミネルヴァ書房。

泉眞樹子・近藤倫子・濱野恵（2017）「フランスの家族政策―人口減少と家族の尊重・両立支援・選択の自由」『調査と情報』941：1-14。

稲葉昭英（2011）「NFRJ98/03/08から見た日本の家族の現状と変化」『家族社会学研究』23（1）：43-52。

岩澤美帆（2015）「少子化をもたらした未婚化および夫婦の変化」高橋重郷・大淵寛編著『人口減少と少子化対策』原書房、49-72。

岩澤美帆・三田房美（2005）「職縁結婚の盛衰と未婚化の進展」『日本労働研究雑誌』535：16-28。

埋橋玲子（2016）「シンガポールの幼児教育・保育（1）―概況と背景」『同志社女子大学　学術研究年報』67：57-67。

宇南山卓・山本学（2015）「保育所の整備と女性の労働力率・出生率―保育所の整備は女性の就業と出産・育児の両立を実現させるか」PRI Discussion Paper Series、15A-2。

大石亜希子（2016）「イギリス」内閣府政策統括官『少子化社会に関する国際意識調査報告書』167-177。

大石亜希子（2017）「24 時間週 7 日経済におけるワーク・ライフ・バランス」『大原社会問題研究所雑誌』701：24-39。

大沢真理（2007）『現代日本の生活保障システム』岩波書店。

大竹文雄（2011）「人口減少の政治経済学」津谷典子・樋口美雄編『人口減少と日本経済—労働・年金・医療制度のゆくえ』日本経済新聞社、243-284。

大淵寛（2005）「少子化と人口政策の基本問題」大淵寛・阿藤誠編『少子化の政策学　人口学ライブラリー 3』原書房、1-32。

岡本政人（2015）「世界と日本の家計管理の実態と動向—国際社会調査データを用いたパネル分析および多項ロジット分析」『家計経済研究』107：54-63。

小川和孝（2018）「就学前教育と社会階層—幼稚園・保育所の選択と教育達成との関連」中村高康・平沢和司・荒牧草平・中澤渉編『教育と社会階層—ESSM 全国調査からみた学歴・学校・格差』東京大学出版会、13-28。

織田輝哉（1994）「出生行動と社会政策（2）—ヴィネット調査による出生行動の分析」社会保障研究所編『現代家族と社会保障』東京大学出版会、151-180。

落合恵美子（1994）『21 世紀家族へ—家族の戦後体制の見かた・超えかた』有斐閣選書。

落合恵美子（2013）「近代世界の転換と家族変動の論理—アジアとヨーロッパ」『社会学評論』64（4）：533-551。

垣谷美雨（2010）『結婚相手は抽選で』双葉社。

河合雅司（2017）『未来の年表—人口減少日本でこれから起きること』講談社現代新書。

金鉉哲・裵智恵（2020）「韓国における超少子化現象と教育問題」『家族社会学研究』32（2）：173-186。

金明中（2019）「韓国における無償保育の現状や日本に与えるインプリケーション」『基礎研レポート』2019-03-29。

玄田有史（2004）『ジョブ・クリエイション』日本経済新聞社。

国立社会保障・人口問題研究所（2017）『現代日本の結婚と出産—第 15 回出生動向基本調査（独身者調査ならびに夫婦調査）報告書』。

国立青少年教育機構（2019）『子供の頃の体験がはぐくむ力とその成果に関する調査研究報告書』。

小林淑恵（2006）「結婚・就業に関する意識と家族形成—循環モデルによる検証」『人口学研究』39：1-18。

是枝俊悟（2018）『平成の 30 年間、家計の税・社会保険料はどう変わってきたか』大和総研。

佐々木尚之（2012）「不確実な時代の結婚―JGSS ライフコース調査による潜在的稼得力の影響の検証」『家族社会学研究』24（2）：152-164。

佐藤亮子（2018）『佐藤ママの子育てバイブル　三男一女東大理 III 合格！学びの黄金ルール 42』朝日新聞出版。

佐藤龍三郎（2008）「日本の『超少子化』―その原因と政策対応をめぐって」『人口問題研究』64（2）：10-24。

佐藤嘉倫（2018）「制度主義的・合理的選択理論家からのコメント―家族社会学におけるミクロ・マクロ連結」『家族社会学研究』30（1）：153-155。

自治体国際化協会シンガポール事務所（2015）「シンガポールの少子化対策」『Clair Report』418。

シム・チュン・キャット（2020）「シンガポールにおける複線型教育がもたらす少子化への影響―『トーナメント競争マインドセット』とその罠」『家族社会学研究』32（2）：187-199。

鈴木亘（2009）『「認証保育所の運営状況に関する調査」結果報告書』。

千田航（2018）『フランスにおける雇用と子育ての「自由選択」―家族政策の福祉政治』ミネルヴァ書房。

全国私立保育園連盟（2004）『保育園がはぐくむ関係性に関する調査研究』。

総務省（2004）『少子化対策に関する政策評価書―新エンゼルプランを対象として』。

総務省統計局（2017）『平成 28 年社会生活基本調査―生活時間に関する結果』。

総務省統計局（2019）『統計トピックス No.119　統計が語る平成のあゆみ』。

高橋重郷（2000）『少子化に関する家族・労働政策の影響と少子化の見通しに関する研究』厚生科学研究政策科学推進事業（課題番号 H11- 政策 -009）報告書。

高橋美恵子（2016）「スウェーデン」内閣府政策統括官『少子化社会に関する国際意識調査報告書』161-166。

高山憲之・小川浩・吉田浩・有田富美子・金子能宏・小島克久（2000）「結婚・育児の経済コストと出生力」『人口問題研究』56（4）：1-18。

竹内真純（2007）「夫のサポートが夫婦の結婚満足度を高める」永井暁子・松田茂樹編『対等な夫婦は幸せか』勁草書房、77-94。

太郎丸博（2016）『後期近代と価値意識の変容―日本人の意識 1973-2008』東京大学出版会。

崔仙姫（2018）「韓国の保育支援について」『社会保障研究』3（2）：325-328。

塚原康博（1994）「出生行動と社会政策（1）―先行研究の動向と『出産と育児に関する意識調査』の概要」社会保障研究所編『現代家族と社会保障』東京大学出版会、129-149。

筒井淳也（2015）『仕事と家族―日本はなぜ働きづらく、産みにくいのか』中公新書。

津谷典子（2005）「少子化の人口学的背景と将来展望」社会政策学会編『社会政策学会誌　少子化・家族・社会政策』14：3-17。

津谷典子（2011）「未婚化の原因―ジェンダーからみた学歴と雇用」阿藤誠・西岡八郎・津谷典子・福田亘孝編『少子化時代の家族変容―パートナーシップと出生行動』東京大学出版会、19-42。

津谷典子（2018）「雇用とパートナーシップ―ジェンダーとコホートの視点から」津谷典子・阿藤誠・西岡八郎・福田亘孝編『少子高齢時代の女性と家族―パネルデータから分かる日本のジェンダーと親子関係の変容』慶應義塾大学出版会、59-69。

寺西重郎（2018）『日本型資本主義―その精神の源』中公新書。

戸田淳仁（2007）『RIETI Discussion Paper Series 07-J-007　出生率の実証分析―景気や家族政策との関係を中心に』経済産業研究所。

内閣官房まち・ひと・しごと創生本部事務局（2017）『地域少子化・働き方指標（第3版）』。

内閣府（2011）『平成22年度結婚・家族形成に関する調査報告書』。

内閣府（2015）『平成27年度年次経済財政報告―四半世紀ぶりの成果と再生する日本経済』。

内閣府（2020a）『令和2年版少子化社会対策白書』。

内閣府（2020b）『令和2年版高齢社会白書』。

内閣府子ども・子育て本部（2019）「子ども・子育て支援新制度について」（https://www8.cao.go.jp/shoushi/shinseido/outline/pdf/setsumei.pdf 2020年3月4日アクセス）。

内閣府政策統括官（2011）『平成22年度少子化社会に関する国際意識調査報告書』。

内閣府政策統括官（2012）『都市と地方における子育て環境に関する調査報告書』。

内閣府政策統括官（2016）『平成27年度少子化社会に関する国際意識調査報告書』。

西村智（2016）「フランス」内閣府政策統括官『少子化社会に関する国際意識調査報告書』155-160。

日本創成会議・人口減少問題検討分科会（2014）『成長を続ける21世紀のために「ストップ少子化・地方元気戦略」』。

日本都市センター編（2017）『都市自治体の子ども・子育て政策』日本都市センター。

野崎亜紀子（2019）「子どもをもつ権利―生殖とリベラルな社会の接続を考えるために」松元雅和・井上彰編『人口問題の正義論』世界思想社、112-129。

野崎華世（2013）『乳幼児期における母親の就業が子どもの成長に与える影響』Joint Research Center for Panel Studies Discussion Paper Series, DP2012-010。

濱口桂一郎（2013）『若者と労働　「入社」の仕組みから解きほぐす　』中央公論新社。

原俊彦（2016）「日本の人口転換と地域社会の未来」『家族社会学研究』28（1）：11-25。

韓松花・相馬直子（2016）「韓国の少子化対策」『季刊家計経済研究』109：54-74。

樋口美雄・松浦寿幸・佐藤一磨（2007）『地域要因が出産と妻の就業継続に及ぼす影響―家計経済研究所「消費生活に関するパネル調査」による分析』RIETI Discussion Paper Series 07-J-012。

深井太洋（2019）「保育所整備は女性の就業率や出生率を上げたのか―保育所整備の政策評価」『日本労働研究雑誌』61（6）：4-20。

裵海善（2014）「韓国の保育政策と保育所利用実態」『筑紫女学園大学短期大学部紀要』9：165-177。

ベネッセ教育研究所（2009）『教育格差の発生・解消に関する調査研究報告書』。

増田寛也（2014）『地方消滅―東京一極集中が招く人口急減』中公新書。

松江暁子（2009）「韓国における少子化対策」『海外社会保障研究』167：79-93。

松田茂樹（2005）「夫の家事・育児参加と妻の就業促進」橘木俊詔編著『現代女性の労働・結婚・子育て―少子化時代の女性活用政策』ミネルヴァ書房、127-146。

松田茂樹（2007a）「夫婦の働き方戦略―戦略の自由度、性別役割分業戦略、共働戦略」永井暁子・松田茂樹編『対等な夫婦は幸せか』勁草書房、119-136。

松田茂樹（2007b）「育児不安が追加出産意欲に与える影響」『人口学研究』

39：51-63。

松田茂樹（2008）『何が育児を支えるのか―中庸なネットワークの強さ』勁草書房。

松田茂樹（2009a）「次世代育成支援策によって出産意向は高まるか―ヴィネット調査による政策効果の推計」『Life Design Report』2009.1-2：16-23。

松田茂樹（2009b）「これからの少子化対策に求められる視点」『Life Design Report』2009.3-4：16-23。

松田茂樹（2011）「子ども手当再考―単純に廃止すれば、少子化を深刻化させる」『Life Design Focus』2011.4.15。

松田茂樹（2012）「幼保一体化についての調査―幼稚園・保育所の施設調査と保護者調査」『Life Design Report』Autumn 2012.10：4-15。

松田茂樹（2013）『少子化論―なぜまだ結婚・出産しやすい国にならないのか』勁草書房。

松田茂樹（2015a）「職場における出会いと結婚意欲の関係」『ESRI Discussion Paper Series No.323　少子化と未婚女性の生活環境に関する分析―出生動向基本調査と「未婚男女の結婚と仕事に関する意識調査」』内閣府経済社会総合研究所、32-59。

松田茂樹（2015b）「少子化対策における家族社会学の貢献と今後の課題」『社会学評論』66（2）：260-277。

松田茂樹（2017a）「父親の勤務形態と育児への関わり―残業日数、日曜出勤、シフト勤務」労働政策研究・研修機構『労働政策研究報告書No.192　育児・介護と職業キャリア―女性活躍と男性の家庭生活』労働政策研究・研修機構、157-168。

松田茂樹（2017b）「出生率回復に向けた都市自治体の子育て支援のあり方」日本都市センター編『都市自治体の子ども・子育て政策』日本都市センター、89-107。

松田茂樹（2017c）「アジアで進行する少子化―現状の理論的把握と背景要因の仮説の提案」『中京大学現代社会学部紀要』11（1）：1-27。

松田茂樹（2019）「ヴィネット調査を用いた子育て支援策が出生行動に与える効果の研究」『人口学研究』55：2-14。

松田茂樹（2020a）「追加出生意欲の時系列変化とその背景」第30回日本家族社会学会大会自由報告。

松田茂樹（2020b）「東アジア先進諸国における少子化の特徴と背景要因」津谷典子・菅桂太・四方理人・吉田千鶴編著『人口変動と家族の実証分析』慶應義塾大学出版会、267-292。

松田茂樹・佐々井司・高岡純子・工藤豪（2016）「地方自治体の少子化対策は効果があったのか？」阿部正浩編『少子化は止められるか？―政策課題と今後のあり方』有斐閣、109-134。

松田茂樹・汐見和恵・品田知美・末盛慶（2010）『揺らぐ子育て基盤―少子化社会の現状と困難』勁草書房。

松元雅和（2019）「人口抑制の道徳的是非」松元雅和・井上彰編『人口問題の正義論』世界思想社、93-110。

麦山亮太（2017）「職業経歴と結婚への移行―雇用形態・職種・企業規模と地位変化の効果における男女差」『家族社会学研究』29（2）：129-141。

藻谷浩介（2010）『デフレの正体―経済は「人口の波」で動く』角川書店。

元木愛理・篠原亮次・山縣然太朗（2016）「家族関係社会支出の国際比較および合計特殊出生率との関連検討」『日本公衆衛生雑誌』63（7）：345-354。

守泉理恵（2018）「児童手当」『日本社会保障資料Ⅴ（2001 ～ 2016 年）』所内研究報告第 79 号：137-141、国立社会保障・人口問題研究所。

労働政策研究・研修機構（2017）『労働政策研究報告書 No.192　育児・介護と職業キャリア―女性活躍と男性の家庭生活』労働政策研究・研修機構。

労働政策研究・研修機構（2019a）『資料シリーズ No.209　労働力需給の推計―労働力需給モデル（2018 年度版）による将来推計』労働政策研究・研修機構。

労働政策研究・研修機構（2019b）『データブック国際労働比較 2019』労働政策研究・研修機構。

八代尚宏（1993）『結婚の経済学―結婚とは人生における最大の投資』二見書房。

柳沢房子（2007）「フランスにおける少子化と政策対応」『レファレンス』2007 年 11 月号：85-105。

山口一男（2009）『ワーク・ライフ・バランス―実証と政策提言』日本経済新聞社。

山口慎太郎（2019）『「家族の幸せ」の経済学 データ分析でわかった結婚、出産、子育ての真実』光文社新書。

山田昌弘（1994a）『近代家族のゆくえ―家族と愛情のパラドックス』新曜社。

山田昌弘（1994b）「晩婚化現象の社会学的分析」社会保障研究所編『現代家族と社会保障―結婚・出生・育児』東京大学出版会、15-36。

山田昌弘（1999）『パラサイト・シングルの時代』ちくま新書。

山本勲・黒田祥子（2014）『労働時間の経済分析』日本経済新聞出版社。

Ahn, Namkee and Pedro Mira, 2002, "A Note on the Changing Relationship between Fertility and Female Employment Rates in Developed Countries," *Journal of Population Economics*, 15(4): 667–682.

Aries, Philippe (1965) *Centuries of Childhood: A Social History of Family Life*, Vintage.（杉山光信・杉山恵美子訳（1980）『〈子供〉の誕生—アンシァン・レジーム期の子供と家族生活』みすず書房）

Bae, Jihey, 2020, "Determinants of the Gap between Desired and Actual/Expected Number of Children in Japan and South Korea," Shigeki Matsuda ed., *Low Fertility in Japan, South Korea, and Singapore: Population Policies and Their Effectiveness*, Springer, 15–38.

Barber, Jennifer S., William G. Axinn and Arland Thornton, 2002, "The Influence on Attitudes on Family Formation Process," Lesthaeghe, Ron J. ed., *Meaning and Choice: Value Orientations and Life Course Decisions*, NIDI, 45–95.

Becker, Gary S., 1981, *A Treatise on the Family*, Harvard University Press, 30–79.

Blood, Robert O., Jr., and Donald M. Wolfe, 1960, *Husbands and wives: The dynamics of family living*, Free Press Glencoe.

Caldwell, John C. and Thomas Schindlmayr, 2003, "Explanation of the Fertility Crisis in Modern Societies: A search for commonalities," *Population Studies*, 57(3): 241–263.

Chang Kyung-Sup, 2010, *South Korea under Compressed Modernity: Familial political economy in transition*, Routledge.

Dent, Harry S., 1993, *Great Boom Ahead*, Hyperion.（竹内宏監修・八木甫訳（1993）『経済の法則—3つの波が予測する「グレート・ブーム」の時代』イースト・プレス）

Dent, Harry S., 2009, *The Great Depression Ahead: How to Prosper in the Crash Following the Greatest Boom in History*, Free Press.（神田昌典監訳、平野誠一訳（2010）『最悪期まであと2年！　次なる大恐慌—人口トレンドが教える消費崩壊のシナリオ』ダイヤモンド社）

Esping-Andersen, Gosta, 1990, *The Three Worlds of Welfare Capitalism*, Polity Press.（岡沢憲芙・宮本太郎監訳（2001）『福祉資本主義の三つの世界—比較福祉国家の理論と動態』ミネルヴァ書房）

Esping-Andersen, Gosta, 2009, *Incomplete Revolution: Adapting Welfare States to Women's New Roles*, Polity.（大沢真理監訳（2011）『平等と効

率の福祉革命—新しい女性の役割』岩波書店）
Esping-Andersen G., Francesco Billari, 2015, "Re-theorizing Family Demographics," *Population and Development Review*, 41(1):1-31.
Fukai, Taiyo., 2017, "Childcare Availability and Fertility: Evidence from Municipalities in Japan," *Journal of the Japanese and International Economies*, 43, 1-17.
Hakim, Catherine, 2000, *Work-Lifestyle Choice in the 21st Century: Preference Theory*, Oxford University Press.
Hijzen, Alexander, Ryo Kambayashi, Hiroshi Teruyama and Yuji Genda, 2015, "The Japanese Labour Market during the Global Financial Crisis and the Role of Non-Standard Work: A Micro Perspective," *Journal of the Japanese and International Economies*, 38: 260-281.
Inglehart, Ronald, 1977, *The Silent Revolution: Changing Values and Political Styles Among Western Publics*, Princeton University Press.（三宅一郎他訳（1978）『静かなる革命—政治意識と行動様式の変化』東洋経済新報社）
Jones, Gavin W., 2005, "The Flight from Marriage in South-East and East Asia," *Journal of Comparative Family Studies*, 36(1): 93-119.
Jones, Gavin W., Paulin Straughan and Angelique Chan eds., 2009, *Ultra-Low Fertility in Pacific Asia: Trends, causes and policy issues*, Routledge.
Jones, Gavin W. and Wajihah Hamid, 2015, "Singapore's Pro-natalist Policies: To What Extent Have They Worked?," Rindfuss, Ronald R., Choe, Minja Kim eds., *Low and Lower Fertility Variations across Developed Countries*, Springer, 33-61.
Kato, Tsuguhiko, Kumamaru Hiraku and Fukuda Setsuya, 2018, "Men's Participation in Childcare and Housework and Parity Progression: A Japanese population-based study," *Asian Population Studies*, 14(3): 290-309.
Kohler, Hans-Peter, Francesco C. Billari and José A. Ortega, 2002, "The Emergence of Lowest-Low Fertility in Europe during the 1990s," *Population and Development Review*, 28(4): 641-680.
Konishi, Shoko, Soyoko Sakata, Mari S. Oba and Kathleen A. O'Connor, 2018, "Age and time to pregnancy for the first child among couples in Japan," *The Journal of Population Studies*, 54: 1-18.

Lesthaeghe Ron J., 1995, The Second Demographic Transition in Western Countries: An Interpretation, *Gender and family change in industrialized countries*, 17–62.

Lesthaeghe, Ron J., 2002, *Meaning and Choice: Value Orientations and Life Course Decisions*, NIDI-CBGS monograph, NIDI.

Lesthaeghe, Ron J., 2010, "The Unfolding Story of the Second Demographic Transition," *Population and Development Review*, 36(2): 211–251.

Maslow, Abraham H., 1954, *Motivation and Personality*, Harper and Row.（小口忠彦訳（1987）『人間性の心理学―モチベーションとパーソナリティ改訂新版』産業能率大学出版部）

Matchar, Emily, 2013, *Housewife 2.0*, Free Press.（森嶋マリ訳（2014）『ハウスワイフ 2.0』文藝春秋）

Matsuda, Shigeki, 2019, "Young Men's Employment and Their Marriage: A Comparison among Japan, South Korea, Singapore, the UK, France, and Sweden," *Comparative Sociology*, 18(2): 204–228.

Matsuda, Shigeki ed., 2020a, *Low Fertility in Advanced Asian Economies: Focusing on Families, Education, and Labor Markets*, Springer.

Matsuda, Shigeki ed., 2020b, *Low Fertility in Japan, South Korea, and Singapore: Population Policies and Their Effectiveness*, Springer.

Matsuda, Shigeki and Takayuki Sasaki, 2020, "Deteriorating Employment and Marriage Decline in Japan," *Comparative Population Studies*, 45: 395–416.

McDonald, Peter, 2000, "Gender Equity in Theories of Fertility Transition," *Population and Development Review*, 26(3): 427–439.

McDonald, Peter, 2009, "Explanations of Low Fertility in East Asia," Gavin Jones et al. eds., *Ultra-Low Fertility in Pacific Asia: Trends, causes and policy issues*, Routledge, 23–39.

Merton, Robert K., 1949, *Social Theory and Social Structure*, The Free Press.（森東吾他訳（1961）『社会理論と社会構造』みすず書房）

Morland, Paul, 2019, *The Human Tide: How Population Shaped the Modern World*, John Murray Publishers.（渡辺圭子訳（2019）『人口で語る世界史』文藝春秋）

Murray, Douglas, 2017, *The Strange Death of Europe: Immigration, Identity, Islam*, Continuum Intl Pub Group.（町田敦夫訳（2018）『西洋の自死―移民・アイデンティティ・イスラム』東洋経済新報社）

Nishimura, Tomo, 2020, "Cross-country Comparative Study on Achievement of Desired Number of Children," Shigeki Matsuda ed., *Low Fertility in Advanced Asian Economies: Focusing on Families, Education, and Labor Markets*, Springer, 61–77.

Oppenheimer, Valerie K., 1988, "A Theory of Marriage Timing," *American Journal of Sociology*, 94(3): 563–591.

Parsons, Talcott and Robert F. Bales, 1956, *Family: Socialization and Interaction Process*, Routledge and Kegan Paul.（橋爪貞雄他訳（2001）『家族—核家族と子どもの社会化』黎明書房）

Presser, Harriet B., 2003, *Work in a 24/7 Economy: Challenges for American Families*, Russell Sage Foundation.

Piotrowski, Martin, Arne Kalleberg and Ronald R. Rindfuss, 2015, "Contingent Work Rising: Implications for the Timing of Marriage in Japan," *Journal of Marriage and Family*, 77(5) : 1039–1056.

Putnam, Robert D., 2001, *Bowling Alone: The Collapse and Revival of American Community*, Simon & Schuster.（柴内康文訳（2006）『孤独なボウリング—米国コミュニティの崩壊と再生』柏書房）

Raymo, James M. and Miho Iwasawa, 2005, "Marriage Market Mismatches in Japan: An Alternative View of the Relationship between Women's Education and Marriage," *American Sociological Review*, 70: 801–822.

Reher, David Sven, 1998, "Family Ties in Western Europe: Persistent Contrast," *Population and Development Review*, 24(2): 203–234.

Rindfuss, Ronald R. and Minja Kim Choe eds., 2015, *Low and Lower Fertility: Variations across Development Countries*, Springer.

Sasaki, Takayuki, 2020, "The Long-term Effects of Full-time Childcare on Family Lives in Japan," Katja Repo, Maarit Alasuutari, Kirsti Karila and Johanna Lammi-Taskula eds., *The Policies of Childcare and Early Childhood Education: Does Equal Access Matter?*, Elger, 60–72.

Schoen, Robert, Nan M. Astone, Young J. Kim, Constance A. Nathanson and Jason M. Fields, 1999, "Do Fertility Intentions Affect Fertility Behavior?," *Journal of Marriage and the Family*, 61: 790–799.

Sim, Choon Kiat, 2020, "Where Have All the Babies Gone?: An Educational Perspective on Singapore's Low Fertility," Shigeki Matsuda ed., *Low Fertility in Japan, South Korea, and Singapore: Population Policies and Their Effectiveness*, Springer, 67–88.

Suzuki, Toru, 2013, *Low Fertility and Population Aging in Japan and Eastern Asia*, Springer.

Takenoshita, Hirohisa, 2020, "The Gender Wage Gap in Four Asian Countries: Japan, Singapore, South Korea, and Taiwan," Shigeki Matsuda ed., *Low Fertility in Advanced Asian Economies: Focusing on Families, Education, and Labor Markets*, Springer, 41–59.

Tatsumi, Mariko, 2018, "Masculinities of Child-Caring Men 'Ikumen' : An Analysis of the Father Figures in Japanese Government Project," *XIX ISA World Congress of Sociology*, Toronto, Oral presentation (2018.7.17).

Thomson, Elizabeth, 1997, "Couple Childbearing Desires, Intentions, and Births," *Demography*, 34 (3): 343–354.

Tsuya, O. Noriko, Minja K. Choe and Feng Wang, 2019, *Convergence to Very Low Fertility in East Asia: Processes, Causes, and Implications*, Springer.

van de Kaa, D. J., 1987, "Europe's Second Demographic Transition," *Population Bulletin*, 42(1): 3–55.

Williams, Joan C., 2017, *White Working Class: Overcoming Class Cluelessness in America*, Harvard Business School Press.（山田美明・井上大剛訳(2017)『アメリカを動かす「ホワイト・ワーキング・クラス」という人々―世界に吹き荒れるポピュリズムを支える"真・中間層"の実体』集英社）

Yamaguchi, Shintaro, Asai Yukiko and Kambayashi Ryo, 2018, "How Does Early Childcare Enrollment Affect Children, Parents, and Their Interactions?, " *Labour Economics*, 55: 56–71.

Zaidi, Batool and S. Philip Morgan, 2017, "The Second Demographic Transition Theory: A Review and Appraisal," *Annual Review of Sociology*, 43: 473–492.

【著者紹介】

松田　茂樹（まつだ　しげき）
1970 年生まれ
現　　職：中京大学現代社会学部教授　博士（社会学）
一橋大学社会学部卒業
慶應義塾大学大学院社会学研究科博士課程単位取得退学
専　　門：家族社会学，少子化論
主　　著：『少子化論』（勁草書房 2013 年），『何が育児を支えるのか』（勁草書房 2008 年），*Low Fertility in Advanced Asian Economies*, Eds., Springer, 2020, *Low Fertility in Japan, South Korea, and Singapore*, Eds., Springer, 2020.
委 員 等：これまでに，内閣府の少子化対策の会議である「ゼロから考える少子化対策プロジェクトチーム」構成員，「少子化危機突破タスクフォース」構成員，「少子化克服戦略会議」座長，および内閣官房「教育再生実行会議」有識者，内閣府「子ども・子育て会議」委員，厚生労働省「社会保障審議会児童部会」委員等をつとめる。

［続］少子化論
―出生率回復と〈自由な社会〉

2021年３月１日　第一版第一刷発行
2022年９月10日　第一版第二刷発行

著　者　松田　茂樹

発行者　田中　千津子
発行所　株式会社 学 文 社

〒153-0064　東京都目黒区下目黒３-６-１
電話　03（3715）1501 ㈹
FAX 03（3715）2012
https://www.gakubunsha.com

印刷所　新灯印刷

ISBN978-4-7620-3068-0